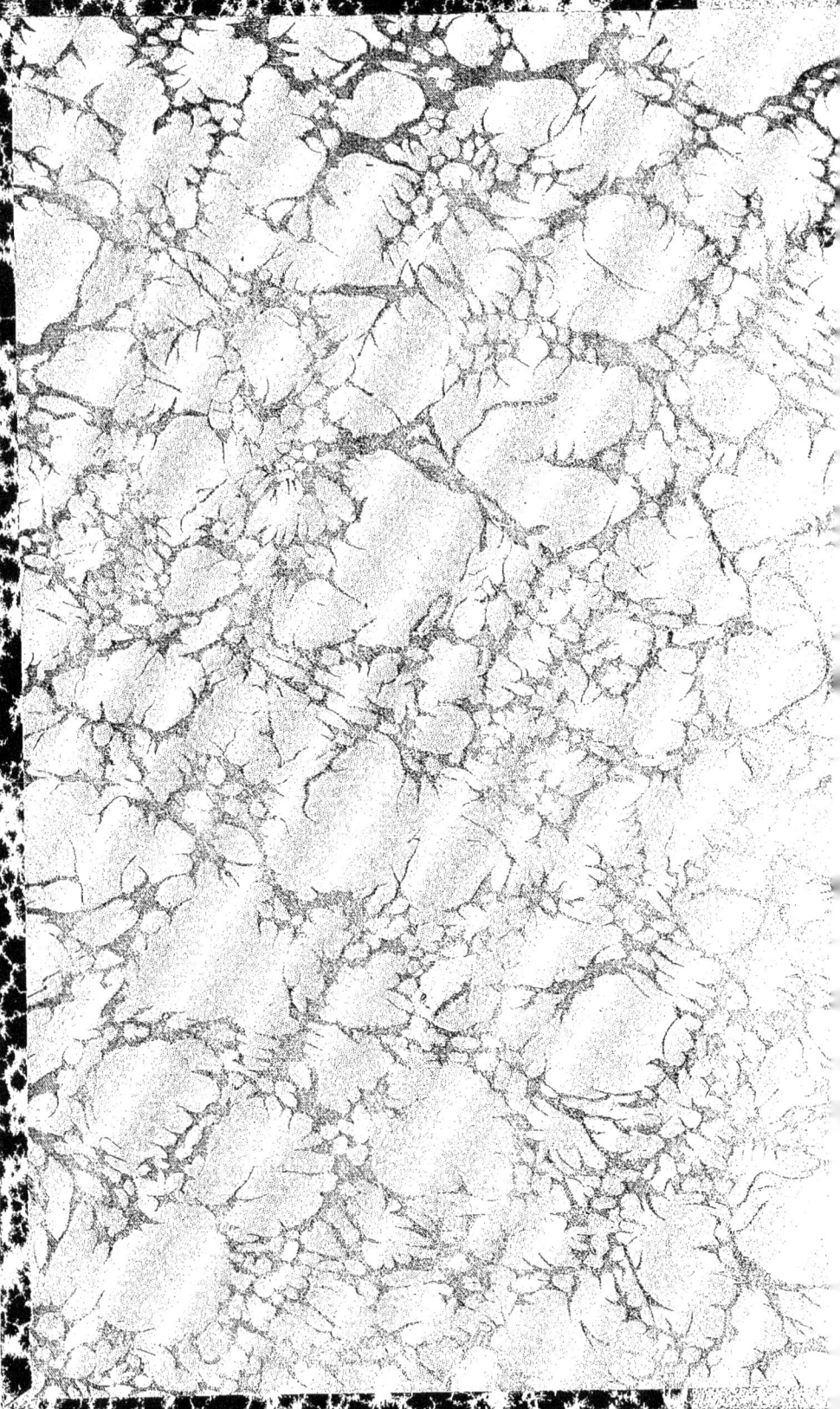

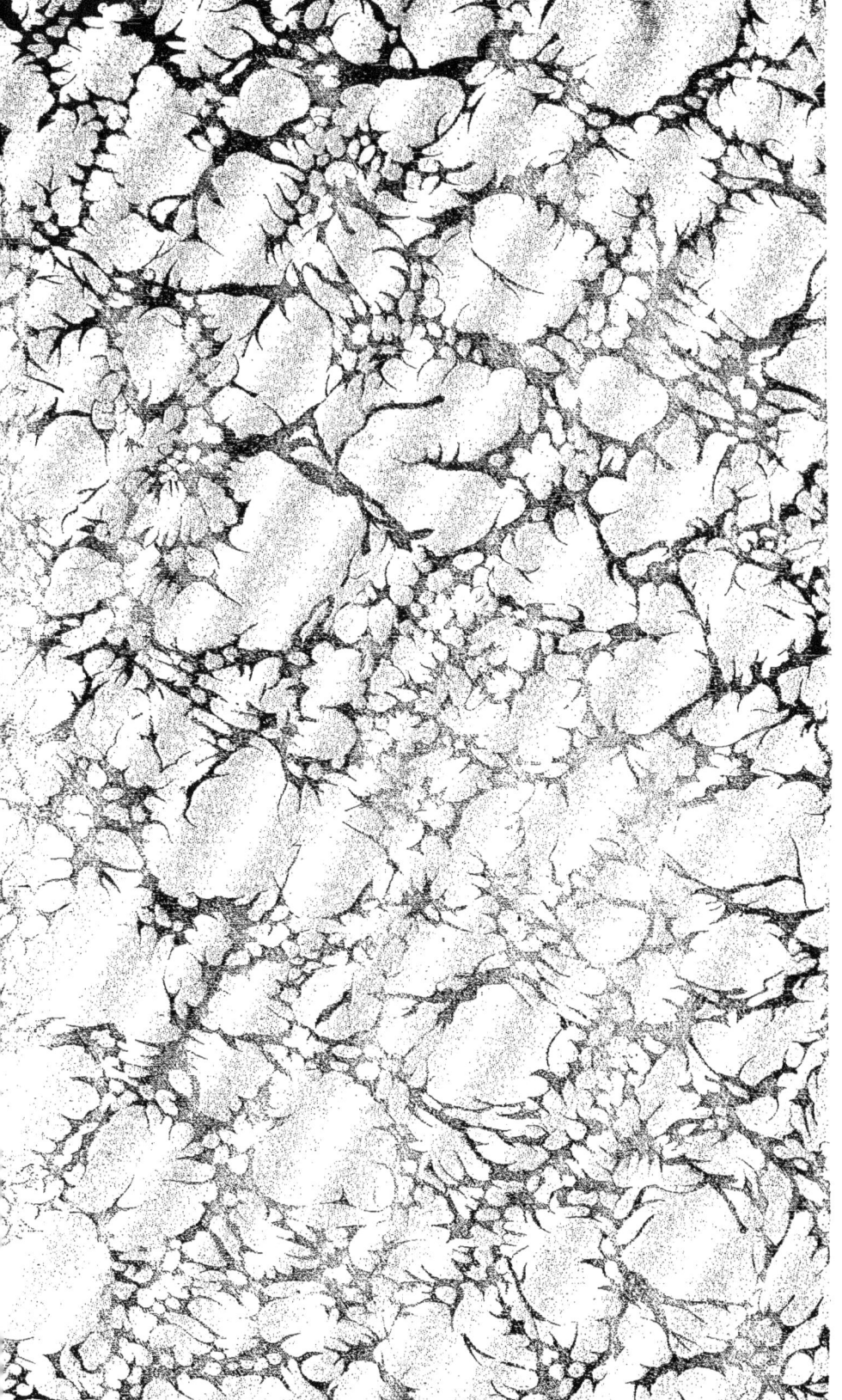

DEUXIÈME ÉDITION

L'Abbé Jean Anglade

Diacre au Grand Séminaire de Perpignan

(1849-1876)

SA VIE ET SES VERTUS

PAR

M. l'Abbé Pierre BONET

Ancien Professeur de Rhétorique et de Philosophie
Ancien Préfet des Études
Curé-Doyen

Consummatus in brevi, explevit tempora multa. (Sap. IV, 13).

PERPIGNAN
CHARLES LATROBE, IMPRIMEUR-LIBRAIRE
1, Rue des Trois-Rois, 1

1902

VIE ET VERTUS
DE L'ABBÉ JEAN ANGLADE

DEUXIÈME ÉDITION

L'Abbé Jean Anglade

Diacre au Grand Séminaire de Perpignan

(1849-1876)

SA VIE ET SES VERTUS

PAR

M. l'Abbé Pierre BONET

Ancien Professeur de Rhétorique et de Philosophie
Ancien Préfet des Études
Curé-Doyen

*Consummatus in brevi, explevit
tempora multa.* (Sap. iv, 13).

PERPIGNAN
CHARLES LATROBE, IMPRIMEUR-LIBRAIRE
1, Rue des Trois-Rois, 1

1902

PRÉFACE

DE LA DEUXIÈME ÉDITION

Nous offrons au public une deuxième édition de notre livre : *Vie et Vertus de l'abbé Jean Anglade.*

Publiées d'abord dans la *Semaine Religieuse* de Perpignan par tranches hebdomadaires, ces feuilles volantes, à la prière d'un grand nombre de lecteurs de cette Revue, et tout spécialement des amis et condisciples du pieux Diacre dont elles disaient la « Vie et les Vertus », furent ensuite réunies en volume. C'était déjà trop à notre avis ; c'était, en tout cas, plus que nous n'avions prévu.

Mais ce qui plus encore dépasssa nos prévisions et nos espérances, c'est que ce ne fut pas seulement dans le pays où ce saint jeune homme avait vécu et où il était mort que ces humbles pages furent lues, elles le furent encore et même surtout hors du diocèse.

Oui, ce petit volume qui ne pouvait, dans notre

pensée, intéresser, avec les amis et condisciples de Jean, que les générations d'élèves et de Séminaristes qui se succèdent dans les maisons d'éducation où brilla sa vertu, franchit, dès son apparition même, les frontières du Roussillon. Le bon Dieu avait daigné le bénir, comme nous le Lui demandions dans notre *Avant-Propos ;* Il lui avait donné des ailes, et le petit volume, comme l'oiseau qui quitte son nid, s'était envolé en des régions pour lesquelles il n'était point fait, mais qui tout de même lui furent cordialement hospitalières.

Plusieurs Directeurs de Grands Séminaires, des Supérieurs de Petits Séminaires et de Collèges Catholiques voulurent bien nous féliciter de n'avoir pas laissé tomber complètement dans l'oubli cet émule des Louis-de-Gonzague, des Stanislas Kostka et des Berchmans ; d'avoir recueilli cette fleur de pureté et d'amour que notre terre catalane avait vu germer et s'épanouir, et ils recommandèrent autour d'eux le livre qui racontait cette simple, douce et pieuse histoire.

Aujourd'hui encore, après dix ans, on nous la redemande. Et puisque c'est dans un but d'édification et de pieuse propagande, volontiers nous nous laissons faire. *Infirma mundi elegit Deus.*

Avec ces miettes que dédaignent les tables des Grands et des Riches, qui sait si des familles nombreuses de petits et de miséreux ne seront pas rassasiées ? C'est pour ce motif que Notre-Seigneur recommande de les recueillir avec soin : *Colligite quæ superaverunt fragmenta ne pereant.*

Qu'il en soit ainsi !

Daigne Notre-Seigneur bénir encore une fois ce livre ! Et que, par lui, Il suscite dans nos Séminaires, de nombreux imitateurs des vertus de Jean Anglade ! Parmi tant d'inventions préconisées de nos jours pour amener la régénération chrétienne du peuple, on n'en a pas encore découvertes, croyons-nous, de plus efficaces que la sainteté des Prêtres.

Ille-sur-Tet, en la fête de l'Epiphanie. 6 janvier 1902.

AVANT-PROPOS

DE LA PREMIÈRE ÉDITION

Deux mots pourraient résumer la vie de l'abbé Anglade : il a vécu, il est mort. Rien de saillant, en effet, dans son existence, rien de ce qui frappe les sens et l'imagination, rien de ce qui passionne et captive.

C'est l'histoire d'une âme simple que nous avons voulu raconter simplement.

S'attendre à autre chose, et du côté du héros, et du côté de l'auteur, serait s'exposer à une double déception.

Et toutefois la jeunesse de nos écoles, les élèves de nos Grands Séminaires trouveront peut-être intérêt et profit à voir comment un des leurs est arrivé à garder toujours intacte sa vertu, par quels moyens il est parvenu à la sainteté.

Si le spectacle de ce parfait modèle des écoliers et des séminaristes faisait naître dans l'âme d'un seul la noble et généreuse ambition de l'imiter, nous nous croirions trop heureux d'avoir entrepris ce travail, et tout notre but serait atteint.

Il en sera ainsi, s'il plaît à Dieu de bénir ces pages.

Aux Bienfaiteurs et Supérieurs, aux condisciples et amis de l'abbé Anglade, qui ont bien voulu nous communiquer leurs souvenirs et leurs documents, nous adressons l'expression de notre respectueuse reconnaissance. Ils les retrouveront partout dans ce livre, qui, si modeste qu'il soit, leur appartient autant qu'à nous.

Ce qu'il peut avoir de bon est à eux, le reste seul est notre œuvre.

Saint-Louis-de-Gonzague, en la fête de saint Jean-Baptiste, 24 juin 1892.

PREMIÈRE PARTIE

VIE DE L'ABBÉ ANGLADE

CHAPITRE Ier

Premières années de Jean

A dix kilomètres environ de Prades, et à une petite distance de Vernet-les-Bains, dans une riante et fertile vallée formée par les contreforts du Canigou, se trouve le joli petit village de Fillols. Un torrent, à sec pendant l'été, mais qui, durant la saison des pluies, roule des eaux abondantes et impétueuses, le traverse ; et les maisons, assises le long de ses rives, ressemblent, du sommet de la colline, aux grains d'un chapelet perdu, déroulé dans la gorge de la montagne. A l'une des extrémités, en entrant, l'on rencontre l'église ; à l'autre, en remontant le cours du torrent, la maison où naquit l'abbé Anglade, dont nous nous proposons d'esquisser à grands traits, la vie et la mort également saintes et édifiantes.

L'abbé Anglade naquit le 9 juin 1849. C'était un samedi, jour de la Vierge, et l'Eglise célébrait, le lendemain, la solennité de la Fête-Dieu. Ah ! quel regard et quelle bénédiction, Notre-Seigneur, sortant de sa demeure, caché sous les voiles du Sacrement, et parcourant, triomphateur pacifique, les rues du village, dut-il envoyer dans cette maison modeste, à cet enfant qui venait de naître ! Ses parents étaient pauvres, mais pauvreté n'est pas vice, dit-on avec raison, et à défaut des biens de la terre, ils avaient, ce qui vaut mieux, des trésors de foi, de piété et de vertu.

Leurs convictions chrétiennes étaient fortes, inébranlables, comme les montagnes de leur contrée, inflexibles comme le soc de leur charrue. Aussi prirent-ils grand soin de purifier au plus tôt l'âme du nouveau-né, et dès le lendemain l'enfant fut porté à l'église pour être présenté aux fonts baptismaux. On lui donna les noms de Jean-François-Félix. Le démon ne devait avoir sur cette âme choisie qu'un empire très éphémère ; car nous aimons à croire, et tous ceux qui l'ont connu pensent comme nous, que le saint enfant garda jusqu'à sa mort sa première innocence, et, comme saint Louis-de-Gonzague, emporta dans le ciel la robe immaculée de son baptême.

« Heureux l'homme à qui Dieu donne une sainte mère ! » a dit un poète. Ce bonheur fut accordé à Jean. Les doux noms de Jésus et de Marie furent les premières paroles que ses lèvres balbutièrent, et le premier usage qu'il fit de ses mains fut pour esquisser le signe de la croix. Sa mère nous disait avec quel empressement et quelle piété il joignait ses petites mains et répétait les leçons qui lui étaient faites. Jamais il ne pleurait, ou du moins on arrêtait vite ses larmes, en lui montrant le Christ appendu aux murs de la maison, ou en lui proposant une prière à réciter. « Pauvre enfant, ajoutait cette femme forte, il était bien bon, nous attendions beaucoup de lui ; eh bien !... je ne le regrette pas ; je l'ai donné à Dieu de bon cœur... » et elle s'efforçait de sourire en essuyant ses larmes. Sa mère fut donc sa première institutrice. Un enfant pourrait-il en avoir de meilleure ?

Son enfance s'écoula ainsi dans la solitude et l'obscurité de ces montagnes. Il nous est revenu très peu de détails sur cette époque de sa vie. Mais nous avons sur son obéissance, sa piété et toutes les vertus de son âge, le précieux témoignage de ses parents et de la population au milieu de laquelle il a vécu et grandi. C'est un concert magnifique et unanime d'éloges à la mémoire de l'angélique enfant.

Jean savait à peine parler et marcher quand ses parents l'envoyèrent à l'école du village. Sa mère allait l'y porter avant la classe et le chercher après. Quoique pauvres, ils étaient trop chrétiens pour ne pas comprendre et apprécier le grand bienfait de l'instruction, et ne pas s'imposer des fatigues et des sacrifices pour le procurer à leurs enfants.

A cette époque, le progrès moderne n'avait pas encore inventé les écoles sans Dieu. Et les parents chrétiens se montraient d'autant plus empressés à y accompagner leurs enfants que ceux-ci apprenaient de la bouche de leurs maîtres ce qu'eux-mêmes leur auraient enseigné : la prière et le catéchisme.

A l'école, Jean se fit remarquer de bonne heure par une application soutenue et une intelligence précoce. Il fut même choisi bientôt comme moniteur, et c'était sur lui que l'instituteur s'en remettait du soin de faire lire et écrire les moins avancés.

Un jour pourtant il s'oublia. Nous ne savons plus de quel crime il avait pu se rendre coupable, mais il devait être grand, à en juger par la punition qui lui fut infligée. Le maître le retint à l'école pendant le dîner. Ne le voyant pas rentrer à l'heure accoutumée, la tendresse maternelle s'alarme, et, apprenant par la gent écolière, le malheur arrivé à l'enfant aimé, elle va secrètement lui apporter quelques provisions. Mais lui, humblement et modestement : « Merci, mère, dit-il, j'ai fait la faute, je dois faire la pénitence. » Et il refusa les aliments qu'on lui apportait.

A cette époque déjà se manifestait en lui cet amour de la prière et du recueillement qui fut le caractère distinctif de sa piété. On le voyait à l'église, servant le prêtre à l'autel, ou en adoration devant le Très-Saint-Sacrement, avec une ferveur vraiment angélique, édifiant tout le monde par sa modestie, son esprit de foi, son attitude humble et respectueuse. « Que sera cet enfant ? » se demandait-on comme autrefois les juifs à la naissance de Jean-Baptiste, son patron. *Quis, putas, puer iste erit ?* En effet l'esprit de Dieu était visiblement en lui, et l'on voyait bien qu'il en suivait les inspirations.

Un de ses professeurs du Petit-Séminaire confirme, dans une lettre qu'il nous adresse, ces témoignages de l'admiration publique par son témoignage personnel. « J'ai connu le petit Anglade
« pendant les vacances qui précédèrent son entrée au Séminaire,

« et qu'il passa à Prades, chez un de ses oncles. J'avais remarqué
« plusieurs fois à l'église paroissiale, un jeune enfant à genoux,
« ange de prière, devant le Tabernacle. Il était là, sans ostenta-
« tion comme sans respect humain, et son recueillement inspirait
« à tous la ferveur. Aussi quand je le reconnus, quelque temps
« après, au nombre de nos élèves, je remerciai le ciel du beau
« présent qu'il nous faisait, et je ne pus m'empêcher d'aimer cet
« enfant à la fois si intelligent et si pieux. »

Sa mère avait observé que souvent il faisait ses prières, étudiait ses leçons, ou se les récitait à lui-même, en tenant les bras en croix. Elle lui en fit un jour la remarque. « Pourquoi, mon enfant, lui dit-elle, étends-tu les bras en croix quand tu pries ou que tu étudies ? » L'enfant un peu embarrassé, lui montra le Crucifix suspendu au chevet du lit, dans la chambre qui lui servait de cabinet d'étude, en disant : « Voyez, il faut imiter le bon Dieu cloué à la Croix ! » Cet amour de la croix se développera en lui ; il grandira, et se fortifiera ; il deviendra son grand amour, sa passion unique.

On se figure avec quel soin cette âme si pure, si délicate dut se préparer à ce grand acte de la vie chrétienne que l'on appelle la première communion. Jean avait suivi avec une assiduité exemplaire et une constante application les cours de catéchisme qui précèdent ce grand jour et cette grande fête. A dix ans il fut jugé digne de s'asseoir au banquet des anges et de participer au festin eucharistique. Qui ne connaît, pour les avoir éprouvées, les émotions de cette heure solennelle, et les joies de ce divin embrassement? Nous ne trouvons à leur comparer, que les joies et les émotions d'une première Messe. Il ne devait pas être donné à notre saint enfant de goûter celles-ci ; mais les autres, celles de la première communion, il est hors de doute qu'il les goûta pleinement et surabondamment. Qu'y avait-il en lui qui pût arrêter les saintes caresses de l'Hôte des Tabernacles, et ces confidences intimes que connaissent si bien les âmes chastes? Aussi bien, voulut-il dès ce moment se procurer souvent ce bonheur. Il se fit une règle de s'approcher tous les quinze jours de la Table sainte, et avec quel empressement même il profitait de toutes les fêtes, qui tombaient dans l'intervalle, pour renouveler les jouissances enivrantes du divin banquet !

Notre-Seigneur, dans l'amoureuse intimité de leurs épanchements réciproques, lui fit-il connaître sa vocation ? Lui-même demanda-t-il le grand bienfait, l'incomparable honneur de la vocation sacerdotale ? Nous ne pouvons le dire. Du moins il ne s'en ouvrit point à ses parents. En voyant la gêne dans laquelle ils se trouvaient, le cœur lui aurait failli de leur demander de s'imposer pour lui de si lourds sacrifices. D'autres enfants étaient venus après lui, un frère, deux sœurs, qu'il fallait élever et nourrir ; et il n'y avait pour ce rude labeur que les bras du père, vaillants, il est vrai, et qui ne s'épargnaient pas à la fatigue, mais qui, malgré tout, y suffisaient à peine.

Il continua donc à vivre auprès de ses parents, toujours pieux, modeste, obéissant, faisant la joie et le bonheur des siens.

« Tant qu'il fut chez nous », nous disait sa mère avec attendrissement, et dans ce langage imagé que savent si bien employer les paysans de nos montagnes, « tant qu'il fut chez nous, nous n'avions « pas, tant s'en faut, l'abondance, mais c'était comme si nous man- « gions des perdrix et des cailles. » Les autres familles, dans le village, enviaient à ses parents cet enfant béni, et le citaient aux leurs comme un modèle à suivre.

Bientôt il aida son père aux rudes travaux des champs. Quelquefois on l'envoyait à Prades faire des commissions, porter du bois, ou vendre des denrées au marché. Un jour, l'âne — un vieil ami de la famille — qui l'accompagnait dans ses courses, n'en pouvant mais sous son fardeau, ou peut-être cédant à une de ces tentations d'entêtement si fréquentes chez ces intéressants quadrupèdes, se refuse net à marcher davantage. Jean l'excite d'abord de la voix et du geste ; puis, à bout de patience, et voyant que ses exhortations demeuraient sans effet, il fait pleuvoir sur le pauvre animal récalcitrant une telle volée de coups de bâton, qu'à la fin celui-ci se laisse tomber à terre, épuisé, rendu. De plus en plus furieux, l'enfant retire de ses pieds ses lourds sabots ferrés, et frappe à la tête l'infortuné baudet, qu'il étend raide mort... Plus tard, nous avons entendu le pieux abbé Anglade, en nous racontant ce trait, se reprocher, comme une faute grave, son impatience et ses coups de bâton. Ajouterons-nous que le récit de cette aventure n'attendrissait pas toujours les auditeurs, et que nous riions un peu — méchants ! – et des supplices du martyr et des remords du bourreau ?

Mais son occupation ordinaire était la garde d'un petit troupeau. Il aimait ses agneaux avec tendresse. Puis, tandis qu'ils paissaient, il pouvait, lui, se laisser aller à ses rêveries, penser librement à son Dieu, dont il lisait le nom au front de toute créature. A cette époque la campagne de Fillols ne ressemblait en rien à celle que l'on y voit de nos jours. Le vandalisme industriel a passé là aussi.

Sur les collines avoisinantes, on voit s'ouvrir, de tous côtés, de gigantesques anfractuosités creusées dans le roc par la dynamite. Les entrailles de la terre ont été mises à nu pour en extraire le minerai. Un tunnel traverse la montagne de part en part, et va déboucher sur le versant de Taurinya; des wagons, courant le long des remblais, vont chercher le minerai à toutes les hauteurs, et, de là, à travers le tunnel, le déposent sur le versant opposé.

Tout cela est fort peu poétique ; l'âme, le cœur, l'imagination aiment mieux la nature telle que Dieu l'a faite. Elles étaient vraiment belles, ces collines de Fillols sur lesquelles notre petit Jean conduisait son petit troupeau, avec leur gazon vert, leurs arbres touffus, leurs ruisseaux chantants. En face, le Canigou qui dresse sur elles sa masse imposante et majestueuse, toute rayée de ravins, d'éboulis et d'arêtes en saillie aux teintes diverses, et dont le sommet se confond avec les nuages. D'un côté le Monastère de Saint-Martin, dont la perspective se dessine au loin sur des roches nues ; de l'autre, au fond d'une vallée, le Monastère de Saint-Michel de Cuxa, l'un et l'autre en ruines, mais qui n'en prêchent pas moins éloquemment la pénitence, le travail, la prière. Tant de saints, durant tant de siècles, ont habité ce pays, ont foulé ce sol, qu'il s'en exhale encore, malgré les révolutions qui l'ont bouleversé, je ne sais quel parfum de piété qui embaume l'âme et la porte à Dieu.

On sait tout ce qu'inspirent aux âmes poétiques, et les âmes religieuses le sont éminemment, le spectacle d'une belle nature, un beau ciel, des ruines antiques. La création tout entière leur est une poésie, une musique, où chaque mot, où chaque note est vivante et parlante. La vue d'un oiseau, d'un brin d'herbe, suffisait pour éveiller en saint François d'Assise, le sentiment de ce divin concert ; l'âme de sainte Thérèse, ravie en extase, s'exhalait spontanément en stances poétiques.

Nous ne voulons pas dire, en parlant ainsi, que notre pieux berger de douze ans ait éprouvé, en gardant son petit troupeau, devant les sites grandioses qui s'étalaient à ses yeux, ces impressions et ces enthousiasmes. Mais nous savons pourtant que son âme n'y était point restée étrangère et que le spectacle de cette magnifique nature ne l'avait point trouvé insensible. Son âme était trop facile aux émotions pures et fortifiantes pour ne point ressentir celles-là. Il aimait à rappeler, dans la suite, ces jours de son enfance, où, innocent comme les agneaux qu'il menait paître, il bondissait avec eux à travers les prés fleuris, sur la colline verte.

C'est là que pendant ces longues heures de garde, tandis que son œil suivait le troupeau confié à sa sollicitude, son imagination lui montrait d'autres brebis à conduire qui n'étaient point de cette bergerie, et pour lesquelles, déjà, il sentait naître au fond de son cœur, je ne sais quels sentiments d'affection et de tendresse qu'il ne se connaissait pas. C'est là qu'il avait cru entrevoir son avenir, avenir modeste autant que laborieux et que, pour la première fois, il avait osé s'arrêter à la pensée de son sacerdoce. C'est là que le bon Dieu s'était révélé à lui, que Notre-Seigneur lui avait parlé, qu'il avait entendu son appel, et que, tout tremblant, tout ému, il lui avait répondu comme autrefois Samuel :

Loquere, Domine, audit enim servus tuus. Parlez! Seigneur, votre serviteur écoute. »

Ce fut, en effet, vers cette époque, c'est-à-dire environ à l'âge de treize ans que l'idée de sa vocation commença à prendre de la consistance dans son esprit. Jusque-là il avait craint de trop la caresser, ne se croyant pas digne d'un pareil honneur et d'un pareil bonheur. La pauvreté de ses parents lui paraissait un obstacle insurmontable ; et il n'osait pas s'ouvrir à eux de ses secrètes aspirations, de crainte de leur causer trop de chagrin par l'impossibilité où ils étaient de les satisfaire. Il priait, cependant; et, sûr de la Providence, il attendait avec confiance que sonnât l'heure de Dieu.

Plusieurs jours, plusieurs mois même, s'écoulèrent dans ces hésitations, dans ces doutes, dans ces silences aussi éloquents que des discours.

Un jour, sollicité, sans doute, plus fortement que jamais par la grâce, et craignant, à la fin, d'opposer à la voix intime qui l'appelle, une résistance coupable, il prend son courage à deux mains, et fait à ses parents l'aveu de sa vocation. La proposition n'étonna pas ; elle était prévue et attendue ; et l'on avait déjà songé aux moyens d'aplanir certaines difficultés et de diminuer les dépenses, au cas où elle viendrait à se produire. On mettrait l'enfant en pension chez un de ses oncles, à Prades, et il suivrait comme externe les cours du Petit-Séminaire.

CHAPITRE II.

Le Petit Séminaire
M. l'abbé T..., M. le Sous-Préfet
La famille Bouillier

Prades est une jolie petite ville d'environ quatre mille âmes, assise au fond d'un vallon délicieux. Son ciel bleu, son air pur, sa ceinture de collines, ses eaux fraîches et abondantes, ses villas, ses bouquets d'arbres en font un séjour charmant. N'a-t-on pas dit que Prades était le diminutif de paradis? Et d'aucuns trouvent que cette étymologie n'est pas invraisemblable. Le Petit Séminaire est situé un peu en dehors de la ville, mais à une distance très rapprochée, sur une petite hauteur d'où l'œil jouit d'une perspective ravissante.

A première vue, on peut reconnaître qu'il n'a pas été bâti d'hier. Il y a un siècle et plus, ses vieilles murailles étaient déjà debout abritant dans la solitude de leur enceinte, des religieux, enfants de saint François d'Assise. La Révolution dispersa les moines et ferma les portes du couvent. Et puis quand eut cessé de gronder la tourmente révolutionnaire, après avoir fait assez de ruines et versé assez de sang, deux prêtres, frères par la science et par la vertu, comme ils l'étaient par le sang, les abbés Baro, en rouvrirent les portes et se firent là les instituteurs de la jeunesse chrétienne du Roussillon.

Ils s'adjoignirent dans cette œuvre de dévouement, un pieux

laïque, M. Fabre, que nous nous souvenons d'avoir vu bien des fois prier, avec un admirable recueillement, dans la chapelle de la maison.

Ce fut en 1824 que Mgr de Saunach de Belcastel, de douce et sainte mémoire, érigea l'établissement en Petit Séminaire diocésain et lui donna un personnel enseignant régulier. Depuis cette époque, que d'hommes il a vu se former dans ses murs qui ont honoré et honorent encore aujourd'hui la société par leurs talents et leurs vertus ! Que de vocations ecclésiastiques il a vu éclore ! Le clergé diocésain presque tout entier en est sorti. L'éclat extérieur, la splendeur des bâtiments n'est pas précisément ce qui le distingue ; mais on y aime le bon Dieu, on y prie, on y travaille, on s'y exerce à la vertu, en un mot, on y fait le bien ; et parce qu'il s'y fait silencieusement, il n'en est pas pour cela moins solide. C'est une maison que l'on n'oublie pas facilement quand on l'a une fois connue, et que l'on ne peut s'empêcher d'aimer. Il y a, dans l'atmosphère qui l'enveloppe, je ne sais quelle force surnaturelle qui vous attire et vous retient : au reste, tout le monde convient que la Sainte Vierge, qui est sa patronne, lui a donné, de tout temps, des témoignages particuliers de sa protection et de son amour.

Ce fut en octobre 1864, que Jean y entra comme élève de huitième. Il avait alors quinze ans.

Sa réputation de piété l'y avait déjà précédé. Il trouva, dès son arrivée, dans ses maîtres, autant d'amis, et il ne démérita jamais de l'affection et de l'intérêt qui lui furent témoignés dès ce moment. Un accident, en apparence fortuit, mais que nous aimons mieux croire providentiel, lui fournit l'occasion de se faire connaître d'un professeur plein de talent, et d'une inépuisable charité, qui ne devait plus jamais le perdre de vue, qui devait lui servir de père, et contribuer pour une large part aux frais de son éducation. C'était Monsieur l'abbé T., qui occupait alors la chaire de philosophie. La Providence a souvent de ces attentions délicates pour ceux qui se confient en elle. Le professeur de huitième, ayant été retenu chez lui, à l'époque de la rentrée des classes,

pendant plusieurs jours, M. l'abbé T., qui ne devait ouvrir son cours qu'un peu plus tard, s'offrit à se charger, par intérim, de cette classe de huitième. « Je fus vite frappé, nous écrivait-il au
« lendemain de la mort de l'abbé Anglade, des aptitudes intellec-
« tuelles et des qualités morales du cher enfant, dont l'attention
« et la régularité ne laissaient rien à désirer. Aussi dès la fin de
« cette première année, eut-il neuf premiers prix, et ce qui était
« plus précieux, dans l'intérêt de notre cher Petit Séminaire, c'est
« l'influence qu'il acquit dès lors auprès de ses jeunes camarades,
« dont il était bien souvent le confident et le conseiller. »

Nous l'avons déjà dit, l'humble position de ses parents n'avait pas permis de songer à le faire entrer dans la maison comme pensionnaire. On le confia à un de ses oncles, charron, à Prades, logé sur la route en face de l'ancienne sous-préfecture. Là, malgré l'affection et la bonne volonté de son oncle et de sa tante qui l'aimaient comme leur propre fils, il n'avait pas beaucoup à faire pour se mortifier ; il n'avait qu'à accepter et souffrir patiemment les privations de toute sorte auxquelles l'exposait l'humble situation de sa famille.

Il fut bientôt connu dans le quartier, trahi, comme la violette, par le double parfum de son application et de sa piété. Le sous-préfet, M. Sans, qui entendit parler de lui, voulut le connaître. On lui amène l'enfant, il l'interroge, et frappé de sa modestie autant que de son intelligence, il lui promet de s'intéresser à lui. Il lui tint parole. Après lui avoir rendu quelques services plus ou moins importants, son nouveau protecteur lui offrit de se charger, ou à peu près, de son habillement, pourvu qu'il pût compter sur lui de temps en temps, pour faire certaines écritures. Jean, ne cherchant qu'à alléger la charge de ses parents, accepta de grand cœur, et le voilà devenu le secrétaire particulier de M. le Sous-Préfet. Celui-ci, satisfait sans doute du travail de son scribe improvisé, poussa plus loin sa générosité.

Il n'était pas rare, par exemple, de voir sur la table du pauvre charron, apparaître des mets, qui, bien qu'inattendus, arrivaient toujours bien à point, loin de faire double emploi. Le pauvre enfant, qui ne voulait pas être en reste avec son bienfaiteur, s'efforçait d'élever sa reconnaissance à la hauteur des services qui lui étaient rendus. Il donnait à M. le sous-préfet tous ses moments libres de la journée, et se réservait la nuit pour l'accomplissement de ses devoirs d'élève. Il fallut que ses maîtres du Séminaire intervinssent et l'obligeassent à modérer son ardeur.

Peu de temps après, Monsieur Sans recevait une autre destination, et était appelé à la sous-préfecture de Cognac, dans la Charente. Il aurait voulu, à tout prix, emmener son jeune secrétaire qui se trouva terriblement combattu entre les devoirs de la reconnaissance, qui retenaient sur ses lèvres toutes les objections, et le chagrin de quitter ses parents et son pays. Monsieur Sans lui faisait les offres les plus séduisantes. Il se l'attachait comme secrétaire particulier, tout en lui faisant poursuivre ses études ; plus tard il entrerait dans les bureaux d'une préfecture, et puis..... qui sait ? A une imagination de seize ans quels rêves paraissent irréalisables ?

Il est une heure, dans la vie, où devient vraie, pour chacun de nous, l'ingénieuse allégorie de Prodicus, si gracieusement imitée par Saint-Basile. Quel est, en effet, le jeune homme qui, au sortir de l'adolescence, arrivé au seuil des mille chemins qui conduisent à l'avenir, n'a pas hésité d'abord, ne s'est pas arrêté, indécis, n'a pas senti le besoin, avant de s'engager, de se recueillir et de se reposer dans la solitude ? Ces hésitations, ces indécisions, Jean les connût-il ? Subit-il la fascination de cet avenir inconnu et inespéré qui tout-à-coup s'ouvrait devant lui ? Il est une tentation, dangereuse entre toutes, que Bossuet appelle « le charme du sentir », et qui n'est autre chose que l'attachement aux créatures, l'amour de ce que le monde aime et admire, l'éclat, la fortune, les plaisirs. Jean éprouva-t-il cette tentation ? A cet âge, l'imagination va vite et le cœur aussi :

> « Une flatteuse erreur emporte alors les âmes.....
> Les diadèmes vont sur la tête pleuvant..... » ;

puis, quand on croit toucher à cet avenir qui paraissait si riant et si beau, hélas ! souvent le mirage de nos espérances s'évanouit et s'efface, comme, aux rayons du soleil, ces châteaux fantastiques, flottant dans l'azur, formés par les nuages.

Pour notre pauvre enfant, surtout, l'épreuve pouvait facilement être fatale. Lui qui n'avait vu que ses montagnes, qui n'avait guère vécu jusque-là qu'avec son troupeau, il se trouvait subitement et sans qu'il eut jamais pu y songer, le secrétaire de M. le Sous-Préfet ; il avait ses entrées libres à l'Hôtel de la Sous-Préfecture ; M. le Sous-Préfet lui faisait des avances et lui promettait un avenir ; il s'était endormi, la veille, pour ainsi dire, pauvre pâtre, et il se réveillait, le lendemain, presque un personnage. Ces premiers regards de la gloire étaient bien capables de le troubler dans sa simplicité... et que d'autres, peut-être, en eussent été complètement éblouis ! Il ne le fut pas. De plus hautes ambitions sollicitaient son âme. Il considéra toutes ces choses comme une perte au prix de la connaissance parfaite de Jésus-Christ pour l'amour duquel il voulait renoncer à tout et tout mépriser, ajoutant, comme l'Apôtre : *ad destinatum persequor, ad bravium supernæ vocationis Dei in Christo Jesu.*

Ce fut, en effet, sa réponse. Il voulait être prêtre, et il le déclara franchement à son protecteur. M. Sans, avec un tact auquel nous nous plaisons à rendre hommage, respecta cette détermination, sans toutefois renoncer au désir d'amener son protégé. Il lui promit, s'il consentait à le suivre, de lui faire continuer ses études dans un établissement ecclésiastique, et de le faire entrer, plus tard, au Grand-Séminaire d'Angoulême. Le pauvre enfant, attristé, partagé entre le désir d'être agréable à son protecteur, et la crainte de perdre sa vocation, demanda un jour pour réfléchir.

Si les instances du Sous-Préfet firent quelque impression sur son cœur, et parurent ébranler un instant sa volonté, c'est qu'il se croyait réellement tenu par la reconnaissance à l'égard de son bienfaiteur. Ce sentiment, qui est le caractère des âmes nobles, éclata constamment chez lui, on le verra dans la suite, au-dessus et au delà de toute expression.

Il alla donc soumettre le cas et demander conseil à son directeur du Séminaire. Il lui fit part de ses perplexités, il lui confia ses doutes. S'il suivait M. Sans, ses parents n'avaient plus à se préoccuper de lui ; ils étaient complètement déchargés ; il serait prêtre, tout de même, avec la grâce de Dieu, sans qu'ils dussent s'imposer le plus léger sacrifice. M. l'abbé T..., après avoir pesé ces raisons, l'engagea à remercier M. le Sous-Préfet de ses offres si bienveillantes, et à demeurer auprès de ses parents. Et pour couper court aux objections, scrupules et réticences, il s'entendit avec quelques personnes charitables, et avec M. le chanoine Bartre, supérieur du Petit-Séminaire, pour assurer l'avenir de notre écolier. « Voilà comment, nous disait M. l'abbé T... de qui
« nous tenons la plupart de ces détails, je réussis à retenir, dans
« le diocèse, un sujet qui devait lui faire le plus grand honneur,
« s'il n'avait plu à Dieu de lui octroyer la couronne, avant de
« faire profiter notre pays des services que lui promettait une
« vertu si précoce et déjà si éclairée. »

Dans le cours de la même année, la Providence avait ménagé à Jean de nouveaux protecteurs, nous allions dire une nouvelle famille. M. Francisque Bouillier, alors Inspecteur général de l'Université, plus tard Directeur de l'Ecole normale supérieure, aujourd'hui l'un des membres les plus éminents de l'Institut, venait tous les ans, avec les siens, passer quelques mois à Prades et à Vernet-les-Bains. Voici comment Jean eut l'honneur et l'avantage, pour lui inappréciable, de connaître cette famille si distinguée à tous égards, et de mériter tout particulièrement le bienveillant intérêt et la haute protection de Mme Bouillier et de Mme Servan de Sugny, sa mère. C'est Mme Servan de Sugny elle-même, qui nous le racontait naguère dans une lettre qu'elle nous faisait l'honneur de nous adresser « .... Nous avons connu Jean
« Anglade à Prades, en 1865 ; il allait alors comme externe au
« Petit-Séminaire. Un de mes petits-fils, Armand Bouillier, y allait
« également. C'était alors un jeune enfant de huit ans dont la
« santé était fort chancelante, ce qui l'obligeait souvent à man-

« quer la classe. Ce fut cette circonstance qui nous mit en rapport
« avec l'élève Anglade. Mme Bouillier ayant prié le professeur de
« vouloir bien faire parvenir à son fils les devoirs auxquels il ne
« pouvait prendre part, le jeune Anglade fut chargé de ce soin ;
« et bientôt s'établit entre les deux enfants des rapports d'amitié.
« L'aîné Anglade devint le protecteur du plus jeune ; il venait
« le prendre pour aller au Séminaire, il en revenait toujours avec
« lui. »

Le petit Armand subissait la douce et salutaire influence de Jean. D'étourdi et de dissipé qu'il était, il devint soumis et sage. Mme Bouillier était heureuse de ce changement ; elle se réjouissait de l'amitié qui unissait les deux enfants et l'encourageait de tout son pouvoir. Aussi conçut-elle la pensée d'installer Jean dans son domicile. Avoir l'idée d'une bonne œuvre et la réaliser est, pour les âmes généreuses, une seule et même chose. L'enfant vécut ainsi sous le même toit que ses bienfaiteurs, et devint tout à fait le commensal de la maison. « Déjà, à cette époque, continue
« Mme Servan de Sugny, Jean était un vrai modèle de piété, de
« douceur, d'obéissance. Jamais il ne proféra une plainte sur qui
« que ce fut ; il excusait chacun. Nous l'avons ainsi gardé deux
« hivers sans avoir l'ombre d'un reproche, même une observation
« à lui faire. Après notre départ, nous ne le perdîmes point de
« vue. Il nous écrivait quelquefois et ses lettres avaient toutes le
« même caractère de reconnaissance et de modestie. Nous savions
« d'ailleurs qu'au Séminaire il remportait tous les prix, et qu'il
« était resté le modèle de la piété, de l'obéissance et du travail. »

CHAPITRE III

Le Petit-Séminaire
Amour de Jean pour l'étude. — Ses succès. Alphonse Codina

Ces trois mots résument admirablement sa vie tout entière. Il travailla, il pria, il obéit, et il apporta à l'accomplissement de ce triple devoir toute la générosité et toute l'ardeur d'une âme droite et pure, toute la loyauté et toute l'énergie d'un cœur qui ne connut jamais les calculs de l'hypocrisie, de la lâcheté et de l'égoïsme. Sa nature était faite pour le sacrifice. Il ne pouvait pas se contenter du devoir strictement rempli. Pour lui, le devoir consistait à faire tout ce qu'il pouvait faire, aussi parfaitement qu'il le pouvait faire. Son intelligence n'avait peut-être pas toute la vivacité et tout l'éclat qu'on aurait pu désirer; il n'était pas précisément de ces esprits primesautiers, pour ainsi dire, qui saisissent d'un seul coup une difficulté et la résolvent de même; mais il avait un jugement droit, juste et ferme, comme son caractère. S'il eut des succès, et un élève ne saurait en ambitionner de plus complets et de plus brillants, il les dut, sans doute, à ses facultés naturelles, mais aussi et plus encore à sa constance, à son travail, nous ajoutons très volontiers à sa piété, car la piété est utile à tout. De huitième, Jean était passé en sixième, et de sixième en quatrième, sans jamais déchoir, malgré ces sauts périlleux, du premier rang. « J'ai été, deux ans durant, en

« quatrième et en troisième, nous écrit un de ses maîtres qui a
« vu passer sous ses yeux de nombreuses générations d'élèves, le
« Professeur du jeune Anglade, ravi, de si bonne heure, à
« l'affection de tous ceux qui l'ont connu, et aux espérances du
« diocèse de Perpignan. Je puis dire, sans exagération, à la
« louange du cher enfant, que j'ai trouvé en lui le meilleur de
« tous mes nombreux élèves. Il avait une belle intelligence, accom-
« pagnée d'une application toujours soutenue, garantie des plus
« beaux succès. A une époque où le latin était déjà étudié en hui-
« tième, il vint dans ma classe de quatrième après deux ans de
« latin, et dès la première composition il était proclamé le premier,
« rang qu'il a gardé dans le cours de ses études, sans en être
« presque jamais dépossédé; ce qui d'ailleurs l'aurait peu surpris,
« car, seul, il trouvait étranges ses succès. »

A la fin de son année de Rhétorique, il n'y eut qu'une voix, parmi ses condisciples, pour décerner à notre cher écolier le grand Prix d'honneur ; et les maîtres furent heureux de ratifier, de leur approbation, les suffrages unanimes des élèves. Jamais couronne semblable ne fut placée sur une tête plus digne. Elle était tout autant la récompense du travail que celle de la piété. Ces deux choses, qui vont si bien ensemble et qui se prêtent réciproquement un secours si efficace, Jean ne les avait jamais séparées. Il travaillait avec une égale ardeur à s'instruire et à aimer Dieu, à s'instruire pour mieux aimer Dieu. Il cherchait d'abord Jésus dans les livres, *Jesum in libris quærebat*, selon le mot de Saint-Augustin, et il arriva, comme toujours d'ailleurs, que le reste lui fut donné par surcroît.

Oui, nous ne saurions trop le répéter, c'est à sa piété, à son amour de Dieu, à son ardent désir de travailler à la gloire de Notre-Seigneur, qu'il faut attribuer, en grande partie, cette persévérance dans le travail, cette obstination à l'étude qui ne se démentirent pas un seul jour, pendant les six années qu'il passa au Petit-Séminaire. Il n'y eut pas chez lui, on peut le dire, une seule heure de défaillance, un seul moment de faiblesse ou d'oubli.

C'est même le trait saillant de son caractère, cette volonté toujours maîtresse d'elle-même, cette pleine et absolue possession de soi, cette marche toujours également ascendante dans le bien, dans la vertu, dans la sainteté. De ceux qui furent ses maîtres et ses condisciples, aucun, nous en sommes sûrs, ne nous contredira si nous affirmons que jamais il ne donna prise, nous ne dirons pas à une punition, mais même à un simple reproche. Il apportait à l'étude toute sa conscience qui était très délicate, et toute son application qui était infatigable. Il apprenait avec méthode ; aussi retenait-il avec certitude. Et quand ses devoirs étaient terminés, quand ses leçons étaient apprises, il trouvait encore le moyen d'employer son temps soit à revoir les passages expliqués en classe, soit à rédiger ses notes, ou même, comme on le verra plus loin, à consigner, sur un cahier *ad hoc*, ses sentiments et ses impressions. Ce cahier était comme le Grand-Livre de son âme, le Journal de ses affaires spirituelles. Là il parlait à Dieu de son désir de l'aimer toujours et de plus en plus ; là il se plaignait à Dieu de sa tiédeur ; il lui confiait ses petits secrets, lui avouait ses petits défauts, lui exposait ses besoins, lui demandait lumière et force, lui faisait part de ses craintes et de ses espérances, avec une simplicité et une familiarité vraiment touchantes. Car Dieu était son ami intime, son grand ami pour qui il n'avait rien de caché, dont la pensée l'occupait tout entier, et qui lui tenait lieu de tout.

Pour connaître à quel point il avait l'amour de l'étude et le désir de s'instruire, le « feu sacré », il faudrait pouvoir feuilleter, comme il nous a été donné de le faire, ses nombreux cahiers de notes. Il y en a sur toutes les matières classiques, depuis son année de quatrième. Nous avons même retrouvé, qu'on nous pardonne ce détail, un résumé, avec notes prises en classe, du cours de Géométrie et d'Algèbre. Son application ne négligeait rien et s'étendait à tout avec une égale ardeur et une égale sollicitude. Le devoir était une chose sacrée pour lui ; et il ne comprenait pas que l'on pût hésiter à le remplir sous quelque forme qu'il se présentât et sous quelque prétexte que ce fût.

En dehors des auteurs classiques qu'il aimait par devoir autant que par goût, il ne lisait guère que des ouvrages sérieux, toujours la plume à la main, recueillant des pensées, analysant, ou même transcrivant, pour mieux les apprécier, les passages qui l'avaient le plus frappé. C'est ainsi qu'il avait copié le célèbre *Dialogue de Platon et de Fénelon*, par Mgr Gerbet ; toute l'*Introduction de l'Essai sur l'indifférence ;* des extraits de Bossuet, de Massillon, etc., etc. On voit que notre élève savait choisir ses maîtres, et qu'il formait son goût littéraire à bonne école.

Du reste, tout ce qui, de près ou de loin, touchait à ses études, tout ce qui pouvait être, pour son esprit, un éclaircissement, une lumière excitait vivement sa curiosité. Nous nous souvenons encore de la sorte d'enthousiasme où le jeta une lettre qu'il reçut, un jour, de Rome et dans laquelle M. l'abbé T. lui racontait longuement une promenade qu'il venait de faire dans le pays de Virgile et d'Horace. Jean terminait alors ses Humanités. Tous les souvenirs littéraires qui y étaient rappelés étaient frais dans sa mémoire, il voyait clair à travers toutes les allusions, et pas un des lieux qui y étaient cités ne lui était inconnu. Nous permettra-t-on de la reproduire malgré ses dimensions ? Elle intéressera certainement le lecteur par le charme du récit et la variété des détails.

« Rome, ce 29 avril 1869.

« Mon bien cher ami,

« .... Je voudrais aujourd'hui, en t'écrivant, faire dominer le profane sur le sacré. Et d'abord je te dirai quelques mots d'une promenade à Tivoli (l'antique Tibur) que j'ai faite, il y a quelques semaines, en compagnie d'une noble famille de Marseille, M. et Mme de... et leurs enfants.

« En y allant, nous passâmes par le Téverone (l'ancien Anio) tout près de l'endroit où les Gaulois vinrent assiéger Rome, et où eut lieu le combat singulier entre Manlius et un de nos ancêtres..... A six milles de là, nous repassâmes encore le même fleuve sur le Ponte Lucano: là s'élève une tour antique, assez semblable au tombeau de Cecilia Metella, sur la voie Appienne; c'est le tombeau de la maison Plautia, dont la villa est mentionnée dans Ovide. Bientôt, nous vîmes s'élever, à notre droite, les immenses ruines de la Villa Adriana, où l'empereur Adrien, qui aimait Athènes et se piquait de philosophie grecque, avait fait construire divers bâtiments à l'antique: un Portique, une Académie, un Lycée, un Prytanée, une vallée de Tempé, un Pœcile, une Naumachie, deux théâtres, plusieurs bibliothèques, et jusqu'aux Champs-Elysées: le tout au milieu de grands bosquets et de belles pièces d'eau. On a tiré de là, depuis plusieurs siècles, en faisant des fouilles, une innombrable quantité de statues, de mosaïques et de diverses parties d'architecture grecque, qu'on voit dans les musées du Capitole et du Vatican.

« Mais nous voici à Tivoli (*Tiburque superbum.*)...

« C'est là, sous ces frais ombrages, que les opulents épicuriens de l'ancienne Rome allaient chercher le bon air, qui, disait-on, rendait à l'ivoire sa blancheur disparue. Sans parler de l'empereur Auguste, qui s'y retirait souvent, c'est ici que venaient, pendant la saison des chaleurs, Martial, Pline, Tibulle, Properce, Silius Italicus; Quintilien y venait aussi; Zénobie s'y retira; mais c'est surtout le souvenir d'Horace et de Mécène qui sollicite le touriste à Tibur; et pourtant que sont devenues les somptueuses villas du favori d'Auguste et de son poète?... Vois-tu ce vaste établissement, au bas du vallon, d'où retentissent des coups en cadence? c'était là la magnifique demeure de Mécène, transformée en forge; tu devines si ses murs de marbre aux compartiments dorés, sont dégradés et noircis par la fumée séculaire de l'usine... Quant à la campagne d'Horace, elle est à une certaine distance, au delà de Tibur, sur le flanc d'un délicieux coteau, d'où l'on jouissait du magnifique spectacle des célèbres cascades et cascatelles de l'Anio; là, assis sous une yeuse qui pouvait, par les rejetons, descendre en droite ligne des arbres mêmes qui s'élevaient autour de la villa de notre poète, je donnai à traduire à mes jeunes compagnons la 6ᵉ ode du 1ᵉʳ livre ; c'est à peine si je dus redresser quelques inexactitudes ; ils ne furent embarrassés par aucune des allusions historiques ou géographiques si nombreuses dans cette ode... Nous dînâmes à Tivoli, à l'*Auberge de la Sybille*, ainsi nommée parce que l'ancien temple forme comme une dépendance de cette habitation, qui surplombe l'Anio *(præceps Anio)* et regarde la grande cascade : c'est là que nous descendîmes dans l'après-midi, pour visiter la Grotte *des Sirènes* et admirer la fureur du fleuve. Je renonce à te faire la description de ce spectacle : l'eau se précipite d'abord sur un tas de roches pointues, où elle se met en poussière, et rejaillit en un million de perles brillantes. De là, une partie de la rivière va se briser de nouveau dans un fond, contre les rochers ; l'autre s'abime dans les fentes des pierres, sous les maisons, d'où on la voit ressortir de la ville et retomber en plusieurs cascatelles... Notre journée se termina par la visite de la *villa d'Este*, dont les magnificences ont remplacé les grandeurs évanouies de celles de Mécène, d'Horace et de Catulle. Sa situation élevée, la multitude de terrasses, de fontaines, de bassins, de jets d'eau, de parterres, de labyrinthes, de massifs, de charmille, de fleurs et de statues, forment un assemblage des plus agréables et des plus rares, digne d'être visité, même après la *villa Borghèse*, et la *villa Pamphili*, où nous pouvons nous promener tous les jours... Mais j'ai hâte de dire quelques mots d'une autre excursion plus récente, qui ne te paraîtrait pas moins curieuse et moins intéressante, si j'avais le loisir de t'en raconter les détails et les épisodes.

« Trois sujets principaux nous attiraient à Ostie : d'abord le souvenir de la mort de sainte Monique; mais hélas ! au milieu de cette immense ville enfouie et de ces larges rues que le baron Visconti continue à déblayer, quelle est la maison qui vit mourir la mère d'Augustin ? Impossible de le dire; et nous n'avons pu que lire, au milieu de ces ruines, le chapitre des Confessions dans lequel le savant docteur raconte les derniers moments de sa mère à Ostie, où ils étaient venus pour y attendre un vaisseau qui pût les mener en Afrique. Quant au corps de cette mère incomparable, il fut plus tard transporté à Rome, où nous le vénérons dans l'église de Saint-Augustin. — Notre désir était, en outre, de voir les parties découvertes de cette ville d'Ostie, jadis peuplée de plus de 80.000 habitants, et si complètement détruite par les Sarrasins, que les décombres amoncelés s'étaient, sous l'action du temps, transformés en monticules couverts de gazon, d'où s'élèvent à peine, de loin en loin, quelques pans de murailles, ou les débris d'un vieux temple. Aujourd'hui, on peut parcourir plusieurs quartiers complets de cette ville déchue, si bien nommée *la Capitale du désert*.

« Le petit village actuel, qu'on rencontre un mille avant les ruines de l'antique cité (le Pirée de Rome), se compose de 60 habitants, groupés dans six ou sept maisons, tout autour d'une petite église dédiée à sainte Monique, et desservie par un curé. Devant l'église s'élève une sorte de château-fort qui sert de logement aux galériens, quand ils ne sont pas employés aux fouilles ; ils jouissent, du reste, d'une certaine liberté, et l'un d'eux a aidé notre cocher à dételer les chevaux (un trait, en passant, de l'intolérance de la législation pontificale !)....... En parcourant les rues découvertes de la ville ancienne, nous foulions aux pieds de brillantes mosaïques, et cheminions au milieu de colonnes brisées, de *columbariums* curieux à étudier, de tombeaux alignés ; un moment nous nous sommes trouvés dans une immense cave dans le sol de laquelle étaient enfoncées de grandes jarres de grès, de deux mètres de hauteur et qui pouvaient bien contenir 30 hect. de vin. — Enfin le troisième but que je m'étais proposé, c'était de faire, à vol d'oiseau, un voyage sur la scène des six derniers livres de l'Énéide. Nous avons vu le lieu où Énée avait établi le camp des Troyens, adossé au lac, qui le protégeait aussi à gauche ; à sa droite, il était défendu par un bras du Tibre qui n'existe plus aujourd'hui *(dextera cingitur amni)*, mais qu'on appelle encore *fleuve mort ;* le camp faisait face à la mer. Les Troyens avaient donc leurs derniers bataillons protégés, non-seulement par la partie du lac qui contournait de ce côté, mais encore par les marais impraticables qui occupaient l'espace compris entre ce lac et ce bras du Tibre. C'est ce qui explique comment Nysus et Euryale, sortirent, non pas directement vers Pallantée (Rome actuelle), mais, au contraire, du côté de la mer, étant obligés de faire le tour du marais. Le camp d'Enée était donc à l'endroit même où est le petit village moderne d'Ostie. Quant au camp de Turnus, que durent traverser Nysus et Euryale, il s'étendait du marais à la mer, vers le village actuel de Castel-Fusano.

« Nous avons visité l'île sacrée d'Apollon où, non loin du temple de ce dieu, on fêtait chaque lustre par des courses et des combats de pugilat. Nous n'avons pas eu le temps de pousser jusqu'à *Laurentum* et *Lavinium* ; mais ce sera pour une autre fois, car ces points sont assez rapprochés de Rome..... »

Cette lettre était accompagnée d'un plan de Rome et de ses environs. Oh ! comme tout cela parlait à l'âme et au cœur de Jean ! Rome ! c'était d'abord la ville catholique, la ville du Pape, théâtre, en ce moment-là, des splendeurs du Concile, dont M. l'abbé T... lui faisait une magnifique description ; c'était aussi la ville classique par excellence, dont le nom et les souvenirs se mêlaient à presque toutes ses études. Pour ce double motif elle devait être doublement chère au pieux et laborieux écolier. « Je « voudrais, cher bienfaiteur, que vous pussiez me voir, ces jours- « ci, lui répondait-il. Je ressemble assez à quelqu'un qui, voulant « composer un ouvrage, lit çà et là, recherche des documents, « prend des notes enfin avant de se mettre à écrire... J'ai lu « d'abord, et avec quel bonheur ! le récit des cérémonies magni- « fiques qui se font à Rome. Il me semblait voir le bien-aimé « Pie IX, assis sur son trône, donnant sa bénédiction *urbi et orbi*... « Donc, il m'a béni aussi ce Pontife admirable !... Et en dehors « de Rome que ne vois-je pas ? La lecture de votre excursion à « Tibur et à Ostie, jointe au plan de Rome et de ses environs, a

« frappé si bien mon esprit, que je me représente ces agréables
« lieux comme si je les avais devant moi. On trouve bien souvent
« dans les auteurs, « voie Appienne », « voie Tiburtine », « Ostie »,
« Tibur », mais comme on n'a aucune connaissance de la position
« des lieux, on oublie facilement la pensée de l'écrivain... Mais
« maintenant j'ai des idées claires. Sitôt que je vois un de ces
« noms paraître, je lis avec avidité, parce que je me porte
« aussitôt, par la pensée, sur les lieux. Que d'avantages n'ai-je
« pas retirés des chères lectures que j'ai faites ces jours-ci ! Et
« puis je sais maintenant où étaient fixés les camps d'Enée et de
« Turnus ; je sais par où sortirent ces deux braves et infortunés
« compagnons, ou plutôt fortunés, comme les appelle Virgile,
« *fortunati ambo* », etc., etc., Justement nous expliquons, ce
« trimestre-ci, ce charmant épisode !... »

L'étude lui était devenue une passion. Pendant les vacances, alors qu'il pouvait disposer, à sa guise, des heures de la journée, il ne l'interrompait que rarement, et seulement pour prier, ou causer avec ses parents. La nuit, il prolongeait démesurément ses veillées, et souvent son père, qu'un travail aussi assidu alarmait, devait se lever à une heure avancée pour souffler sa lampe et l'obliger à prendre du repos. Et encore Jean avait-il trouvé un moyen de tromper la vigilance paternelle. Il fermait hermétiquement le trou de la serrure pour ne pas se laisser trahir par les rayons de la lumière qui l'éclairait. La tendresse maternelle se plaignit à son tour ; mais l'enfant sut trouver de si bonnes raisons que, de guerre lasse, on le laissa faire et il usa et abusa de la permission. Et cependant, devant Dieu, il se reprochait sa paresse ! A la suite d'une méditation sur Jésus ouvrier, il écrivait dans son cahier :

« Si jusqu'ici j'ai fait mes devoirs sans ardeur, sans vous les
« offrir, dorénavant, ô mon Dieu, je vous promets de les remplir
« avec zèle et esprit de foi. Je m'efforcerai de faire de ma vie une
« prière continuelle. »

Une maladie, qu'il fit vers la fin de cette année de troisième, provoquée, en grande partie, par un excès de travail, lui laissa une extinction de voix et un mal de tête très persistants. Il fut obligé d'interrompre ses études, et on le renvoya chez lui pour quelques jours. Ce temps de repos forcé, loin de le regarder comme une faveur, il s'y résigna comme à une épreuve, et l'on peut croire qu'il ne prolongea pas par plaisir ces vacances extraordinaires. Il rentra dès qu'il put reprendre son travail; et l'un de ses premiers soins, à son retour au séminaire, fut de remercier le bon Dieu et la Sainte-Vierge de sa guérison. Nous trouvons encore le témoignage et l'expression de sa reconnaissance dans son cahier intime:

« *Remerciement et demande.* — O Dieu, je vous remercie de
« m'avoir rendu la santé. Soyez béni, ô Seigneur Jésus, pour tout
« ce que vous faites pour moi. J'étais pécheur et vous m'avez
« épargné ; j'étais ingrat et vous m'avez pardonné ; j'étais turbu-
« lent et vous m'avez supporté: je vous en remercie mille fois.
« Et vous, ô divine Marie, vous qui avez beaucoup contribué à
« ma guérison, soyez exaltée, glorifiée, aimée et célébrée partout
« et toujours. Puisque vous êtes si puissante, obtenez-moi de
« votre divin Fils la grâce de la dévotion: faites que je sois
« énergique, courageux, sage, prudent, savant, pur et que j'aie
« toutes les vertus d'un saint.

« Maintenant, ô Jésus et Marie, je vous demande encore, si
« telle est votre sainte volonté, de me rendre la voix dont j'ai un
« si grand besoin pour vous faire aimer, pour vous louer et vous
« glorifier moi-même. Faites que je sois pieux, que je vous aime
« bien, que je vous offre tout, que je puisse bien m'instruire et
« que je sois pour tous un sujet d'édification. Faites que je ne
« souffre pas en étudiant, mais que je sois toujours courageux et
« fort, et que je travaille avec confiance, constance, zèle et persé-
« vérance pour votre saint service.

« Comblez de bénédictions mes bons parents, mes frères et mes

« sœurs, mes bienfaiteurs, mes proches, mes amis et mes
« ennemis. Donnez-moi un grand amour de la religion, un grand
« amour de vous-même et de tout ce qui est saint. Donnez-moi le
« zèle des âmes, et le don de toucher les cœurs afin de les porter
« tous à vous. »

A la suite de cette indisposition, qui sans faire craindre pour sa vie, donna pourtant des inquiétudes sur l'avenir du pieux écolier, ses maîtres durent multiplier et rendre plus pressantes leurs recommandations pour modérer son zèle et ralentir son élan pour le travail. Jean promit d'être plus sage :

« Je vous promets, ô Jésus et Marie, de travailler avec
« ardeur pour votre plus grande gloire, de vous aimer, d'être
« fervent dans la prière, de ne jamais me décourager et de suivre
« en tout votre volonté sainte... Je vous promets de ne jamais
« commettre d'excès dans les études et de travailler modérément;
« surtout quand il s'agira de lire, je vous promets de ne jamais
« me laisser entraîner par la curiosité.

« Mais de moi-même, Seigneur, de moi-même, Jésus et Marie,
« je ne puis rien. Ainsi, j'implore votre secours pour accomplir
« ces résolutions. — Protégez-moi, secourez-moi, aidez-moi, je
« vous en prie, je vous en conjure, et je ne cesserai de prier que
« vous ne l'ayez fait. »

Comme on le voit, c'était au prix des plus grands efforts, et par ce travail acharné qui vient à bout de tout, que Jean réussissait à tenir la tête de sa classe, et remportait ses triomphes classiques. Il éprouvait la vérité de cette parole des Proverbes : « Sois laborieux : ta moisson sera abondante, et la pauvreté fuira loin de toi. »

De ses nombreux condisciples qui rivalisaient avec lui d'application et de piété, il y en eut un surtout qui lui disputa longtemps le terrain pied à pied, pour ainsi dire, sans pourtant parvenir à le vaincre. Nous nous permettrons de le nommer parce que lui aussi fut moissonné de bonne heure, non sans avoir, en peu de temps, fourni une longue carrière. Plus jeune que Jean de quatre années, il portait, comme lui, dans sa poitrine, un cœur ardent et généreux. Mais quelle différence de tempérament, de nature, de caractère ! Autant l'un était calme, doux, paisible, autant l'autre était vif, bouillant, emporté presque ; c'était une nature exubérante, débordante de sève et de vie, d'une gaité franche, éclatante, communicative ; il mettait le feu aux récréations dès qu'il s'y mêlait, et il s'y mêlait toujours. Intelligence brillante autant que solide, il devint en peu de temps le rival le plus redoutable de Jean. Il s'appelait Alphonse Codina.

Entré au Petit-Séminaire en quatrième, il fit, dans cet établissement, la troisième et une partie de ses Humanités. Puis des considérations de famille l'appelèrent à Lyon, où il termina ses études classiques.

Toutefois, en quittant Prades et le Roussillon, il ne s'en séparait pas. Son cœur leur restait fidèle. Catalan il était né, catalan il voulut demeurer toujours. Ses lettres aux amis qu'il avait laissés, respiraient toutes le regret le plus vif de la petite patrie, regret que souvent il épanchait de son âme en rythmes nombreux :

« Du sud, un vent léger
— On l'entendait à peine —
Soufflait, doux messager
De la saison prochaine.....
Tandis que ma bouche aspirait
Son haleine embaumée au contact des Albères,
De tendres souvenirs, d'images toujours chères,
Tout mon cœur s'emplissait.
O vent de ma patrie,
Disais-je en soupirant,
Sans doute, en effleurant
Cette terre chérie,
Tu la baisais pour moi ?.....
Que n'ai-je, hélas, ô vent, des ailes comme toi ! »

Ses vœux furent largement exaucés. Il demandait des ailes au vent, les vents le portèrent bien loin sur leurs ailes. Il était de cette race de conquérants que « ni les sables brûlants, ni les « déserts, ni les montagnes, ni les écueils de tant de mers, ni

« l'intempérie de l'air, ni le milieu fatal de la ligne où l'on
« découvre un ciel nouveau, ni les flottes ennemies, ni la distance
« des lieux, ni les tempêtes, ni les côtes barbares ne peuvent
« arrêter ; » qui « viennent sans armes, excepté la croix du
« Sauveur » ; qui « viennent, non pour enlever les richesses et
« répandre le sang des vaincus, mais pour offrir leur propre sang
« et communiquer le trésor céleste. »

En effet, après trois ans passés au Séminaire Saint-Irénée, à Lyon, il entra au Séminaire des Missions étrangères, à Paris, pour se préparer à la grande vie apostolique. Le 2 décembre 1877, il s'embarquait à Marseille pour le Tonkin occidental, où, après dix-huit mois de labeurs et de luttes vaillantes, il succomba, dans la fleur de sa jeunesse et dans le premier enthousiasme de l'apostolat, aux atteintes de la fièvre jaune. La *Semaine religieuse* du diocèse de Perpignan publia, à l'occasion de sa mort, son journal écrit à bord du *Synd* où son âme se révèle tout entière.

Une courte notice biographique très intéressante a paru encore sur lui dans la même Revue, au mois d'avril 1884. Un mot de lui fera connaître toute l'ardeur et toute la générosité de son âme. Quelques jours avant son départ pour le Tonkin, il écrivait à un de ses amis : « Je n'ai d'autre vœu que celui de me dévouer pour
« Dieu, de mourir pour sa gloire ; mais mourir dans un fossé,
« inconnu de tout le monde et vu de Dieu seul. »

Jean et Alphonse se comprirent et s'aimèrent. Ce n'est pas que nous ayons à raconter ici une de ces amitiés tendres et fortes, comme celles de Saint Basile et de Saint Grégoire de Nazianze, par exemple, dont l'histoire a consacré le souvenir ; les tempéraments étaient trop différents, et trop opposés les caractères pour pouvoir se fondre et s'unir ainsi ; mais Jean et Alphonse étaient rivaux dans la classe, et il n'en fallait pas davantage, en dehors même de la piété qui les distinguait, pour établir entre eux une estime et une affection réciproques. Ce qui divise les âmes étroites et vulgaires, rapproche, au contraire, et unit les âmes nobles et élevées. Il y avait entre eux de l'émulation, il n'y avait pas d'envie.

L'envie ne peut naître que dans des âmes basses et méchantes : *Invidere improbum est et hominum improborum*. L'émulation est la qualité de l'homme vertueux.

> L'une mène à la gloire et l'autre au déshonneur ;
> L'une est l'élément du génie,
> Et l'autre est le poison du cœur.

Comme des coursiers, attelés ensemble, s'excitent à marcher, ou bien lancés à toute vitesse, ils dévorent l'espace pour conserver le premier rang, ainsi nos deux écoliers s'animaient dans la noble et sainte émulation du bien. Pendant leur année d'Humanités, ils furent chargés, l'un et l'autre, de la rédaction d'un journal de classe que le professeur avait créé pour stimuler le zèle des élèves et les former au style, en les obligeant à relater, par écrit, jour par jour et heure par heure, les mille petits incidents de la vie d'écolier. La tâche était également partagée entre les deux amis, qui étaient censés représenter deux camps adverses. L'un rédigeait la chronique du matin, l'autre, la chronique du soir. Les deux rivaux joutaient souvent ensemble, aux applaudissements de leurs condisciples, auxquels, du reste, il n'était pas interdit d'entrer dans l'arène et de se mêler au combat, et qui s'y mêlaient en effet quelquefois.

La plus grande courtoisie régnait dans les deux camps ; et jamais, grâce à l'habile direction du maître et au bon esprit des combattants, ne furent troublées ces luttes pacifiques du travail et de l'intelligence.

Dans l'intervalle de ces trois années, Jean se vit infliger, par son jeune rival, quelques défaites dans les compositions hebdomadaires. A la longue, même, elles devinrent assez fréquentes pour l'inquiéter dans cet amour-propre d'écolier, qui, bien réglé, est une vertu, un stimulant puissant, une condition de succès. Le pieux enfant versait dans le cœur de son divin Ami ses craintes et ses tristesses : « J'ai une grâce à vous demander, ô Seigneur
« Jésus ! C'est celle de supporter, sans plainte, tout ce que vous

« m'enverrez pour m'éprouver. Oui, ô Jésus, mon amour! donnez-
« moi assez de courage et de force pour ne pas me plaindre de
« mes épreuves. Donnez-moi un vrai détachement pour m'élever
« vers vous, pour ne travailler que pour votre gloire et votre
« exaltation. Je ne réussis pas dans mes compositions, il y a
« quelques semaines; eh bien ! peu m'importe; le bon Dieu le
« veut, moi aussi. Mais que dis-je *moi aussi;* tout à l'heure je me
« laissais prendre par le découragement. Ah ! malheureux que je
« suis! Pourquoi me décourager? Qu'est-ce que je perds? Quoi ?
« Un peu d'honneur? Loin de moi l'honneur et la gloire; ce n'est
« pas moi qu'on doit honorer et glorifier; c'est Dieu seul ! Dieu
« seul mérite l'honneur. Et je me plains de perdre cet honneur?
« Que je suis éloigné de la voie de mon Dieu ! Seigneur, faites-
« moi la grâce de ne pas me décourager, d'être énergique, de me
« mortifier en vous ; et quand je ne réussirai pas en composition,
« faites que je m'afflige, non pas de ce que je perds un peu
« d'honneur, mais de ce que mes actions ne vous glorifient pas
« assez (car je vous promets, Seigneur, de faire toutes mes
« actions pour votre gloire). Mais ces résolutions seraient bientôt
« oubliées, si vous ne m'accordiez votre grâce, ô Seigneur ! »

« Et vous, ô divine Marie, que pensez-vous de mon décourage-
« ment? Vous en êtes affligée, j'en suis sûr. O fils ingrat, d'affliger
« une telle mère! Mais consolez-vous, ô Marie, votre enfant ne
« vous affligera plus, si vous lui obtenez, de la part de votre Fils
« Jésus, un grand détachement, de l'énergie, une vie sainte et la
« patience à supporter toutes les épreuves.

« Protégez-moi toujours, ô Marie, obtenez-moi la science, non
« pas une science qui m'honore, mais une science par laquelle je
« puisse vous glorifier, ainsi que votre divin Fils Jésus ! Faites,
« ô Marie, que je passe toute ma vie à vous glorifier, quoi qu'il
« m'en coûte, et que je meure entre vos mains. D'ailleurs le
« plaisir de mourir sans peine, vaut bien la peine de vivre sans
« plaisir. »

On trouvera peut-être bien naïf le langage de ce jeune homme de dix-huit ans qui raconte, la plume à la main, au bon Dieu, ses tristesses et ses inquiétudes, à propos de quelques petits échecs dans ses compositions.

Nous nous garderons de dire le contraire. Cette accusation sera le plus bel hommage rendu à sa vertu et à son innocence. Au reste les pieuses sollicitudes de l'angélique écolier ne se réalisèrent point; il ne fut jamais dépossédé du rang d'honneur qu'il avait su conquérir dès le premier jour.

CHAPITRE IV

**Le Petit-Séminaire (suite)
Piété de Jean. — Sa dévotion au Saint-Sacrement.
La « Bonne Mère ». — Petites vertus.**

Cette bonne volonté, cette ardeur, cette passion qu'il apportait à l'étude, il l'apportait aussi à la piété : le premier pour le talent il voulait l'être encore et surtout pour la vertu. Et s'il reconnaissait, avec cette humilité qui caractérise les saints, que d'autres aimaient le bon Dieu plus que lui, jamais du moins il n'eut souffert qu'un autre voulut l'aimer davantage.

Au Petit-Séminaire, tout favorisait cette sainte ambition : les conseils des directeurs, le zèle des maîtres et leurs exemples, la règle de la maison et les pratiques de piété qu'elle commande ou qu'elle conseille, enfin cette atmosphère de surnaturel que, malgré soi, l'on y respire. Avec sa nature simple et bonne, Jean n'eut qu'à se livrer à l'action de la grâce. L'*œs triplex*, la triple cuirasse d'airain du travail, de la prière et de l'obéissance, dans laquelle, de bonne heure, il avait enserré sa vie, comprimait et étouffait, dans leurs germes, toutes les tentatives de résistance ou de révolte. On n'eut jamais autour de lui le soupçon d'un orage intérieur. Il y avait tant de calme dans sa vie, tant de régularité paisible dans sa conduite, qu'il semblait qu'il n'eut qu'à se laisser vivre pour être un saint. « Je suis sur le canevas, aurait-il pu dire, et je laisse Jésus me broder comme il veut. » Il est vrai qu'il secondait de tout son pouvoir l'action de Dieu en lui. Il professait pour la règle le respect le plus absolu, la soumission la plus parfaite ; et quant aux pratiques de piété, aux œuvres de zèle qui étaient en honneur dans la maison, Jean n'était indifférent à aucune. Tous les moyens lui étaient bons qui l'aidaient à se sanctifier.

Toutefois, entre toutes les dévotions auxquelles il se livrait, deux surtout exerçaient sur son âme un irrésistible attrait et occupaient son cœur, en le remplissant. C'était la dévotion au Saint-Sacrement et la dévotion à la Sainte-Vierge, les deux dévotions sacerdotales par excellence. La fréquente Communion était le foyer où se réchauffait son âme, où s'alimentait sa générosité. Toutes les semaines, régulièrement, et même plus souvent vers la fin de ses classes, il s'approchait de la Sainte Table. Et avec quel respect ! avec quelle piété ! Jean apparaissait, à ce moment-là, comme une vision d'en haut. Sa figure rayonnait de je ne sais quel éclat tout céleste, et l'on respirait, auprès de lui, comme un parfum de vertu et de pureté.

Même en dehors de ces moments solennels, sa tenue à la chapelle était vraiment édifiante. Le sentiment de la présence de Notre-Seigneur ne le quittait jamais. C'était lui qui était chargé de faire, à haute voix, la prière commune. Son accent, son ton de voix, son regard modeste et recueilli, trahissaient ses sentiments intérieurs. C'était lui encore qui était chargé du soin de la chapelle. Un de ses plus grands bonheurs était de toucher les vases sacrés, de préparer les vêtements sacerdotaux, d'orner l'autel, de le voir richement paré.

« Nous avons eu bien du travail pour arranger le monument,
« écrivait-il à un de ses amis ; mais du moins si nos bras étaient
« fatigués, nos cœurs étaient contents.... L'autel était très beau,
« pas autant que nous l'aurions désiré..... Auparavant on faisait
« mieux..... Mais maintenant, comme tu le sais, il y a trop de
« découragement..... Cependant, pour moi, quoiqu'il m'en coûte,
« je veux faire toujours tout mon possible pour présenter au

« Seigneur ces faibles hommages de ma reconnaissance et de
« mon amour.... Le jour de Pâques nous avons eu de beaux
« ornements neufs, des bouquets neufs, une nappe dorée neuve,
« un beau tapis neuf..... Tout cela faisait le plus bel effet !... »

Un de ses grands chagrins, c'était, au contraire, la pauvreté de la Maison de Dieu. Au beau milieu d'une lettre à un de ses protecteurs, il s'interrompt tout à coup : « Mais laissez-moi aller main‑
« tenant, par la pensée, faire une prière pour vous au Seigneur
« Jésus dans notre chapelle chérie... Ah ! ce lieu sacré n'est pas
« aussi splendide que le demande la grandeur du Dieu qui l'habite.
« Je vois la voûte moitié peinte seulement, car le plâtre s'en
« détache insensiblement... Elle est encore dégradée par les
« toiles d'araignée qui y sont suspendues... J'aurais mille fois
« déjà nettoyé le lieu où vous résidez, ô Seigneur ; mais, vous le
« voyez vous-même, le désir que j'ai de voir briller votre maison
« sainte doit s'éteindre dans mon cœur... La voûte est trop élevée,
« je ne puis y arriver et personne ne vient à mon aide. Oh ! dou‑
« loureux dénûment ! Je pleure, je pleure de voir la maison de
« mon Seigneur si négligée ! Les appartements des hommes sont
« si bien tenus, on veille à chaque instant à leur propreté, on ne
« regrette rien pour les rendre splendides, et votre demeure,
« ô mon Dieu !... Pourtant c'est vous qui devriez avoir tous les
« honneurs !... Vous êtes le maître du monde, le Dieu du ciel et
« de la terre !... Oh ! puissent du moins, ô bon Seigneur, puissent
« les cœurs purs de vos enfants vous dédommager de la peine que
« vous éprouvez, sans doute, en voyant qu'on ne fait nulle atten‑
« tion au dénûment de votre maison bénie... »

Il passait et repassait devant le Saint-Sacrement, toujours avec une respectueuse gravité ; chacun de ses mouvements, chacun de ses actes, manifestait l'esprit de foi dont il était animé. Et cependant, plus tard, au Grand-Séminaire, il trouvait encore dans ces souvenirs d'antan, des sujets de reproche et de repentir. « Te
« souviens-tu, nous disait-il un jour, comme nous aimions peu le
« bon Dieu au Petit-Séminaire ? Avec quelle précipitation nous

« faisions la génuflexion devant le Très Saint-Sacrement ! »
C'était, de tous ses péchés du Petit-Séminaire, probablement le plus grave, et celui que sa conscience lui reprochait le plus amèrement.

En dehors des heures où la règle l'appelait à la chapelle avec la communauté, il aimait à y venir seul, bien discrètement, rendre ses devoirs à Notre-Seigneur. Ses fonctions de sacristain étaient un pieux prétexte à ces fréquentes visites qu'il prolongeait autant que possible. Car prier était un besoin de son âme ; et, dans ses lettres à ses amis, à ses bienfaiteurs, à ses parents, le mot de prière revient sans cesse sous sa plume.

Du reste cette chapelle du Séminaire se prête si bien au recueillement et à la prière ! Outre Jésus-Eucharistie, qui est là, comme partout, le divin aimant des cœurs, il y a une Vierge vivante et parlante. Impossible de se soustraire à son regard. Quelque place que vous occupiez, son œil maternel vous suit, vous poursuit, vous sollicite, vous gourmande, vous remercie, vous encourage. Oh! que de générations d'enfants ont ployé le genou devant cette image chérie ! Que de secrets se sont épanchés devant elle ! Que de vœux lui ont été adressés ! De combien d'engagements et de promesses solennelles elle a été le témoin ! Et à son tour que de grâces elle a accordées ! Que de blessures elle a guéries ! Que de plaies elle a cicatrisées ! Que de larmes elle a essuyées ! La Sainte Vierge est la mère du Séminaire, elle en est la patronne et la supérieure, et son nom gravé au frontispice de la porte d'entrée, proclame bien haut que la maison lui appartient et tout ce qu'elle renferme. Il est de tradition qu'on doit avoir confiance en elle. Et nul enfant n'a passé quelque temps dans cette maison bénie, sans lui donner quelque éclatant témoignage d'amour, comme aussi nul n'en sort sans recevoir d'elle quelque faveur signalée.

Jean avait une dévotion spéciale à la « bonne Mère ». C'est ainsi qu'il aimait à désigner Marie. Pour elle, il embrassait avec joie toutes les pratiques de dévotion que ses Maîtres, ou son directeur, ou son attrait particulier pouvaient lui suggérer. Jamais il ne trouvait le fardeau trop lourd: rien ne pèse à celui qui aime, comme tout fatigue celui qui n'aime pas. Notre pieux enfant portait au fond du cœur la vive étincelle de l'amour divin, et c'est avec un soin jaloux et une constante sollicitude qu'il entretenait ce feu sacré, qu'il l'alimentait sans cesse. Le chapelet, le Petit Office de la Vierge, qu'il aimait surtout à lire pendant les promenades, en compagnie de quelques condisciples entraînés par son exemple, la suave prière *Memorare,* pour laquelle il avait une prédilection marquée, étaient ses principales pratiques. Mais ce qui contribua le plus, peut-être, à sauvegarder sa vertu, à la développer, à l'affermir, ce fut la Congrégation de la Sainte-Vierge. Elle était florissante au Petit Séminaire, et comme elle était dirigée avec un très grand zèle et une grande prudence, elle produisait de nombreux fruits de piété. Jean sollicita l'honneur d'être enrôlé dans ce petit bataillon d'élite, dès son entrée au Séminaire comme pensionnaire. Ses vœux furent bientôt exaucés. Reçu d'abord aspirant, ainsi que les statuts l'exigent, il était, trois mois après, élevé définitivement à la dignité de Congréganiste.

Les pieuses réunions de la Congrégation étaient pour lui une affaire sérieuse. Il recueillait avec soin les conseils du Directeur; il notait scrupuleusement les bonnes inspirations que lui suggéraient les lectures qui y étaient faites. Ordinairement c'était la vie de saint Louis de Gonzague ou du bienheureux Berchmans ou de saint Stanislas Kostka qui en fournissait le sujet. On ne peut pas douter que l'exemple de ces adolescents, si purs et si saints, n'ait produit une forte impression sur son âme, n'ait soutenu ses efforts dans la poursuite de l'idéal auquel il aspirait. Les lignes suivantes donneront une idée de la piété de notre congréganiste. Elles sont datées de son année de quatrième : « *Résolutions* « *prises à la suite des réunions de la Congrégation.* Il y a trop « longtemps que je vis dans la tiédeur, ô bon Jésus ! Aujourd'hui « je viens me jeter à vos pieds, je viens embrasser vos plaies « sacrées, et je viens vous demander pardon de la tiédeur que j'ai « montrée jusqu'ici dans mes exercices de piété. Je me propose,

« ô Seigneur, avec votre secours, je me propose d'être toujours
« énergique, de faire bien et avec esprit de foi tout ce que je
« ferai ; enfin de vous aimer, vous et votre tendre Mère, qui est
« aussi la mienne, d'un amour ardent, d'un amour qui ne connaisse
« point de bornes. Je me propose de ne plus satisfaire mes appé-
« tits, comme je l'ai malheureusement fait jusqu'ici, et de vous
« rapporter tout ce que je ferai. Accordez-moi, je vous prie, d'être
« fidèle à mes résolutions. »

Plus loin, sous le même titre, la page suivante, écrite vers la fin de l'année :

« En rentrant au sein de la famille, pour les vacances, je dois y
« apporter une grande édification à l'exemple de saint Louis de
« Gonzague, qui, obligé de quitter sa chère cellule pour rentrer,
« pour quelque temps, dans le monde où l'appelaient des affaires
« importantes, fut si édifiant qu'il convertit un grand nombre de
« personnes. Ainsi donc, je prends la ferme résolution d'apporter
« au sein de ma famille, une grande piété et beaucoup d'édifica-
« tion ; et puis je promets au bon Dieu, avec le secours de sa
« grâce, bien entendu, de conserver au milieu du monde les habi-
« tudes de piété que doit avoir, au Séminaire, un bon élève. Oui,
« Seigneur, je vous promets tout cela avec le secours de votre
« grâce. »

Et encore : « Seigneur Dieu, ayez pitié de ma faiblesse, faites
« que je ne me laisse pas entraîner par les biens de ce monde.
« Donnez-moi, je vous en supplie, un vrai détachement de tout
« ce qui est terrestre, pour pouvoir m'élever plus facilement vers
« vous. Rompez, ô Dieu, tous les liens qui m'attachent à cette
« misérable vie, et faites que je ne pense qu'à une chose et que je
« n'aspire que vers elle : c'est-à-dire m'élever vers vous, vous
« aimer et vous obéir. Je vous sacrifie tout ce que je possède :
« acceptez, s'il vous plaît, ce sacrifice. Venez à mon secours, ô
« Jésus, ô Marie, ô Joseph ! »

Un texte de nos Livres-Saints le frappait-il ? Jean ne manquait pas de noter ses réflexions : « *Ego vado et quæretis me et in*

« *peccato vestro moriemini*. Frémissons, en entendant prononcer,
« et en prononçant nous-mêmes, ces paroles les plus terribles,
« sans doute, qu'on lise dans les Saintes-Ecritures. Oui, le Seigneur
« laisse le réprouvé au lit de la mort : *il s'en va !* Le réprouvé le
« cherche, mais c'est trop tard, et il meurt dans son péché. Oh !
« qu'une âme est à plaindre quand Dieu l'abandonne ! Seigneur
« ne m'abandonnez jamais ! »

Tout à l'heure nous avons nommé Louis de Gonzague, Stanislas Kostka, Jean Berchmans. Jean avait avec ces jeunes et aimables saints de nombreux traits de ressemblance. Ils étaient, du reste, ses patrons préférés, ses modèles. Il les aimait d'un amour tendre et fort, comme des frères : il se sentait de leur famille. Et de fait il leur ressemblait si bien, qu'on pensait instinctivement à eux, en le voyant :

« Sic oculos, sic ille manus, sic ora ferebat. »

Qu'il est admirable le monde des âmes ! Comme dans le monde de la nature, la plus grande variété y règne dans la plus rigoureuse unité. On ne trouverait pas deux étoiles, deux fleurs, deux feuilles d'arbre, deux grains de sable, absolument identiques ; cependant toutes ces créatures se rencontrent harmonieusement dans l'hymne universel qu'elles chantent à leur créateur. De même on ne trouverait pas, dans la nature spirituelle, deux âmes absolument semblables; chacune d'elles a son parfum et sa beauté propres ; mais toutes se rencontrent sur ces deux points qui résument la perfection évangélique : l'amour de Dieu et l'amour du prochain. D'elles, comme de ces filles de Doris, dont parle le poète, l'on pourrait dire :

« .... Facies non omnibus una,
Nec diversa tamen, qualem decet esse sororum.
« Elles n'ont pas les mêmes traits, mais toutes pourtant se ressemblent comme il convient à des sœurs. »

C'est de cet amour de Dieu et du prochain, comme d'une racine féconde, que germent, dans les cœurs qui en sont vraiment épris, et la piété, cette splendeur de l'âme, et l'humilité, et la modestie, et la charité, et la bonté, toutes ces petites vertus, en un mot, qui ne sont pas des vertus petites, et que nous appelons ainsi uniquement parce qu'elles ont moins d'éclat, qu'elles sont moins estimées et appréciées par les hommes. Jean les pratiqua de très bonne heure, avant même de pouvoir en connaître tout le prix. Quand il les connut, il les aima encore davantage.

Sa piété qui reposait, non sur le sable mouvant de la sensibilité, mais sur le roc inébranlable d'une raison qui, pour mûrir, n'avait pas attendu le nombre des années, était, en même temps que très profonde, souverainement aimable. Rien de rude, ni d'austère, rien de sauvage, ni de heurté dans ses manières, dans ses paroles, dans toute sa conduite.

S'il n'aimait pas les jeux trop bruyants, les rires éclatants ; si sa nature était plutôt recueillie qu'expansive et débordante, il était encore plus éloigné de cette humeur sombre et maussade que la dévotion affecte quelquefois, et qui ne va pas, peut-être, sans un petit grain d'égoïsme et d'orgueil. Pas n'est besoin, pour être pieux, humble et mortifié, de se condamner à une vie morose et mélancolique, de prendre une mine renfrognée et sourcilleuse. Volontiers nous dirions de la dévotion, ce que dit de la philosophie, un moraliste qui serait sans doute fort étonné de se voir cité comme une autorité en pareille matière : « L'âme qui loge la vertu
« (la philosophie, dit Montaigne) doibt faire luire jusques au dehors
« son repos et son aise ; elle doibt former à son moule le port
« extérieur, et l'armer, par conséquent, d'une gracieuse fierté,
« d'un maintien actif et alaigre, et d'une contenance contente et
« débonnaire. La plus expresse marque de la sagesse, c'est une
« esjouïssance constante ; son estat est, comme des choses au-
« dessus de la lune, toujours serein... Elle n'est pas plantée à la
« teste d'un mont coupé, rabotteux et inaccessible... Elle est enne-
« mie professe et irréconciliable d'aigreur, de desplaisir, de crainte
« et de contraincte... C'est pour ne l'avoir point hantée, qu'on

« feint cette sotte image, triste, querelleuse, despite, menaceuse,
« mineuse, et qu'on la place sur un rochier à l'escart, emmy des
« ronces, fantosme à estonner les gents. »

C'est ainsi que Jean entendait la piété. Il n'était pas de ces « cœurs
« aigres, amers et âpres de leur nature, dont parle saint François
« de Sales, qui rendent pareillement aigre et amer tout ce qu'ils
« reçoivent »; il savait, au contraire, se faire tout à tous; il se pliait
à tous les caractères, n'imposant jamais ses volontés, renonçant
même à ses préférences pour suivre complaisamment les goûts
des autres. D'instinct, et par l'heureux tempérament de ses facultés,
il était le disciple de l'aimable Evêque de Genève qui recommande
si instamment, dans ses *Lettres spirituelles*, « que la dévotion ne
« soit ennuyeuse, désagréable ou gênante pour personne; qu'elle
« condescende, par charité, aux volontés du prochain, en tout ce
« qui n'est point contraire à la loi de Dieu »; et qui écrivait à
Mme de Chantal : « Tenez votre cœur au large, ma fille; et pourvu
que « l'amour de Dieu soit votre désir, et sa gloire votre préten-
« tion, vivez toujours joyeuse et courageuse. » Les âmes, en
effet, sont comme les plantes : il n'y a que celles qui sont largement épanouies qui reçoivent abondamment la rosée et le soleil,
et produisent des fruits. Il faut être dilaté dans la maison de Dieu :
Dieu aime les âmes gaies, et qui le servent gaiement. N'est-ce pas
saint Paul qui sans cesse répète aux fidèles, comme le mot d'ordre
de la piété : « Réjouissez-vous ? »

Que ne pourrait-on pas dire de sa modestie, de sa pureté que la
moindre parole légère alarmait, si jamais l'on s'en permettait en
sa présence ! Certes, il admettait très bien la plaisanterie, il la
comprenait, il ne s'en privait pas lui-même à l'occasion, mais
encore fallait-il qu'elle fût innocente, qu'elle ne blessât ni la
charité, ni la vertu. Qui de ses anciens camarades a oublié ce
sourire triste et plein de reproches, et ce regard doux et profond
dont il enveloppait le jeune étourdi qui, devant lui, s'oubliait à dire
une raillerie, une médisance, ou une parole tant soit peu équivo-

que ? Sa pureté lui faisait comme une auréole autour de son front ; la grâce et la beauté de son âme reluisaient jusque dans les traits de son visage ; l'innocence du dedans rayonnait et se reflétait au dehors, comme la lumière du soleil à travers un limpide cristal. Dans son regard brillant et candide on pouvait lire, sans qu'il eût à rougir, comme dans un livre ouvert, ses pensées les plus intimes, ses sentiments les plus secrets. Il avait cette pudeur exquise, dont parle un moraliste, cette sorte de peur attachée à notre sensibilité, qui fait que l'âme, comme la fleur qui est son image, se replie et se recèle en elle-même, tant qu'elle est délicate et tendre, à la moindre apparence de ce qui pourrait la blesser par des impressions trop vives ou des clartés prématurées ; et d'où naissent ce tact mis en avant de toutes nos perceptions ; cet instinct qui s'oppose à tout ce qui n'est pas permis ; cette immobile fuite, cet aveugle discernement et cet indicateur muet de ce qui doit être évité ou ne doit pas être connu ; cette timidité qui rend circonspects tous nos sens, et qui préserve la jeunesse de hasarder son innocence, de sortir de son ignorance, et d'interrompre son bonheur. Cette habitude de la vertu avait donné à ses sens une sorte d'incorruptibilité, et répandu dans toute sa personne je ne sais quel charme mystérieux, quelle beauté douce et attirante. En le voyant, le mot de Vauvenargues vous chantait naturellement dans la mémoire : « Les premiers jours de printemps ont « moins de grâce que la vertu naissante d'un jeune homme. »

Comme la pensée de Dieu ne le quittait jamais, c'est à Lui qu'il rapportait tout ce qui lui arrivait de bon, qu'il attribuait tous ses succès : « Loin de moi l'honneur et la gloire ; ce n'est pas moi qu'on doit honorer et glorifier ; c'est Dieu seul ! » Aussi bien, ne parlait-il jamais de ses triomphes classiques ; il les taisait même à ceux qui s'intéressaient le plus à lui ; il se contentait de leur dire sa reconnaissance, son respect, les prières qu'il adressait à Dieu pour eux. Ils devaient insister pour arracher à son humilité quelques rares détails à ce sujet. « Je souhaite de tout mon cœur, « mon cher enfant, lui écrivait Mme Bouillier, que vous réussis-

« siez, comme les années précédentes, dans vos études... J'aime-
« rais à apprendre que vous avez obtenu des prix ; aussi mandez-le
« moi, cela me fera plaisir. » Mme Servan de Sugny lui écrivait
de son côté : « Je ne doute pas, mon cher Anglade, que vous ne
« soyez cette année-ci, comme les autres, le lauréat de votre
« classe. Je serai bien heureuse d'apprendre vos succès. » Devant
cette insistance affectueuse Jean avouait quelquefois ; et l'on sent,
au tour qu'il donne à sa phrase, combien ces aveux coûtaient à sa
modestie : « Le bon Jésus me confie encore cette année le
« premier rang ; qu'il en soit béni ! » Et dans une lettre à
M. l'abbé T. : « J'ai à soutenir un rude choc pour garder mon
« rang, disait-il, mais enfin Dieu le veut, j'obéis à son ordre ! »
A un de ses amis, qui avait quitté le Petit-Séminaire de Prades
pour aller suivre le cours de philosophie au collège des Jésuites,
à Montauban, il écrivait : « Je suis heureux, cher ami, de tes
« succès ; je m'en réjouis fort et j'en remercie Notre-Seigneur
« pour toi... Que Dieu te continue ce bonheur et que saint Joseph
« t'obtienne de lui la faveur d'être reçu au baccalauréat. Je le
« prie, ce grand saint, et je le prierai jusqu'à la fin, sois-en sûr,
« de t'accorder la faveur que tu désires. Pour moi, grâce au
« Seigneur, j'ai eu aussi de bonnes notes ; je suis premier en rang
« de force, ce trimestre-ci... »

Reconnaissant envers Dieu de ses succès, il ne l'était pas moins
envers ceux dont Dieu se servait pour lui faire du bien. Pareille à
cette liqueur d'Orient, dont parlent les poètes, qui ne se conserve
que dans des vases d'or, la reconnaissance parfume les grandes
âmes et s'aigrit dans les petites. L'âme de Jean en était saturée,
elle en surabondait. Elle était comme un paradis où, jour et nuit,
retentissaient des hymnes et des actions de grâces. Nul sentiment
n'éclate, dans ses lettres, avec plus de force ; il y revient sans
cesse ; les expressions lui manquent pour le traduire aussi vivement qu'il l'éprouve :

« Je demeure souvent confus, en pensant que jamais, quoi
« que je fasse, je ne pourrai vous remercier assez. Acceptez

« du moins la bien faible reconnaissance que mon cœur peut vous
« témoigner. Mais que dis-je ? Est-ce que je puis témoigner de la
« reconnaissance, moi, vile créature ! A quoi servent mes remer-
« ciements?... Ah! je sais qui peut témoigner une reconnaissance
« réelle et parfaite, c'est le bon Dieu. C'est donc à Lui que je
« m'adresse, très cher Bienfaiteur... » — « Il est inutile que je
« vous dise, cher Bienfaiteur, combien mon cœur est rempli de
« sentiments de reconnaissance à votre égard, vous le savez déjà.
« Je prie toujours le bon Dieu pour vous... » — « Vous ne doutez
« pas, Madame, que je ne pense sans cesse à vous, surtout dans
« mes prières. Le souvenir de vos bienfaits ne s'effacera jamais de
« ma mémoire. Toujours mon faible cœur vous sera reconnais-
« sant ; mais si je comptais seulement sur moi pour vous remer-
« cier, la reconnaissance serait bien indigne du service.
« Aussi ce n'est qu'en priant pour vous que mon cœur
« est satisfait ; ce n'est qu'en demandant aux Sacrés Cœurs
« de Jésus et de Marie de vous combler de grâces et de bénédic-
« tions, que je pourrai vous remercier pleinement... » — « Essaie-
« rai-je, cher bienfaiteur, de vous décrire combien votre doux
« souvenir est toujours présent à ma pensée, combien je prie pour
« vous ? Ah ! si mon impuissance n'était pas si grande ! Si je
« savais trouver des expressions capables de traduire les senti-
« ments de mon cœur ! Mais je dois me contenter de prier. La
« prière ! Oh ! comment ferais-je sans elle ? Le tribut de ma
« reconnaissance devient de plus en plus grand par suite des
« bienfaits que je reçois sans cesse, et si je n'avais pas la prière
« pour en payer une partie, comment ferais-je, encore une fois ?
« Heureusement Dieu pourvoit à tout... » — Parfois il craint que
ses lettres soient monotones : n'est-ce pas toujours le même sentiment qui les remplit ? Et cependant de quoi parlera-t-il ? Il a beau
chercher, il ne sait plus rien dire que les bienfaits de ses protecteurs et sa reconnaissance. Dans telles lettres, il donne à l'expression de ce sentiment je ne sais quelle forme dithyrambique qui
pourrait paraître affectée, si l'on ne savait combien était simple

et droit son caractère. Les exclamations, les apostrophes, les invocations, les protestations d'amour jaillissent, sous sa plume, à flots pressés, comme d'une source trop pleine. Jamais il ne proclame assez haut, il ne loue jamais assez magnifiquement la générosité de ses bienfaiteurs. Il parcourt, sans se lasser, tout le clavier de l'admiration, toutes les gammes de l'enthousiasme. Il sait que « l'amour n'a qu'un mot, et qu'en le disant toujours il ne le répète jamais. » Ah ! ce n'est pas pour lui que la reconnaissance est un fardeau. Il la porte avec tant de bonheur, avec une joie si douce et si intime ! Nous avons dû nécessairement restreindre nos citations ; mais l'on pourra voir, par les lettres que nous aurons l'occasion de reproduire, dans la suite, combien la source de ce sentiment était profonde, combien pure et intarissable.

Ces vertus douces, simples, aimables, Jean les pratiquait avec une égale perfection dans ses relations avec ses condisciples. Son zèle, toujours charitable, s'exerçait avec une grande réserve et une parfaite discrétion, sans ombre d'affectation ou de pédantisme. Sa douceur, qui lui avait conquis le Séminaire, lui aurait conquis la terre, si elle avait eu un plus vaste théâtre. Jamais, en effet, on ne lui connut d'ennemis; il n'avait pas même d'envieux. Il savait porter si modestement son mérite et ses qualités que nul de ses condisciples ne s'en trouvait offusqué. Au contraire, la loyauté de son caractère, le charme de son commerce, sa vertu reconnue de tous, lui avaient acquis, parmi ses camarades, une véritable popularité. Nous avons déjà dit comment, à la fin de ses classes, les suffrages unanimes des élèves l'avaient désigné pour le Grand Prix d'Honneur. Quelques années auparavant, il avait été, dans un cercle plus restreint, l'objet d'une manifestation semblable d'estime et de sympathie. A la fin de son année de quatrième, le Professeur chargea les élèves de la classe de désigner au scrutin secret celui qu'ils regardaient comme le plus digne. A l'unanimité des suffrages, moins un, il fut porté en tête de toutes les listes, « et je n'en fus nullement surpris, ajoutait le « Professeur qui nous racontait le fait, car aux qualités qui lui

« donnaient le succès, il joignait celles qui font aimer même de
« ses rivaux ».

Ainsi, humble et modeste toujours et en toutes choses ; plein d'une respectueuse affection et d'une vive reconnaissance envers ses bienfaiteurs et ses maîtres ; indulgent pour ses frères, autant que sévère pour lui-même ; attentif à ne blesser personne ; évitant toute discussion qui pouvait dégénérer en dispute ; adoptant sans résistance, avec une joie sensible même, ce qu'il y avait de judicieux dans les idées d'autrui ; fermant les yeux, avec une exquise délicatesse, sur les défauts du prochain trop saillants pour n'être pas aperçus ; admirant, sans bassesse et sans flatterie, le bien partout où il se trouvait, excepté en lui-même ; étouffant tout sentiment d'antipathie ; oubliant toute injustice, toute petite méchanceté, ou faisant comme s'il les avait oubliées ; toujours prêt à obliger, à rendre service ; tel est l'ensemble de qualités, telles sont les petites vertus qui, constamment pratiquées, firent de Jean le modèle et l'ami de tous ses condisciples, et lui donnèrent sur eux tous un ascendant que chacun était heureux de subir. Un de ses maîtres, qui le connut de très près, qui fut son ami et son bienfaiteur, veut bien apporter à notre témoignage l'appui de son autorité. « Pendant les dix-huit ans, nous écrit-il,
« que j'ai passés au Séminaire, soit comme Professeur, soit
« comme Supérieur, je n'ai pas connu de nature plus noble, de
« caractère plus loyal, d'âme plus sainte. Auprès des élèves
« pieux, sa piété à lui était même un charme de plus. Il était
« aimé et estimé des bons, et il savait gagner, sans la rechercher,
« l'estime des autres. »

On a vu plus haut quelle salutaire influence sa naissante vertu lui avait conquise, dès les premiers jours de son Séminaire, sur son jeune ami Armand Bouillier, et avec quel bonheur Mme Bouillier assistait à l'heureuse transformation de son fils. Cette influence ne dura pas que l'espace d'un matin. De longues années après, Mme Bouillier la constatait encore dans une lettre

où elle voulait bien annoncer à un ami notre projet d'écrire cette notice biographique. Parlant de son fils, qui, sorti de Saint-Cyr, voyait la maladie sur le point de briser une carrière que tant de qualités pouvaient faire si brillante : « La grande foi qui soutient
« mon fils Armand, écrivait-elle, est ma meilleure consolation au
« milieu d'une si longue épreuve. Il ne cesse de prier et d'espérer ;
« et il réclame, avec une ferveur touchante, le secours de la sainte
« Communion plusieurs fois dans l'année. Ces sentiments, qui
« font ma joie, et que mon fils a toujours conservés depuis sa
« première Communion, je n'hésite pas à les attribuer à la sainte
« influence du pieux Anglade ; et j'ai l'intime conviction que c'est
« à elle seule que je dois cette suprême satisfaction. Comment ne
« serais-je donc pas heureuse de voir cette douce et pieuse
« mémoire mise en lumière et donnée en exemple par ceux
« qui, mieux que nous, ont connu toute la valeur et la
« haute vertu de ce jeune prédestiné ? Que de fois nous nous
« rappelons cette angélique figure, pensant à cet heureux temps,
« et regrettant, ma mère et moi, que le pieux enfant n'ait pu
« achever jusqu'au bout la conversion de son petit ami Armand
« qui voulait alors aussi se vouer au saint ministère !... » Cette influence que Jean exerçait autour de lui ne fit que s'accroître et s'étendre avec le temps. Ses condisciples, en lui écrivant pendant les vacances, ou après leur sortie du Séminaire, aimaient à lui rappeler ce qu'ils lui devaient, à rendre hommage à sa piété, à son zèle, au salutaire ascendant qu'il avait exercé sur eux. « A pareille
« époque, lui écrivait l'un d'eux à l'occasion de sa fête, il nous
« était permis, tu t'en souviens, de nous promener souvent, tous
« les deux, dans le jardin du Petit-Séminaire, et de respirer à
« pleins poumons l'air frais et réjouissant du matin. Nous avions
« alors pris l'habitude de réciter ensemble quelques petites prières
« dont l'efficacité nous était connue, et cette pieuse habitude nous
« attirait, je n'en doute pas, bien des bénédictions de la part du
« Seigneur. Séparés que nous sommes par la distance, il ne nous
« a pas été donné cette année de poursuivre ensemble cette bonne

« pratique, et ce n'est pas ce que je regrette le moins. Mais ne
« pouvant faire en commun nos prières, nous avons prié chacun
« de notre côté : tu as prié pour moi, j'ai prié pour toi... » Un
autre, que des raisons de famille avaient obligé de quitter le
Petit-Séminaire pour le Collège de Perpignan, où il faisait la
Rhétorique, lui écrivait vers la fin de l'année : « Je te remercie,
« bien cher ami, des sentiments d'amitié que tu m'as témoignés,
« et des bons conseils que tu m'as donnés. Plus que jamais,
« aujourd'hui, je les apprécie et je t'en suis reconnaissant... Non,
« depuis un an que j'ai quitté ce cher Petit-Séminaire, que je
« regrette encore, je n'ai pas oublié les bons principes qui m'avaient
« été donnés dans cette sainte maison. Je vois toujours la
« douce Madone qui domine la porte d'entrée ; je me souviens de
« ces cérémonies touchantes qui parlent si bien à l'âme et font
« éprouver de si suaves émotions..... Qu'il est beau d'aimer Dieu,
« et de le porter au fond de son cœur ! Je pense aux joies de mes
« communions : que de larmes n'ai-je pas versées, larmes de
« bonheur et d'amour ! Te souviens-tu, il me semble t'entendre
« encore, lorsque, le soir, dans nos promenades, tu me parlais de
« Dieu ? Que tes exhortations étaient belles ! Qu'elles me faisaient
« de bien ! Non, crois-le bien, cher ami, où que je sois, quoi qu'il
« arrive, toutes les fois que le nom d'Anglade sonnera à mon
« oreille, je serai heureux de dire : il fut mon ami !..... »

Si ces lignes viennent à tomber, par hasard, sous les yeux de celui qui les signait au mois de juillet 1869, puissent-elles raviver en lui le souvenir de cet heureux temps, où, bien qu'éloigné du Séminaire, ses yeux « voyaient toujours la douce Madone » qu'il aimait, où son cœur regrettait les cérémonies de l'Eglise si émouvantes et les joies pures d'une fervente communion ! Et puissent remonter à ses lèvres ces paroles d'antan : « Qu'il est beau d'aimer Dieu et de le porter au fond de son cœur ! »

Oui, vraiment, répétons-le à notre tour, qu'il est beau d'aimer Dieu, et quelles sont belles les âmes, comme celles de Jean, dans lesquelles l'amour de Dieu vit et prospère ! La piété, qui embellit tout, est surtout l'ornement de la jeunesse. Elle lui assure des respects qui ne semblent être dus qu'aux cheveux blancs. Est-il au monde un plus magnifique spectacle qu'un jeune homme fidèle aux vertus, modeste et simple, pur dans sa parole comme dans sa pensée, modérant la première ardeur de sa vie par des habitudes de soumission, s'animant, dans ses travaux, par une inspiration sainte, et laissant apparaître son innocence jusque dans la vivacité de ses jeux ? Mais qu'il est bon aussi d'aimer Dieu ! La piété, plus que tout le reste, fait le bonheur de l'enfant, dans les bons comme dans les mauvais jours. Un enfant sans intelligence, et que la piété ne protège pas, la honte et l'ennui le dévorent ; s'il est doué de talent, il risque de devenir bientôt un petit monstre de pédanterie et d'orgueil.

Ah ! comme, après avoir contemplé une âme de jeune homme éprise de Dieu, l'on trouve vrai ce mot de Mme Barat, aussi poétique que profond : « L'amour de Dieu, au fond d'une âme pure, c'est une goutte de rosée dans le calice d'une fleur. »

CHAPITRE V

**Le Petit-Séminaire.
Retraites annuelles. — Le R. P. Apollinaire.
Le R. P. Exupère. — M. le Chanoine Boucabeille.
Le R. P. Sibillat. — Le R. P. Rouzeau.**

A certaines époques de l'année la piété de Jean, déjà si profonde, semblait prendre encore je ne sais quelles vives ardeurs, quels impétueux élans. Les fêtes de Notre-Seigneur et de la Sainte-Vierge, la Semaine-Sainte, les Retraites surtout, étaient, pour lui, comme un renouveau, un printemps, où cette admirable moisson de vertus qui fleurissaient dans son âme, recevait, sous l'influence de la grâce, un magnifique et vigoureux accroissement. Dans ce chapitre, où nous nous proposons de dire un mot de ses retraites annuelles, nous lui laisserons le plus souvent la parole. C'est lui-même qui se révèlera à nous dans ces entretiens avec le monde surnaturel, si simples, si naïfs, si pleins d'abandon, qui ne devaient avoir d'autres confidents que lui-même, et que la Providence a fait tomber entre nos mains pour notre plus grande édification, et pour celle aussi, nous aimons à l'espérer, de tous ceux qui liront ces pages.

Nous reproduirons, du moins en partie, et sans nous permettre le moindre changement, ses notes et résolutions de retraite, depuis son année de sixième inclusivement.

Il est telles de ses réflexions qui étonnent par leur élévation et leur profondeur. Elles montrent de quoi est capable un enfant pieux, armé de bons désirs, voulant énergiquement le bien, et le faisant coûte que coûte, malgré la nature qui crie, et les passions qui réclament. *Honneur à l'homme, au cœur vaillant, qui, dans cette vallée de larmes et dans ce lieu d'exil, sait se ménager des degrés de vertu par lesquels il s'élève jusqu'à la vertu parfaite! C'est à lui qu'il sera donné de voir le Dieu des dieux en Sion.* (Ps. LXXXIII. 6. 7. 8.)

La retraite de 1866 fut donnée par le R. P. Apollinaire, de l'ordre de Saint-François d'Assise. Voici par quelles réflexions notre élève de sixième se préparait à y entrer.

« Pour moi, la grâce de la retraite doit être une grâce de
« renouvellement, de détachement, de recueillement, de prière,
« de fermeté et de persévérance. Dieu me demande le recueille-
« ment de l'esprit afin d'écouter sa voix, et la docilité parfaite du
« cœur.

« Je suis de Dieu, je suis à Dieu, je suis pour Dieu.

« Je suis comme le néant devant Dieu !

« J'admire comment j'ai occupé une place dans son esprit !

« Je bénis le Seigneur ! Que tout ce qu'il y a en moi de plus
« intime bénisse son Saint Nom ! Je bénis le Seigneur ; prends
« garde, ô mon âme, d'oublier aucune de ses faveurs !

« Seigneur, je vous le demande de tout mon cœur, de toute
« mon âme et de toutes mes forces, donnez-moi votre amour,
« votre amour ! faites que je vous aime et que je vous aime tou-
« jours en ce monde et en l'autre.

« Faites que je sois oublié entièrement des hommes, que je
« sois humble et que je sois connu seulement de vous, que je sois
« votre ami. Ainsi soit-il. »

« *Prière.* — Ah! Seigneur, me voici humblement prosterné à
« vos pieds pour vous demander une grâce bien grande. Je vous
« demande la pureté, ô Dieu très pur ! Donnez-la moi cette vertu
« si belle ; mettez-la dans mon cœur ; mettez-y aussi la vertu

« d'humilité et la vertu de charité, afin que ces trois vertus pro-
« duisent dans mon cœur comme un parfum qui s'exhale vers
« vous. Oui, ô doux Jésus ! l'objet de mon amour et de toutes mes
« délices, exaucez moi ; donnez-moi la pureté, l'humilité et la
« charité. Je vous en prie par les mérites de la Très sainte, très
« pure, très humble et très charitable Vierge Marie, votre Mère
« et la nôtre ! »

Ces retraites de fin d'année, qui se donnent à l'occasion de la première Communion, ont pour but, non seulement de préparer les enfants à ce grand acte de la vie chrétienne, mais encore et surtout d'éclairer, sur leur vocation, les élèves qui terminent leurs études et qui doivent quitter la maison. Souvent c'est là que Notre Seigneur les attend. Que d'obscurités se dissipent aux lumières d'en-haut ! Que de volontés hésitantes se confirment sous les coups multipliés de la grâce ! Que nous avons vu de jeunes gens timides, indécis, marchant à côté de la vertu, y entrer enfin résolument et y persévérer courageusement ! C'est l'œuvre de la retraite d'opérer ces transformations. Dans cette solitude où elle nous établit, les bruits du dehors ne peuvent pénétrer ; les passions elles-mêmes s'apaisent ; et la voix de Dieu se fait entendre avec plus de force, cette voix qui brise les rochers et qui déracine les cèdres.

Pour Jean, la retraite était la grande affaire, l'unique affaire. Il s'y préparait longtemps à l'avance, il en parlait avec amour, communiquant aux autres l'estime et le respect qu'elle lui inspirait. Il la recevait comme une messagère de Dieu. Durant ces jours, la règle lui était plus sacrée encore ; et il entrait si pleinement, si absolument dans le silence et le recueillement qu'elle commande, que les récréations même, quoiqu'il y prît part activement, ne parvenaient pas à le distraire. Aussi bien, la parole de Dieu, tombant sur lui, trouvait toujours une terre bien préparée : il recevait avec une sainte avidité la divine semence, et elle produisait en lui, au centuple, des fruits de bénédiction et de vie.

L'année suivante, ce fut encore un religieux de Saint-François-d'Assise qui vint évangéliser les élèves à l'occasion de la retraite.

On aime bien, au Petit-Séminaire, à voir, dans ces circonstances, la robe de bure des capucins. Ils y sont d'ailleurs un peu chez eux, et la maison est pleine encore de leur souvenir. Longtemps le bruit de leurs sandales résonna dans le silence de ses étroits corridors, comme, sous la voûte de la chapelle, la lente et monotone psalmodie de leurs oraisons. Le prédicateur était un ancien élève du Séminaire, le R. P. Exupère de Prats-de-Molló.

Avant de résumer les Instructions du Missionnaire, Jean commence par écrire les résolutions que la simple annonce de l'ouverture de la retraite lui inspire :

« *Résolutions prises aux pieds de Jésus.* Aller souvent me jeter
« aux pieds de Jésus, dans le Très Saint Sacrement de l'autel, et,
« là, penser à son amour...

« Avoir un grand amour pour Jésus dans la sainte Eucharistie.
« Avoir une grande pureté afin de pouvoir aller auprès de lui et,
« là, écouter sa voix...

« Être soumis aux commandements de l'Eglise, les respecter,
« car ils sont de Dieu.

« Aimer Jésus-Christ plus que toute chose; n'avoir pas d'indiffé-
« rence pour le chercher et pour connaître sa doctrine... N'avoir
« pas non plus de respect humain. C'est ce vice qui a perdu, qui
« perd encore tous les jours tant d'âmes... Ayons donc une grande
« horreur pour ce vice. Ne craignons pas de porter le nom de
« chrétiens, de pratiquer la doctrine de Jésus-Christ. Ne craignons
« pas de défendre ce Jésus quand il est insulté en notre présence,
« et ne l'abandonnons pas lâchement, par respect humain. Seigneur,
« je vous le promets, avec le secours de votre grâce, je n'aurai
« jamais de respect humain !

« Avoir bien gravé dans mon cœur l'esprit de sacrifice... aimer
« la mortification... Ce qui fait qu'il y a si peu de chrétiens fer-
« mes, courageux, énergiques, inébranlables, c'est le manque de
« sacrifice... »

Entre temps ces résolutions sont coupées par une prière fervente, un élan du cœur, un cri de l'âme : « Opérez en moi,

« Seigneur, opérez par votre grâce ; parlez, Seigneur, dans mon
« cœur, parce que votre serviteur écoute. — Commandez, Sei-
« gneur, et, avec votre grâce, j'obéirai. Faites-moi mille fois
« mourir, avant que de jamais commettre un péché mortel ! »

« Seigneur, je vous remercie de tout mon cœur de tout ce que
« vous avez fait et de tout ce que vous faites encore pour moi ; je
« vous offre toutes mes actions ; faites que j'aie du zèle pour votre
« gloire, et que je soumette entièrement ma volonté à la vôtre.
« Ainsi soit-il ! »

« Seigneur, je vous promets d'être pur, de ne point rechercher
« à être aimé, au contraire d'éviter l'amitié des hommes et de ne
« rechercher que la vôtre, de me détacher entièrement des
« choses de ce monde, de ne jamais plus vous offenser, d'être
« surtout humble, d'être un de vos vrais disciples, d'aimer bien
« la très Sainte Vierge Marie, ma mère, et de faire toutes mes
« actions pour votre gloire. »

« — Donnez-moi votre amour ! ô Jésus ! ô Marie ! ô Joseph ! »
Puis par un sentiment de défiance bien louable, il ajoute
aussitôt : « Bien entendu, je vous promets de faire tout cela, aidé
« de votre sainte grâce. »

« *Domine, fac, si tibi placet, ut te solum amem toto corde meo,*
« *anima mea, viribus meis.* »

« *Maria Virgo, tibi confido commendoque castitatem cordis*
« *mei.* »

Ne semble-t-il pas qu'il voudrait savoir toutes les langues pour
dire son amour à Jésus et à Marie ? Les sentiments les plus pieux,
les expressions les plus tendres, les protestations d'amour les plus
ardentes, les promesses les plus énergiques se succèdent dans ces
pages, se mêlent, se confondent harmonieusement, comme les
mille notes d'un concert : « Ah ! qu'on est heureux quand on a
« reçu Jésus ! Que l'on éprouve de joie ! Heureuse une âme qui a
« reçu Jésus avec les dispositions convenables !... Elle peut
« s'entretenir avec lui, écouter la douce voix de ce Jésus si bon
« qui lui parle au fond du cœur. Toutes les conversations du

« monde, fussent-elles avec le plus puissant personnage, ne sont
« pas comparables à celles que tient avec Jésus l'âme qui le
« possède. Cette voix de Jésus est si douce qu'elle est comme le
« silence… et cependant elle se fait entendre. »

Nous avons dit dans quelles dispositions Jean entrait dans la retraite, et quelle correspondance scrupuleuse il apportait à toutes les inspirations du ciel. Son âme toute pure, toute innocente, était entre les mains de Dieu, comme un instrument sonore sous les doigts de l'artiste : elle vibrait suavement, elle rendait des sons merveilleusement doux au moindre contact de la grâce.

Voici par quelle prière il couronnait ses réflexions et résolutions de retraite, que nous nous reprochons presque de n'avoir pas reproduites en entier :

« Seigneur mon Dieu, vous voyez que j'ai le désir de vous
« aimer, mais que, comme mon cœur est si faible, ce désir n'est
« pas bien ferme. Venez donc à mon secours ; vous êtes le Dieu
« puissant et fort ; avec vous rien ne pourra me vaincre quand
« même toutes les puissances de l'enfer se déchaîneraient contre
« moi ; car votre Nom seul, ô Jésus, les met en fuite et les accable.
« Venez donc à mon secours ; faites que je puisse bien accomplir
« ces résolutions que je viens de former ; faites que je sois chari-
« table, pur, humble, chaste, sage et enfin que je possède toutes
« les vertus. Faites surtout que je vous aime, et que mon amour
« pour vous aille toujours en augmentant. Ainsi soit-il !

« Obtenez-moi, je vous en supplie, ô bonne et tendre Mère, la
« vertu d'humilité, d'obéissance, de pureté et de charité. Amen !
« Amen ! Amen ! »

Tous les ans, à pareille époque, c'était la même application, le même zèle, la même fidélité. La retraite était pour lui, nous ne disons pas un temps de repos, mais comme un temps d'arrêt, une halte, pendant laquelle il s'étudiait lui-même, cherchait à se reconnaître, examinait le chemin parcouru, et prenait des forces pour l'avenir. C'était comme il l'appellera plus tard, au Grand Séminaire, d'un mot énergique, une semaine de « débauches spirituelles. » C'était bien cela, en effet. Il pouvait, à son aise et suivant ses vœux, vaquer à la prière et assouvir sa faim de la Parole de Dieu. Il renonçait, sans regrets, mais sans plaisir, avec une simplicité et une indifférence toute surnaturelles, à ses travaux de classe, pour se livrer entièrement à l'étude de son âme, de ses défauts, de ses passions et des moyens de les corriger. Aussi bien, chaque retraite était marquée par un progrès sensible dans la vie intérieure et la perfection. On le sent à la lecture de ses résolutions et de ses réflexions.

« *Résolutions prises sous le regard de Dieu pour bien faire la*
« *retraite* (1868). — Que Marie et les habitants des cieux vien-
« nent aussi à mon secours pour bien profiter des grâces du Saint-
« Esprit :

« 1° Aimer bien Notre-Seigneur et la Sainte Vierge, plus que
« je ne l'ai fait jusqu'ici.

« 2° Avoir une grande pureté, une grande charité ; pratiquer
« autant que je le pourrai les vertus chrétiennes.

« 3° Souffrir, pour l'amour de Dieu, toutes les humiliations et
« toutes les injures.

« 4° Observer bien la règle.

« 5° Vivre plus mortifié que je ne l'ai fait jusqu'ici.

....

« 7° Ne pas mal parler des autres.

« 8° Rejeter tout sentiment d'orgueil, de vanité, de jalousie, de
« colère et de paresse.

« 9° Faire toutes mes actions pour la gloire de Dieu.

....

« 14° Bien aimer la prière. Prier pour mes parents, bienfaiteurs,
« amis, ennemis et tous ceux pour qui je dois prier.

« 15° Pendant les exercices faits à la chapelle, rejeter toute
« distraction et ne m'occuper que de Dieu, sans contention
« d'esprit cependant, mais avec une parfaite tranquillité d'âme et
« un profond recueillement.

....

« 18º Ne jamais parler de moi. Ne jamais saisir l'occasion de
« me faire voir ; au contraire, m'humilier toujours.

« 19º D'un repas à l'autre ne rien prendre, par mortification.

« 21º Ne jamais me décourager. Rejeter avec une infatigable
« énergie ces méchantes tentations et penser toujours à ce que
« Dieu m'a promis et à la confiance que je dois avoir en lui.

« O Seigneur ! voilà mes bien faibles résolutions. Je ne puis en
« prendre d'autres, car mon peu de courage ne me permettrait
« pas de les exécuter. Mais je vous le demande, ô bon Jésus !
« faites-moi la grâce de bien accomplir celles-là et surtout celle
« que j'ai prise de ne jamais me décourager. S'il est dans votre
« volonté adorable de m'éprouver par cette tentation, du moins, ô
« Seigneur, donnez-moi assez de force pour y résister, et ne
« permettez pas que j'y tombe jamais. Donnez-moi votre divin
« Esprit, éclairez-moi, embrasez-moi du feu de votre amour,
« donnez-moi un rayon de votre intelligence divine, et ainsi
« je pourrai bien m'instruire et vous faire aimer de tous les
« cœurs.

« Bonne Vierge Marie, vous qui vous acquittiez si bien de vos
« devoirs envers Jésus dans votre retraite de Nazareth, faites-moi
« la grâce de bien faire cette retraite, de bien profiter des grâces
« du Saint Esprit, de bien vous aimer ainsi que votre divin Fils et
« de devenir un de vos plus fidèles enfants ! »

Cette retraite de 1868 fut prêchée par M. l'abbé Boucabeille, alors aumônier de l'Ecole Normale, aujourd'hui chanoine titulaire de l'église cathédrale de Perpignan. Sa voix sonore et vibrante réveillait, en même temps que les échos de la modeste chapelle du Séminaire, les consciences mortes ou endormies de ses jeunes auditeurs ; et ses discours, où les fleurs les plus riantes du style se mêlaient aux fruits substantiels de la doctrine, parlaient tout à la fois au cœur, à l'imagination et à la raison.

La retraite finie, Jean revient sur ses résolutions, il les renouvelle, il en ajoute d'autres encore. Il ne croyait jamais s'être suffisamment muni, avoir dressé assez de remparts autour de son âme. Il insiste tout particulièrement sur la prière, la mortification, l'humilité, l'observation de la règle :

« *Conclusion de la retraite. Résolution :*

« 1° Bien aimer Jésus et Marie.

« 2° Etre bien pur surtout, bien humble, bien retenu dans les
« paroles...

« 3° Ne jamais me décourager. Etre bien énergique, zélé et
« plein d'ardeur pour le service de Dieu.

« 4° Aimer et pratiquer la mortification.

« 5° Faire souvent des lectures pieuses. Dire chaque jour le
« chapelet...

....

« 14° Savoir garder le silence à propos. Me soumettre toujours
« au jugement des autres, le regardant comme meilleur que le
« mien propre...

....

« 21° Ne pas aller faire parade devant les autres du peu que je
« puis savoir, mais cacher en Dieu ce peu que je sais... »

Il clot cette longue série de résolutions par cette résolution pratique : « de faire chaque jour, autant qu'il le pourra, une lecture spirituelle. » Puis, dans une prière fervente à Notre-Seigneur et à la Sainte Vierge, qu'il « voudrait aimer et qu'il n'aime malheureusement pas assez », il renouvelle avec des expressions aussi tendres qu'énergiques, ses protestations d'amour et de fidélité, ses sentiments de défiance de soi-même et de confiance en Dieu, que nous avons déjà eu l'occasion de rencontrer et d'admirer ailleurs.

La retraite de 1869 amena au Petit-Séminaire le R. P. Sibillat, de la Salette. C'était un homme à la taille imposante et majestueuse, à la voix puissante, au geste pathétique : le vrai type du missionnaire.

Son grand Christ qu'il portait, comme une épée de combat, passé à la ceinture, lui donnait je ne sais quel air guerrier et conquérant. Debout, au pied de l'autel, il parlait de Jésus-Christ avec tant de foi et d'amour, de l'horreur du péché et de la nécessité de la pénitence avec une conviction si ardente et si communicative que l'auditoire était transporté. On sentait qu'il était l'écho vivant de la voix céleste qui avait fait entendre, sur la Montagne, de si graves reproches, de si austères enseignements. On l'écoutait avec une émotion à peine contenue, et ceux qui furent ses auditeurs n'ont peut-être pas oublié encore le frisson d'épouvante qu'il fit passer dans toutes les âmes, lorsque, après avoir montré, dans un tableau très animé et très pathétique, le Christ cloué à la Croix par le péché, avec sa couronne d'épines, avec ses plaies saignantes, il s'écria d'une voix de tonnerre : « Approchez, maintenant..... regardez ce cadavre, et jurez que vous n'avez pas tué cet homme ! »

L'impression de cette retraite fut profonde et durable. Jean la ressentit comme ses condisciples, plus qu'eux sans doute si nous en jugeons d'après ses notes.

Toutefois, au lieu de reproduire les réflexions et résolutions qu'elle lui inspira, et qui ressemblent, plus ou moins, à celles des précédentes retraites, nous transcrivons du cahier de ses confidences intimes et de ses épanchements pieux, quelques pages, prises au hasard, dans cette année, qui nous permettront de constater ses progrès toujours croissants dans la perfection.

Toute grande vertu engendre inévitablement l'humilité, ou plutôt la suppose. « Voulez-vous être grand, dit saint Augustin, commencez par vous faire petit. Désirez-vous construire un bâtiment d'une très grande hauteur, songez d'abord aux fondements. Ils doivent être d'autant plus profonds que votre édifice doit être plus élevé. Or jusqu'où doit atteindre le faîte de notre édifice spirituel ? Je réponds tout de suite, ajoute le grand docteur, jusqu'à Dieu. Vous voyez, dès lors, jusques à quelles profondeurs vous devez creuser... » Nous choisirons donc, pour donner une idée de la vertu de notre saint jeune homme, deux ou trois passages où son humilité se manifeste le mieux. Mais d'abord faisons observer qu'il faut bien se garder de prendre à la lettre l'aveu qu'il se complaît à faire de ses défauts et de ses fautes. « C'est le « propre des âmes qui ont la vraie humilité, remarque saint « François de Sales, d'être toujours basses et petites à leurs « propres yeux, et de se tenir sous les pieds de tout le monde. » En face de Celui qui découvre des taches jusque dans les soleils angéliques, l'homme le plus vertueux n'est qu'un pur néant. Il se frappe la poitrine et s'appelle une *balayure*, comme saint Paul ; une *grappe pourrie*, comme sainte Thérèse ; un *ulcère*, comme saint Ignace ; un *cadavre hideux*, comme saint Vincent Ferrier ; un *pécheur abominable*, comme saint François-Xavier. Et qui n'a pas entendu saint Vincent de Paul tirer, du fond d'un cœur humilié, cette touchante prière : « O Dieu ! je ne suis pas un homme, mais « un pauvre ver qui rampe sur la terre sans savoir où il va, qui « cherche seulement à se cacher en vous, ô Jésus ! qui êtes tout « mon désir. Je suis un pauvre aveugle qui ne saurait avancer « d'un pas dans la vertu, si vous ne tendez la main de votre misé- « ricorde pour me conduire. » Jean était de la race de ces grandes âmes. Des hauteurs sublimes où la sainteté les établit, elles voient plus clairement Dieu et ses perfections, elles se voient plus clairement elles-mêmes et leurs misères ; et c'est de ce contraste que naissent ces sentiments de profonde humilité qui nous étonnent, et dont les âmes faibles quelquefois se scandalisent. C'est pourtant le seul vrai point de vue. Car, comme le dit Bossuet : « Le faux de l'homme, c'est la fierté et l'orgueil, parce « qu'en vérité il n'est rien, et que Dieu est seul. Bien connaître « que Dieu est seul, c'est la pure et seule vérité. » (Méd. sur l'Ev.)

« Combien de temps, Seigneur, combien de temps serai-je « donc ingrat ? Vous me comblez de grâces, vous m'accordez tout « ce qui m'est nécessaire, et, en retour, je ne vous apporte qu'in- « différence et tiédeur. Eh ! que devez-vous penser, ô très doux « Jésus ! en me voyant oublier ainsi votre saint service ; que devez- « vous penser encore en me voyant si plein d'orgueil, de vanité, « de jalousie, de vaine gloire ? Ah ! je déplore mes péchés ! Qui « me donnera des larmes pour pleurer mon ingratitude ? De tout

« côté l'on m'invite à la piété; essais inutiles! Je suis toujours
« froid et négligent. Oh! non, je ne veux plus rester dans cet état
« déplorable; non, je ne veux plus être orgueilleux; non, je ne
« veux plus avoir de la vanité; non, je ne veux plus être jaloux;
« je ne veux plus rechercher l'estime et la louange des hommes;
« je ne veux plus calomnier mes condisciples ni les humilier; je
« veux au contraire les aimer comme Dieu me l'ordonne, les
« exciter à la piété, les encourager autant qu'il dépendra de moi.
« Je ne veux plus dire tant de paroles inutiles dans la classe;
« quand Monsieur le Professeur corrigera les devoirs, loin de
« désirer, pour satisfaire la vanité, la correction du mien, je me
« soumettrai à la volonté de Dieu. Je veux, à partir du premier
« jour de ce mois consacré au Sacré-Cœur de Jésus (juin 1869),
« recevoir, sans prétention, les conseils de mes maîtres, et ne
« faire que des questions exemptes d'orgueil et de malice; je veux
« enfin vivre selon Dieu. Je veux aimer Jésus, je veux aimer
« Marie. Mais sans votre secours divin, ô Seigneur! que puis-je
« promettre? Que puis-je faire? Oh! j'implore votre grâce!
« Donnez-la moi cette grâce si précieuse; aidez-moi et recevez,
« ô Jésus! dans votre très Saint Cœur, les résolutions que je forme
« au premier jour de ce mois qui vous est si cher.

« Avec votre grâce,

« Je me conformerai, pendant ce mois surtout, aux intentions
« des Associés du Messager du Cœur de Jésus; chaque jour
« j'invoquerai ce Saint Cœur et je chercherai à le faire aimer;

« Je ne serai ni orgueilleux, ni vaniteux, ni prétentieux, ni
« jaloux, ni voluptueux;

« Je ferai bien mes devoirs; je les ferai avec ordre, et ce ne
« sera qu'après les avoir bien remplis que je m'occuperai d'autre
« chose;

« Je ne parlerai pas contre les autres, je ne chercherai pas à
« les humilier; j'applaudirai à leur succès et je les aimerai;

« Je supporterai avec patience et résignation toutes les afflic-
« tions qu'il vous plaira de m'envoyer;

« J'éloignerai bien de moi le découragement et la tiédeur ;

« Je ferai tout pour la gloire de Dieu et de la Sainte Vierge ;

« J'aimerai le Cœur de Jésus, j'aimerai le Cœur de Marie ;

« Je me souviendrai de ce sage conseil, et je tâcherai de m'y
« conformer : *Soyez discret, celui qui ne pèche pas par la
« langue est parfait.*

« O Jésus, ô Marie ! pour moi je voudrais bien ne plus pécher ;
« Je voudrais bien passer ce mois dans la ferveur et la piété. Mais,
« hélas ! vous connaissez ma faiblesse ; venez donc à mon secours !
« Avec vous, je serai pieux je serai fervent, je travaillerai bien.
« O Jésus ! ô Marie ! puissé-je vous aimer toujours ! Amen !
« Amen ! »

Quelques jours après, sous l'influence de ce même découragement que nous avons déjà constaté en lui, et dont nous rechercherons plus loin les causes, il écrivait : « Mon Dieu, délivrez-
« moi, je vous en supplie, délivrez-moi de ce découragement où
« le démon voudrait me faire tomber. Accordez-moi de me
« soumettre en tout à votre volonté sainte. Je vous promets, avec
« votre grâce, de ne plus me laisser abattre, de me confier totale-
« ment en vous, et de m'efforcer de bien faire ce que je dois faire.
« Marie, ma tendre mère, venez à mon secours ! Ainsi soit-il ! »

Et encore : « Vous voyez comme je suis faible, ô mon Dieu !
« comme je succombe souvent aux tentations ! Venez à mon
« secours ! Si vous êtes avec moi qui sera contre moi ? Je vous
« promets, aidé de votre grâce, de bien faire mes prières, à partir
« de ce jour, veille de la fête de saint Pierre. Je vous promets de
« m'appliquer à tous mes devoirs, de les faire avec ordre et sans
« contention d'esprit. Quand je serai tenté de les remplir à la hâte
« et imparfaitement, je penserai aux travaux auxquels vous vous
« livriez durant votre séjour à Nazareth et je m'efforcerai d'imiter
« votre ardeur. Faites, ô mon Dieu, que j'aie l'esprit de mortifi-
« cation. Et pourquoi ne me mortifierais-je jamais ? Ah ! que je
« suis sensuel ! Mais je ne veux plus l'être, vous connaissez le
« fond de mon cœur. Je m'abstiendrai quelquefois de boire lorsque

« j'en aurai envie et je vous offrirai cette petite mortification.
« Donnez-moi, je vous en supplie, d'être pur, humble, charitable,
« actif, zélé surtout pour votre saint service. Rendez-moi un saint
« ministre de vos autels !

« Marie, bonne mère, priez pour moi ! »

Parfois cependant, à travers l'humilité de ses aveux et le honteux dénombrement de ses misères, l'on sent circuler comme un rayon de joie céleste, comme un souffle ardent d'enthousiasme et de sainte espérance. Une fête de Notre-Seigneur, ou de la Vierge, un pieux anniversaire lui apportent, avec une surabondance de grâces, cette suave et pure sérénité qui ouvre les cœurs et rend les âmes expansives. Alors c'est un hymne de reconnaissance qui jaillit de ses lèvres et sous sa plume, un cantique d'amour, comme savaient les chanter François d'Assise ou Thérèse de Jésus :

« Noël ! Noël ! Noël ! C'est la naissance du Sauveur, ce sera,
« aussi, je l'espère avec votre grâce, ô Jésus, ô Marie, avec votre
« protection et votre secours, ô Joseph, la mienne ! Oui, je veux
« renaître à une vie nouvelle. Depuis trop longtemps, je languis
« dans le péché ; le divin Jésus m'appelle à lui, je me rends à sa
« voix. Je vous suivrai, ô aimable Jésus, dans tout le cours de
« votre vie ; je vous aimerai, j'aimerai votre Mère et je vous ser-
« virai toujours. Aujourd'hui donc, ô Jésus, je viens me jeter à
« vos pieds, près de votre sacré berceau ; je viens, le repentir
« dans le cœur, vous demander pardon de mes fautes passées, de
« ma tiédeur, de mon indolence, de mon découragement, de mon
« orgueil, je viens enfin m'offrir à vous et vous consacrer ma vie.
« Je prends, ô Jésus ! une résolution unique, mais aidez-moi de
« votre grâce, afin que je puisse l'accomplir. Je vous promets, ô
« Jésus ! et je vous le promets fermement d'imiter à partir d'au-
« jourd'hui, fête de Saint Jean l'Evangéliste, d'imiter, dis-je, votre
« vie et votre conduite, ô Jésus ! A cette promesse j'ajoute celle
« de bien aimer Marie.

« Aidez-moi de votre grâce, ô Jésus !

« Protégez-moi, ô Vierge pure, ô Marie !

« Secourez-moi, candide vieillard, ô Joseph !

« Anges du ciel, demandez pour moi cette même grâce !

« Saints, qui vivez dans l'éternelle gloire, obtenez-moi de bien
« accomplir ma résolution. Vous êtes tous témoins de ma pro-
« messe, soyez tous mes protecteurs, et ne permettez pas que je
« succombe. Non, je ne succomberai pas, fort de votre grâce, ô
« Jésus ! Non, je ne succomberai pas, aidé de votre protection,
« ô Marie ! Non, je ne succomberai pas, protégé par vous,
« ô Joseph ! Jésus !... Marie !... Joseph !... Amour ! Amour !
« Amour ! »

La retraite de 1870, c'est-à-dire de son année de rhétorique, paraît avoir été celle qui agit le plus puissamment sur son âme, et lui fit éprouver les impressions les plus profondes. Bien qu'il fût à peu près assuré de sa vocation, et qu'il travaillât de tout son pouvoir à s'en rendre de plus en plus digne, il ne voyait pas venir sans une certaine frayeur, inspirée, à coup sûr, par des motifs d'un ordre purement surnaturel, le moment de revêtir la sainte soutane, et de faire à Dieu la donation totale, absolue de lui-même. Cette donation bien des fois il l'avait faite et renouvelée ; mais, en touchant au terme si désiré, il craignait peut-être de n'être pas suffisamment disposé pour la faire, ou bien de la faire d'une manière peu digne de Celui à qui il la faisait. Il avait une si grande idée du sacerdoce, et une si faible idée de sa vertu ! Il plaçait si haut le sommet à gravir et à atteindre de la perfection ecclésiastique, et il se considérait si bas et par conséquent si éloigné du but ! Ceux qui connaissent d'expérience les délicatesses de la conscience, comprendront quelles devaient être les transes, et quels les scrupules de Jean, à la fin de ses classes, comptant pour rien le chemin parcouru, ne voyant que le chemin à parcourir. Aussi il multiplie ses aveux tout pénétrés d'humilité et de défiance de soi-même ; il appelle, à cris désespérés, la grâce d'en haut ; l'état de son âme le trouble ; la vue de ses péchés et de ses défauts le confond et l'écrase :

« Que de péchés dans ma conscience, ô mon Dieu ! et main-

« tenant même, au moment où je vais prendre des résolutions,
« que d'orgueil en moi ! Ah ! qu'on a bien raison de dire que la
« vie est pleine de dangers ! Elle est un combat continuel, dit
« votre serviteur Job. Dans ce combat, ô Dieu ! combien il y en a
« qui se laissent vaincre ! J'étais près de succomber moi-même ;
« j'étais déjà découragé, mais je me suis souvenu que votre infinie
« bonté accorde la grâce à ceux qui la demandent avec humilité
« et avec ardeur. Il est vrai que je ne suis ni humble, ni zélé, ô
« mon Dieu ! mais j'espère que vous suppléerez à ce qui me
« manque. Oh ! donnez-moi cette grâce qui fortifie, cette
« grâce qui fait qu'on se méprise soi-même et qu'on ne loue que
« vous, ô mon Dieu ! cette grâce qui conserve intacte la pureté,
« cette grâce qui préserve du découragement, de la vanité, du
« respect humain et de tous les vices. Accordez-la moi, oh ! je
« vous la demande, par l'intercession de Marie !

« Marie, ma tendre mère, souvenez-vous que vous n'avez jamais
« rejeté la prière de ceux qui vous invoquent avec confiance. Hé
« bien ! J'implore votre protection ; vous voyez le péril où je me
« trouve. Je suis votre enfant, vous êtes ma mère, que ne me
« secourez-vous donc ? O Marie, demandez pour moi à votre
« divin Fils, sa grâce puissante. Obtenez-moi, je m'adresse à
« votre cœur maternel, obtenez-moi la pureté, ô Mère, obtenez-la
« moi ! Obtenez-moi encore, je vous en supplie, la grâce de ne
« pas être distrait pendant la messe et pendant les prières et
« pendant tous mes exercices. Faites que mon esprit soit toujours
« où il doit être, que je prie avec ferveur et attention, enfin que
« je sois orné de toutes les vertus. Obtenez-moi de bien retenir
« mes regards, de me mortifier et d'être un saint ministre
« de votre aimable Fils. Faites que j'imite sa vie et la vôtre.
« O tendre Mère, je me jette dans vos bras maternels, secourez-
« moi ! »

N'est-ce pas le cri de détresse du naufragé ? Quelle ardeur de piété ! Quelle vivacité de foi ! Quel sentiment profond de sa misère ! Quel désir généreux de vertu et de sainteté !

Ce qu'il demande surtout, ce qu'il sollicite avec le plus d'instances, c'est la belle vertu de pureté, vertu sacerdotale par excellence, source, et pour ainsi dire, condition essentielle de toutes les autres. C'est parce qu'il a, toute sa vie, cultivé avec un soin jaloux cette fleur de pureté, qu'il a pour elle des craintes si délicates et des tendresses si profondes. Le trésor que l'on estime le plus, le trésor le plus précieux, n'est-il pas toujours celui que l'on craint le plus de perdre ?

« Mon Dieu, je vous promets, avec votre grâce, de faire tous
« mes efforts pour n'être pas distrait pendant mes prières ; je vous
« promets encore de ne jamais céder aux tentations que j'éprou-
« verai contre la sainte vertu. Marie ! je mets mes résolutions
« sous votre protection puissante. Aidez-moi à les accomplir.
« Surtout obtenez-moi la vertu de pureté !

« Saint Joseph, patron de la pureté, priez pour moi ! Saint Louis
« de Gonzague, qui étiez si attentif pendant vos prières, priez
« pour moi ! Mon Saint Patron, priez pour moi ! »

La retraite fut prêchée cette année par le R. P. Rouzeau, des Lazaristes de Toulouse. Jean en résume, avec plus de soin encore, toutes les Instructions ; il note tous les mouvements surnaturels que la grâce lui inspire ; il prend des résolutions nouvelles et il renouvelle les anciennes. Comme toujours la pensée de la Sainte Vierge le suit ; et, à la fin d'une Conférence sur le Travail, après s'être accusé « de sa négligence et de sa paresse » :

« O Marie, s'écrie-t-il tout à coup, vous devez penser que votre
« enfant vous oublie ! Ah ! non, ne le pensez pas ! O ma Mère, je
« vous aime, je vous aime, ô Marie ! Je voudrais sortir de cet état
« de langueur dans lequel je me trouve. Je voudrais beaucoup
« aimer votre Fils et vous-même, et malheureusement mon
« amour pour vous est encore imparfait.

« Priez, priez, priez pour votre enfant, ô bonne Mère ! Obtenez-
« moi de faire une bonne retraite. Rendez mon cœur sensible à la
« parole sainte ! Brisez sa dureté ! »

Ailleurs, après une instruction sur le péché :

« O péché, affreux péché, que de ravages n'as-tu pas faits
« dans mon pauvre cœur! Maudit péché, éloigne-toi de moi!
« Jamais plus, non, jamais plus, je ne te donnerai asile dans mon
« cœur. O Jésus, si jusqu'ici je vous ai outragé par mes crimes,
« si jusqu'ici j'ai méprisé votre sang, je vous promets de ne plus
« me rendre coupable à l'avenir. Accordez-moi seulement votre
« grâce et cela me suffit. Marie, ne m'oubliez pas ! »

Voici en quels termes émus, le jour de la clôture de la retraite, il racontait ses impressions. Le passage est un peu long ; nous n'hésitons pas pourtant à le citer : il a son charme.

« Oh! quel beau jour! Comment exprimerai-je les émotions
« que j'ai ressenties? Comment dirai-je le bonheur, la joie de tous
« les élèves! Ce matin, vous auriez vu, au lever, tous les fronts
« riants, plus riants qu'aucun autre jour de communion. Vous
« auriez entendu toutes les voix s'écrier avec plus d'ardeur que
« jamais : Rendons grâces à Dieu! Chacun se pare de ses plus
« beaux habits, des habits blancs, symbole de la pureté ; eh !
« n'étions-nous pas purs? On descend à la chapelle avec un
« ordre admirable ; la prière est faite avec plus d'attention ; puis
« les élèves se rendent à l'étude pour attendre que la cloche
« annonce la messe. Enfin le moment désiré de tous arrive et le
« Saint Sacrifice va commencer. L'autel est orné de fleurs; sur le
« devant, brille, à la lueur des cierges, une nappe brodée d'or ;
« et les degrés de l'autel sont couverts par un tapis aux couleurs
« diverses. Toutes les chapelles latérales sont remplies par la
« foule des parents, des frères, des sœurs qui ont voulu assister à
« cette solennité. Les élèves se tiennent recueillis à leurs places
« ordinaires et devant eux paraissent ceux que Dieu appelle pour
« la première fois à la Table Sainte, les enfants de la première
« communion. Ils sont, ces anges terrestres, plus près du sanc-
« tuaire, et c'est leur place, car leur cœur n'a pas encore été
« souillé par le vice. Ils sont plus près du sanctuaire parce qu'ils
« ressemblent aux Anges qui assistent le prêtre à l'autel. Ce
« prêtre qui va offrir le Saint Sacrifice, c'est le Révérend Père,

« c'est l'Apôtre zélé, qui, pendant les jours de la retraite, nous a
« fait entendre la parole de Dieu. Il prie pour ces enfants ; il prie
« pour nous tous ; il montre l'Hostie Sainte et bientôt il distri-
« buera le Pain du Ciel. Voici venu le moment de la communion.
« Le Tabernacle s'ouvre ; l'Hôte des âmes attend. Le silence et
« le recueillement règnent dans la chapelle. Tous les cœurs
« battent, tous sont en suspens et brûlent du désir de s'unir à
« Jésus-Christ. Au milieu de ce silence, le Révérend Père, dont
« la figure rayonnait de bonheur, se tourne vers les élèves.
« O Jésus, comme il nous a parlé de vous ! Avec quelle voix
« douce et pénétrante il disait le mystère Eucharistique ! Je
« n'essaierai pas de le redire après lui...

« ..... Que s'est-il passé pendant que le Révérend Père a fait
« entendre ces paroles ? Ah ! une plume humaine ne peut l'expri-
« mer. Les larmes coulaient de tous les yeux des jeunes enfants
« qui allaient recevoir Jésus pour la première fois. Oh ! larmes
« de l'innocence ! larmes de l'amour ! Que votre vue est délicieuse !
« Oui, ces petits anges pleuraient plus que tous les autres ; ils
« pleuraient d'amour et de bonheur ! Avec quelle tendresse Jésus
« devait-il les regarder ! Avec quelle ardeur désirait-il établir sa
« demeure dans leur cœur jeune et pur ! Son désir est satisfait ;
« les petits enfants s'approchent, deux à deux, de la Table Sainte.
« Ils reçoivent le Pain Eucharistique, le Pain des Forts. O tou-
« chant spectacle ! C'était beau de les voir revenir à leur place,
« le front baissé, les mains jointes sur la poitrine ! Après eux,
« leurs condisciples s'avancent aussi avec recueillement. Ils
« viennent recevoir à leur tour, mais non pour la première fois, le
« Pain des Anges.

« Regardez ces visages de quinze, de dix-huit, de vingt ans.
« Comme ils sont calmes ! Comme ils marquent la paix ! Et
« pourtant, c'est l'âge critique des passions. Ah ! c'est que les
« passions — vraies bêtes féroces — ont été domptées pendant la
« retraite. De ces jeunes gens, les uns ont fait l'aveu des fautes de
« toute leur vie, les autres de celles qu'ils ont commises dans le

« cours d'une année, tous s'en sont repentis, tous ont pris des
« résolutions nouvelles, et maintenant tous sont heureux parce
« que leur conscience est tranquille.

« Mais j'en vois encore d'autres qui s'approchent du céleste Ban-
« quet. Ce sont des pères qui viennent demander la sagesse et le
« bonheur pour leurs fils; ce sont des mères, des frères, des
« sœurs qui offrent leur communion pour la persévérance des
« premiers communiants. Enfin les cœurs possèdent Jésus, et lui
« confient leurs secrets.

« Le Révérend Père termine le sacrifice; et aussitôt une autre
« messe commence : c'est la messe d'actions de grâces. On chante
« l'hymne de la reconnaissance : Nous vous louons, ô Dieu ! et le
« psaume qui invite toutes les nations à louer le Seigneur : *Lau-*
« *date Dominum omnes gentes.*

« Pendant la Grand'Messe, la fanfare a fait entendre ses
« harmonies.

« Les vêpres ont été chantées solennellement, et suivies d'une
« cérémonie bien touchante : le renouvellement des Promesses
« du Baptême. Debout, à côté de la table sur laquelle se trouvaient
« une Croix et le Livre des Evangiles, le Père a encore une fois
« prononcé de ces paroles qu'on n'oublie jamais, que je vous jure
« de ne jamais oublier, ô mon Dieu !

« Pendant que les enfants faisaient serment d'aimer et de servir
« toujours Notre-Seigneur Jésus-Christ, de haïr et de combattre
« sans cesse le démon, la chapelle retentissait du chant des canti-
« ques alternés avec l'orgue : toutes les âmes étaient bien émues.
« Nous n'étions plus de la terre. Et cependant tout n'était pas encore
« fini. Il restait à se mettre sous la protection de la Patronne de
« la Jeunesse, de la Gardienne de la Pureté, de la Mère de l'inno-
« cence. Tous les cœurs se sont consacrés à Marie, et cette belle
« journée, toute faite de prières, de chants et d'émotions, s'est
« terminée par la bénédiction du Très Saint-Sacrement.

« Le soir, pendant la récréation, les élèves ont voulu témoigner
« au R. P. leur reconnaissance, en donnant, à la cour, une soirée

« musicale. Nous avons joué les plus brillants morceaux de notre
« répertoire (Jean faisait partie de la fanfare, et jouait l'ophi-
« cléide). Puis le doyen l'a remercié, au nom de la Communauté,
« de tout le bien qu'il nous a fait, et lui a demandé, en terminant,
« une promenade qui a été généreusement accordée. On s'est
« séparé aux cris mille fois répétés de Vive le Révérend Père !
« Vive Monsieur le Supérieur !

« O beaux jours ! Trop heureux jours ! Pourquoi donc passer
« si vite ? Votre présence nous causait tant de joie ! Nous aimions
« tant à entendre la parole sainte expliquée par un Apôtre doux
« et plein de zèle ! Beaux jours ! Quand reviendrez-vous ? Jésus,
« Marie, Joseph protégez-nous, et faites que nous nous souve-
« nions toujours de ce que nous avons promis durant cette
« retraite. »

CHAPITRE VI

**Le Petit-Séminaire — Epreuves de Jean.
Sa pauvreté. — Eloignement de ses bienfaiteurs.
Le passage du Styx. — La Providence**

Qui dit vertu, dit lutte ; ou du moins l'idée de lutte entre pour une grande part, pour une part essentielle, dans la notion de vertu. Dieu, qui est le principe et la source unique d'où toute vertu découle, qui sait par quoi elle vit et comment elle s'exerce, met l'épreuve à la base de toute vertu qui s'élève, de tout édifice spirituel qui commence. Tous les saints l'ont plus ou moins connue ; et lorsqu'elle ne leur est pas venue de l'extérieur — des hommes et des choses — le bon Dieu a eu soin d'envoyer l'épreuve surnaturelle et intérieure, incomparablement plus pénible que l'autre, et plus difficile à supporter à une âme délicate qui sent le prix des grâces et des consolations divines.

Si vous avez fait l'ascension de quelque montagne, vous avez peut-être rencontré, sur le sommet, de beaux lacs aux eaux limpides et profondes. Les savants les regardent comme des cratères éteints. Là où dorment ces eaux paisibles, ont bouillonné jadis des laves en fusion, des feux souterrains ont tonné. Il a fallu que le volcan vomît d'abord toutes ses impuretés, toutes ses scories ; qu'il fût épuré, creusé, agrandi à la manière d'une vaste et profonde coupe, pour que l'eau du ciel pût y descendre et le remplir jusqu'au bord. Ainsi lorsque, sur les hauteurs sereines de la sainteté, l'on a le bonheur de rencontrer une âme en qui les grâces de Dieu se sont abondamment épanchées, l'on peut dire, sans crainte de se tromper : Voilà une âme qui a souffert ! Car, eux aussi, les saints, ils ont senti, à une heure de leur existence, bouillonner au fond de leur cœur la lave des passions ; ils ont gémi des imperfections et des faiblesses humaines ; mais, par un énergique effort sur eux-mêmes, par la souffrance volontaire et spontanée, ou du moins volontairement acceptée, ils se sont dépouillés de leurs impuretés et de leurs souillures, ils ont purifié leur cœur qui s'est, en même temps et du même coup, creusé et agrandi de façon à recevoir abondamment les eaux célestes de la grâce.

On a dit de la souffrance qu'elle est « la fournaise à recuire l'âme ». L'âme, en effet, en sort, comme Jean l'évangéliste de la chaudière d'huile bouillante, et plus vigoureuse et mieux trempée, telle qu'elle doit être pour porter une grande vertu. Car la vertu n'a de féminin que le nom ; elle est virile en tout le reste. Jésus-Christ ne veut pas à son service de ces âmes molles, tendres, sans consistance, membres délicats, déplacés sous un chef couronné d'épines. Il veut, et il lui faut, des âmes fortes, généreuses, hardies au sacrifice, qui sachent se faire violence et se contraindre, s'attacher à la croix avec lui, et mortifier la mauvaise nature pour la plier au devoir.

Aussi, ces moyens de sanctification, quelquefois violents, toujours efficaces quand on sait les accepter et en user, mais contre lesquels trop souvent, hélas ! la nature aveugle et ignorante se révolte, entrent dans les desseins de miséricorde de Notre-Seigneur sur les âmes : ils sont des témoignages de sa prédilection. D'ailleurs il les proportionne toujours à nos forces et aux grâces qu'il se réserve de nous accorder.

Le Maître qui voulait tremper vigoureusement l'âme de son disciple, et lui apprendre le détachement parfait, le renoncement absolu, ne pouvait pas le dispenser de la Croix. Celle qu'Il lui choisit fut la Pauvreté ; non pas la pauvreté chantée par les poëtes, la pauvreté dorée, mais la pauvreté froide et triste, celle qui habite les cabanes de chaume, qui cultive les champs et émonde les arbres, qui manie la charrue et la bêche pesantes, qui se nourrit d'eau et de pain noir. Jean la trouva dans son berceau, il la porta dans son enfance et dans son adolescence, il la porta jusqu'à sa mort. A l'heure de son agonie, on pouvait la voir dans sa cellule de séminariste. Il avait gravi, avec elle, tout son calvaire.

Il est vrai, le Maître qui l'appelait et l'attirait, sembla se plaire, dès le début, à lui aplanir la voie. Nous avons vu que la Providence avait semé, pour ainsi dire, les bienfaiteurs sur son âpre et rude chemin, comme elle sème la mousse sur les rochers. Mais, peu à peu, et l'un après l'autre, elle les lui retira, lorsqu'elle l'eut mis sur la route, et qu'elle lui eut fait faire les premiers pas. Si elle ne les retira pas complètement, du moins les éloigna-t-elle assez pour que leur douce et salutaire influence ne se fît que difficilement sentir. Sans doute, ils conservaient pour lui la même affection, la même estime, le même dévouement : était-il possible d'oublier ce cher enfant, et de se détacher de lui quand on l'avait une fois connu et aimé ? Mais les circonstances ne secondèrent que très imparfaitement les désirs et le bon vouloir de ces âmes généreuses.

Notre Seigneur le permit et le voulut pour éprouver sa constance. Il voulait l'obliger, à mesure que les soutiens humains lui manquaient, à s'appuyer davantage, à s'appuyer uniquement sur Lui. Il semblait qu'Il murmurât à son oreille ces viriles exhortations: « Heureux ceux qui poussent à bout ce désir (de tout quitter « pour Jésus), qui le poussent jusqu'au dernier, actuel et parfait « renoncement ! Mais qu'il ne se laissent donc rien ! qu'ils ne « disent pas : ce peu à quoi je m'attache encore, n'est rien. Ne « connaissez-vous pas le génie et la nature du cœur humain ? Pour « peu qu'on lui laisse, il s'y ramasse tout entier, et y réunit tout « son désir. Arrachez tout, rompez-tout, ne tenez à rien !... » (Bossuet, méd. sur l'Ev.)

Ce fut d'abord M. le Sous-Préfet qui manqua à notre cher enfant. Nous avons raconté son départ et ses instances pour emmener son protégé. Depuis lors, à part les lettres que, de temps en temps, la reconnaissance dicta à Jean pour son bienfaiteur, nous ne sachons pas qu'il y ait eu, entre eux, d'autres rapports.

Ce fut autre chose pour la famille Bouillier. Ni le temps, ni la distance n'affaiblirent l'affection et la bienveillance qu'elle avait vouées, dès le premier jour, au petit Anglade. Jean leur était apparu, pendant leur court séjour à Prades, comme une vision d'en haut, et le souvenir de l'angélique écolier du Petit-Séminaire demeura toujours vivant et toujours aimé dans l'esprit et dans le cœur de Mme Bouillier et de Mme Servan de Sugny. On a vu, par la lettre dont nous avons donné, dans un précédent chapitre, un court extrait, qu'aujourd'hui encore ce souvenir est loin d'être effacé ; et il y a quelques jours à peine (octobre 1891), Mme Bouillier daignait nous écrire ces lignes émues : « Je recevrai avec une
« véritable reconnaissance la notice que vous avez la pieuse pen-
« sée de consacrer au cher et saint Anglade. Ma pauvre mère,
« Mme Servan de Sugny, qui aimait tant le brave enfant, n'est
« hélas ! plus là pour partager l'émotion que vos lignes consacrées
« à sa mémoire, me causeront certainement ; mais elles seront
« accueillies par tous ceux qui m'entourent et qui ont connu le
« cher abbé, avec l'intérêt le plus vif et le plus tendre..... »

Deux hivers avaient suffi à ces âmes délicates autant que généreuses pour deviner, dans ce fils de paysan, dans cet enfant de la montagne, une nature élevée, un cœur d'élite, et cette noblesse de sentiments qui ne le cède à aucune autre. Mais, à leur tour, Notre-Seigneur les visita, comme il visite ses amis, en leur envoyant l'épreuve. Les lettres et la philosophie entouraient d'une auréole de gloire ce nom illustre ; les honneurs et la fortune en relevaient encore l'éclat ; lorsque, tout à coup, dans ce foyer où tout souriait, vinrent s'asseoir, hôtes importuns, mais providentiels, la souffrance et la maladie, avec le long cortège de fatigues, de tristesses et d'angoisses qu'elles traînent avec elles. Mᵐᵉ Bouillier fut retenue à Paris, les années suivantes, par le double lien de la mère et de l'épouse. Jean sentit cruellement la privation. Bien que, par le nombre de ses années, il fut au printemps de la vie, la vie pourtant était toujours rude pour lui ; et Mᵐᵉ Bouillier, en venant, adoucissait, par sa charité, les rigueurs de cet hiver continuel. Ce fut là, pour lui, l'occasion d'un grand sacrifice, il sut le faire ; une grande épreuve, et il sut la supporter.

Mais l'éloignement n'engendre pas toujours l'oubli. Il est vrai, les amours vulgaires ne résistent guère à l'épreuve de l'absence : loin des yeux, loin du cœur ; mais les affections saintes, celles qui ont leur point d'appui en haut, se resserrent, au contraire, et se fortifient par elle. Dieu crée entre les âmes qui se sont connues et aimées en Lui, des liens solides, indissolubles, ce *funiculus triplex*, dont il est parlé dans l'Ecriture, et que rien ne peut rompre, ni la distance, ni le temps.

Il en fut ainsi pour Jean vis-à-vis de ses bienfaitrices ; et, nous osons le dire, pour ces dames vis-à-vis de Jean ; car Mᵐᵉ Servan de Sugny était de moitié, avec sa fille, dans cette bonne œuvre. Jean écrivait bien plus pour déverser ce qu'il avait, dans son cœur, de respectueuse reconnaissance pour les bienfaits reçus, que pour se recommander à des bienfaits nouveaux. Et on lui répondait de Paris ou de Simandres en termes bien faits pour encourager sa timidité :

« Je suis bien sensible, mon cher enfant, à vos bons témoi-
« gnages d'attachement et d'affection, et vos lettres nous causent,
« à Armand et à moi, le plus vif plaisir. Et nous aussi, nous
« regrettons ces beaux jours de Prades, où je voyais avec tant de
« bonheur mon fils vous aimer et se former un peu sous vos
« salutaires conseils ! Je caresse donc toujours, comme un doux
« rêve, l'espoir de nous retrouver encore une fois réunis ; mais
« bien des difficultés s'opposent maintenant à ce que je m'éloigne,

« comme autrefois, de mon intérieur.... Mme Servan de Sugny et
« Mme Feuillant sont heureuses de parler de vous, et elles ont
« conservé de vous un tendre souvenir... Adieu, mon cher enfant ;
« je vous écrirai de Simandres, mais je n'ai pas voulu laisser plus
« longtemps votre bonne lettre sans réponse. Armand vous envoie
« ses meilleures amitiés, et moi je suis, comme autrefois, votre
« affectionnée et dévouée, Pauline Bouillier. »

Cette lettre annonçait l'envoi d'un bon paquet de vêtements pour l'automne prochain, et contenait un mandat qui devait subvenir aux frais d'éducation du pauvre petit séminariste. Et ainsi se poursuivit, jusqu'à la mort de Jean, cette affectueuse correspondance, transmettant, d'une part, des encouragements et des bienfaits ; de l'autre, de vifs sentiments de gratitude et de respect, d'ardentes prières. La prière était la forme préférée que Jean donnait à sa reconnaissance. C'était aussi la seule chose que lui demandaient en retour ses bienfaiteurs, et c'est de tout cœur qu'il la leur donnait.

Non content de parler à Dieu de « ces dames », dans le silence et le recueillement de la prière, il proclamait hautement, devant tous, et publiait leur générosité. C'était avec une respectueuse admiration et une vraie piété filiale qu'il en parlait ; il n'est pas un de ses condisciples qui ne l'ait souvent entendu, et nous-mêmes, qui sommes venus un peu plus tard, que de fois il nous a entretenus à ce sujet !

Ah ! c'est qu'il ne rougissait pas de sa pauvreté, le pieux jeune homme ! Il la portait vaillamment, au contraire, fièrement, comme d'autres un titre de noblesse. C'était une ressemblance de plus avec Jésus ; c'était sa Croix à lui, sa « bonne Croix ! » Ce n'est pas que quelquefois il ne la trouvât lourde ; qu'il ne gémît pas sous son poids, surtout lorsqu'il craignait de devoir rester en chemin, peut-être, à cause d'elle ; mais lorsqu'un généreux Cyrénéen s'offrait à lui prêter son bras pour soulever le fardeau et l'aider à marcher, il reprenait de nouveau à deux mains ses forces et son courage, et, plein de foi, le regard en haut, soutenu, emporté par le souffle de l'espérance, il volait, selon la parole de nos Saints Livres, comme l'Aigle, sans tomber et sans défaillir. *Sancti qui sperant in Domino, habebunt fortitudinem, assument pennas ut aquilæ, volabunt et non deficient.*

Car ses bienfaiteurs, éloignés du théâtre de ses combats, ne connaissaient pas toute l'étendue de ses besoins. Son protecteur du Séminaire, son ami de la première heure, M. l'abbé T... avait à son tour quitté Prades et était parti pour Rome, où, conquis par les beautés et les souvenirs de la Ville Eternelle, il avait fini par fixer son séjour. Et Jean, autant par timidité naturelle que par délicatesse, craignant d'importuner ses amis et de lasser leur générosité, se contentait de recevoir avec reconnaissance leurs dons, ne demandant rien, où demandant avec une discrétion et une réserve excessives, comme s'il craignait d'être entendu, jusqu'à ce qu'il se sentît, pour ainsi dire, acculé par l'impitoyable nécessité. Alors même, il demandait à demi-mot, et comme à voix basse, ou improvisait une allégorie.

Prades, le 4 décembre 1867.

« Très cher Bienfaiteur,

« Je vais vous conter un petit accident qui arriva, il y a quelques
« jours, à une ombre, lorsqu'elle voulait traverser le Styx, sur la
« barque de Charon. Vous savez que ce nocher n'en transporte
« aucune si elle n'a une obole pour payer le passage. Or, parmi
« toutes celles qui entraient dans la barque, il s'en trouva une qui
« n'avait pas d'obole et qui cependant se présenta, ayant ferme
« espoir que Charon se montrerait indulgent, et que, malgré son
« absolue misère, il la recevrait dans sa barque. Charon, il est
« vrai, fut assez aimable, et il permit à cette ombre d'entrer dans
« la barque avec les autres. Mais lorsque, après avoir tout préparé
« pour le passage, on commençait à filer à travers le fleuve,
« l'impitoyable Charon ayant alors peut-être fait réflexion, parla

« un moment avec cette ombre et laissa échapper quelques paroles
« qui lui donnèrent à entendre qu'il ne pourrait pas la conduire
« jusqu'à l'autre bord, sans obole. Il est vrai qu'il daignait ne pas
« l'exiger tout entière, mais il en voulait une partie. L'ombre, qui
« croyait pouvoir faire une heureuse navigation, fut un moment
« attristée, et répondit qu'elle s'adresserait à un dieu protecteur.
« Charon craignant peut-être d'offenser ce dieu, lui dit d'attendre
« quelque temps ; mais l'Ombre, sans rien dire à Charon, et
« pour se tirer d'inquiétudes, s'adressa à son dieu protecteur
« pour obtenir l'obole. Elle écrivit quelques lignes qu'elle me
« pria de vous faire tenir pour les transmettre au dieu que vous
« connaissez. »

L'allégorie fut comprise et l'obole fut généreusement donnée.

La paix revint alors, pour quelque temps du moins, à cette âme pure, qui, comme ces lacs, d'autant plus facilement agités qu'ils sont plus paisibles et plus limpides, se troublait au moindre orage : « ..... Que de tranquillité cette chère lettre ne laissa-t-elle
« pas dans mon cœur! Ah! que Dieu m'aime, très cher Bien-
« faiteur, que Dieu m'aime ! Après m'avoir éprouvé, ce Dieu
« plein de bonté me récompense largement. Que de reconnais-
« sance ne lui dois-je pas! et à vous aussi, vous en qui je retrouve
« l'affection d'un excellent père ! Impuissant à vous remercier, je
« prie le bon Dieu de le faire lui-même... A la messe, ce matin,
« j'ai prié le bon Jésus pour vous ; j'ai fait la sainte communion à
« votre intention. Puisse le doux Jésus exaucer mes prières !... »

Les années suivantes, les mêmes perplexités reviennent avec les mêmes nécessités. Mais ce n'est plus sous le voile transparent de l'allégorie que Jean exprime ses angoisses et recommence ses plaintes. On sent, en lisant ses lettres, que la blessure de son âme s'est creusée avec le temps, et que la plaie de son cœur s'est élargie. « .... Tout va bien, au Séminaire ; et la petite vérole,
« très répandue dans le pays, a respecté notre maison, grâce sans
« doute à la protection de la Vierge puissante qui veille à la

« porte..... Tout va bien ; mais moi, cher Bienfaiteur, quelque-
« fois je pleure, en voyant que je suis tant à charge, et que je ne
« puis nullement alléger le fardeau que doivent soutenir les
« autres en me supportant au Séminaire ; et ce fardeau devenant
« tous les jours de plus en plus pesant, on se plaint de ce poids ;
« on se plaint, et je serais tenté de leur dire : Renvoyez-moi chez
« mes parents !..... Que ferai-je ? Demanderai-je l'obole à mes
« parents ? Pauvres parents ! S'ils parviennent, à force de fatigues
« et de privations, à réunir ce que je leur aurai demandé, il ne
« leur restera rien pour se garantir du froid, peu de chose
« pour se nourrir... Mais je me remets entre les mains de la
« Providence :

> « Aux petits des oiseaux Dieu donne la pâture,
> « Et sa bonté s'étend sur toute la nature. »

Il avait raison de compter sur la Providence : elle ne devait jamais lui manquer. Si parfois elle se cachait, ce n'était que pour éprouver sa constance, et lui faire aimer de plus en plus, en l'y attachant plus fortement, la Croix qu'il avait l'honneur de porter. A l'heure critique, arrivaient de Rome, de Paris ou de Simandres, où la famille Bouillier passait une partie de l'année, des lettres, signées de noms chers à son cœur, et qui lui apportaient des témoignages sensibles de l'affection et du dévouement de ses amis.

Cette conviction que la Providence veillait sur lui sans cesse, était si profondément enracinée dans son âme que, dans toutes ses lettres, au-dessus de ses Bienfaiteurs, c'est elle qu'il voit. C'est elle qui a ému leur cœur, qui leur a inspiré leur générosité à son égard, elle qui lui donne par leurs mains ; c'est aussi jusqu'à elle qu'il fait remonter le cri de sa reconnaissance et de son amour. « La
« gratitude ! oh ! comme ce nom est gravé dans mon cœur à la
« suite de bien d'autres ! Et comment n'en serait-il pas ainsi ?
« Pourrais-je jamais oublier combien je vous dois, cher Bienfai-
« teur ? Combien, pour moi, pauvre enfant de la montagne, vous

« vous êtes imposé de sacrifices ? Non, je ne l'oublie point et mes
« parents non plus. A tant de bienfaits, à tant de soins je n'ai à
« opposer que la prière, et je dis, comme ces enfants qu'un poète
« fait parler :

> « Et nous, enfants, que peut notre reconnaissance ?
> « Nos toits sont sans trésor, et notre âge impuissant ;
> « Nous n'avons que nos mains à lever en silence
> > « Vers cette Providence
> > « D'où vient la récompense,
> > « D'où le bienfait descend.

« Combien j'éprouve, cher Bienfaiteur, les effets de cette Providence divine !..... »

C'est ainsi qu'il arriva, porté comme par la main de Dieu, à travers tous ces obstacles, au terme, si souvent inespéré et toujours tant désiré, de ses études classiques.

Fata viam inveniunt.

Sa constance avait triomphé de tout, et l'heure allait enfin sonner où, les portes du Grand-Séminaire tombant devant son impatience, il pourrait revêtir les saintes livrées du Maître dont le nom avait réjoui son enfance et son adolescence, et se dévouer totalement et sans réserve à son service et à son amour. Du reste, son horizon se faisait moins sombre ; les flots, à travers lesquels voguait, ballotté de toutes parts, son frêle esquif, devenaient calmes et doux ; le port se montrait à ses yeux tranquille et sûr ; et Jean tendait joyeusement les voiles à l'espérance : « Un de mes professeurs,
« M. l'abbé V..., qui n'a pas une petite part à ma reconnaissance,
« a daigné s'occuper de moi. Il a trouvé, pour plus tard, une
« source assez sûre, dont je n'ai pas encore le bonheur de connaî-
« tre le nom. Aussi, pourvu que le nocher que vous connaissez,
« et qui depuis quelque temps ne parle plus d'obole, ne se montre
« pas trop exigeant, quand la barque qui me porte sera arrivée à
« bord, tout ira bien, j'espère. »

Hélas ! ces espérances si légitimes ne devaient pas se réaliser de si tôt; cette perspective de bonheur devait reculer encore, sous la poussée des évènements, et s'évanouir, momentanément du moins, comme le mirage brillant des déserts.

Jean avait subi le sort cette année-là, et sa main avait amené, de l'urne fatale, le fatal numéro 13. « Me voilà donc soldat de « l'Empereur, écrivait-il à un ami en lui annonçant cette nou-« velle ; mais qu'il ne compte pas trop sur moi pour réprimer ces « turbulents qui l'inquiètent, dit-on. »

Il était loin de prévoir, à ce moment-là, qu'il revêtirait, un jour, l'uniforme, et qu'il devrait faire une partie de son noviciat ecclésiastique à la caserne. Ses idées ne s'étaient jamais tournées de ce côté, et s'il voulait être soldat, c'était avant tout soldat du Christ, estimant que c'est bien servir la Patrie que de bien servir l'Eglise.

De fait, comment prévoir, au mois d'avril 1870, (je ne parle pas des politiques, mais de nous, enfants ou jeunes gens des écoles), comment prévoir les évènements qui devaient se dérouler et comme se précipiter, quelques mois après et durant une année entière, si sanglants et si douloureux ? Nous ne savions pas encore lire dans les nuages, et ne soupçonnions pas quels orages ils recèlent dans leurs flancs. Du reste, le bruit de nos dissensions politiques n'arrivait jusqu'à nous que très affaibli, et si nous chantonnions parfois, dans nos promenades, à la dérobée, entre deux cantiques, la complainte de Victor Noir, c'était avec une parfaite innocence, comme c'était avec une insouciance absolue que nous assistions au plébiscite de Mai, et à la constitution de l'Empire libéral. Des préoccupations bien autrement graves nous absorbaient : une ode d'Horace ou une harangue de Démosthène à traduire, un Discours latin ou français à composer, une scène du Cid ou d'Athalie à apprendre et à déclamer.

Toutefois, vers la fin de l'année scolaire, des nouvelles plus émouvantes, franchissant la clôture de nos cours de récréation et même de nos salles d'étude, venaient troubler nos esprits et faire battre nos cœurs. Notre patriotisme, pour être jeune, n'était pas moins ardent, et tout ce qu'il y a de plus pur et de plus saint dans l'âme humaine, tout ce qu'elle renferme d'enthousiasme et de générosité s'excitait et s'exaltait à l'annonce de la guerre que l'on disait inévitable et prochaine. Et quand, le 19 juillet, elle fut déclarée, ce fut, parmi nous, une véritable explosion de joie patriotique. Nous n'avions pas l'ombre d'un doute sur le succès de nos armes ; nous ne nous faisions pas à l'idée d'une défaite, et nous nous imaginions que nos soldats ne feraient qu'une bouchée de toute l'Allemagne ! Hélas ! combien nous nous trompions !.....

- Quelques jours après, avant même que fussent arrivés jusqu'à nous les échos des premiers coups de canon, avait lieu au Petit-Séminaire la distribution solennelle des prix. Jean, chargé, comme toujours, de couronnes et de lauriers, quittait définitivement cette maison qu'il avait édifiée pendant six ans, et allait attendre, dans sa famille, l'heure bénie de la rentrée du Grand-Séminaire.

DEUXIÈME PARTIE

CHAPITRE Ier

**Le Grand-Séminaire.
Licenciement des Séminaristes.
Monseigneur Ramadié et M. Jousserandot.
Institution Saint-Louis-de-Gonzague.
La feuille de route. — La caserne.
Retour au foyer.**

Ces deux mois de vacances furent lamentablement tristes.

Nous n'avons pas l'intention de faire le récit des événements qui les remplirent. Le biographe de l'abbé Anglade n'oubliera pas que son rôle est tout à fait modeste, ainsi que son héros, et il ne touchera pas, même en passant et de loin, à des faits qui ne sont point de son sujet.

Malgré les appréhensions, hélas! trop fondées, que firent naître, après le 4 septembre, les troubles publics et le déchaînement des passions populaires, malgré les insultes et les outrages prodigués aux hommes et aux choses de la Religion, Monseigneur Ramadié avait voulu que la rentrée du Grand-Séminaire eut lieu, comme à l'ordinaire, dès les premiers jours d'octobre. Avec quelle impatience Jean voyait approcher cette aurore bénie! Il l'attendait depuis si longtemps!... Qu'il fut heureux de pouvoir enfin adresser son dernier adieu, son adieu définitif au siècle, et de revêtir cette soutane qu'il aimait deux fois, et parce qu'elle était le don de la charité, et parce qu'elle était la livrée de sa glorieuse servitude. Il la baisa avec tendresse, et comme il se promit de la porter avec respect et amour !

Avec lui, comme un vivant défi jeté aux menaces et aux outrages de la rue, rentraient au Grand-Séminaire, cette année-là, tous ses condisciples du Petit-Séminaire de Prades, et plusieurs élèves de l'Institution Saint-Louis-de-Gonzague, de Perpignan, jeunesse vaillante et hardie, nombreuse et brillante phalange de philosophes.

Malheureusement les scènes de désordre se multipliaient avec une violence toujours croissante. Des bandits — peut-on leur donner un autre nom ? — comptant sur je ne sais quelle complicité des pouvoirs publics, que d'ailleurs ils ne trouvèrent pas, promenaient dans nos villes et dans nos villages la terreur et la mort. Nous étions revenus aux jours les plus sinistres de notre histoire.

Pour éviter de trop grands malheurs, Monseigneur l'Evêque crut prudent et sage de faire évacuer le Séminaire, et de renvoyer les élèves ecclésiastiques dans leurs familles.

C'était le lendemain de l'abominable « Affaire de Pia », huit jours à peine après la rentrée.

Le matin, après la messe à laquelle tous les séminaristes avaient communié en réparation du sacrilège commis, la veille, sur la personne du vicaire de cette paroisse, M. le Chanoine Pons, le vénéré Supérieur du Grand-Séminaire, convoque toute la communauté dans la grande salle ; et là, debout au milieu de « ses chers enfants », environné de MM. les Directeurs, très ému, les yeux pleins de larmes, il leur annonce la douloureuse nouvelle : « Il faut partir, il faut se séparer..... Demain, « peut-être, il serait trop tard ! Le Supérieur ne veut pas assumer « plus longtemps une aussi redoutable responsabilité... » On s'embrasse, en pleurant ; on fait les préparatifs du départ, qui ne sont pas longs — un séminariste a vite fait de boucler sa valise ; — et, après un dernier adieu, un dernier serment à l'Ami, au Maître, au Seigneur Jésus, on quitte cette Maison aimée où l'on espérait pouvoir, pendant de longs jours, savourer à loisir l'austère poésie de la solitude, et les mâles voluptés de l'abstinence, et cette plénitude de charité et de vie que Dieu y fait jaillir pour ses fidèles.

Le lendemain l'asile de la prière et de la paix était transformé en caserne, et une compagnie de mobiles bretons prenait la place des séminaristes licenciés.

Jean reprit donc tristement le chemin de ses montagnes. Le Grand-Séminaire, qu'il n'avait fait qu'entrevoir, hélas ! lui était apparu comme une sorte de Terre promise, comme le vestibule du Ciel. C'est bien cela qu'il avait rêvé : une vie toute faite de silence, de travail et de prière, tout entière s'écoulant à l'ombre du Tabernacle, près de l'Hostie. Et voilà qu'à peine l'avait-il goûtée, il devait y renoncer ; il devait se séparer de cette Maison de bénédiction, et rentrer au milieu de ce monde qu'il n'aimait pas, pour lequel il n'était point fait, dans lequel il ne voulait point vivre. Mais, de même que l'exilé emporte sa patrie partout avec lui, il se promit d'emporter avec lui, à Fillols, le Grand-Séminaire, et de vivre, dans sa famille, de cette vie de règle où l'âme et le cœur se trouvent si parfaitement à l'aise.

Quinze jours s'étaient à peine écoulés, lorsqu'une lettre de M. le Vicaire-Général Redonnel convoqua à Saint-Louis de Gonzague tous les séminaristes de première année, afin de suivre, dans ce collège, le cours de philosophie, et de se préparer au baccalauréat. Mgr Ramadié, prévoyant que la rentrée du Grand-Séminaire ne pourrait pas s'effectuer de sitôt, et redoutant pour ces jeunes gens, vierges encore de toute formation ecclésiastique, un séjour trop prolongé dans leurs familles, surtout dans les circonstances actuelles, avait voulu les soustraire à la grande tentation du désœuvrement, les arracher à l'atmosphère dissolvante du monde, mettre leur vertu et leur honneur à l'abri des insultes qui, à ce moment-là, s'élevaient de tous les bas-fonds contre tout costume religieux, et, en même temps, préparer, par des études spéciales, de futurs professeurs pour ses Séminaires. Ce dernier résultat n'était peut-être pas le moins important dans la pensée de l'éminent fondateur du collège Saint-Louis-de-Gonzague.

M. l'abbé de Chauliac [1], alors Supérieur de Saint-Louis, ne permit pas, par respect pour le costume ecclésiastique dont ils étaient revêtus, que ces jeunes philosophes fussent mêlés au reste de la Communauté. Il mit à leur disposition, pour leurs études, une salle à part, sans surveillant. Mais ceux-ci, sans doute pour se donner le mérite de l'obéissance, en réclamèrent un qu'ils choisirent parmi eux. D'un commun accord ils décernèrent cet honneur à Jean, qui, on peut bien le croire, n'abusa jamais de l'autorité qu'il tenait des suffrages de ses condisciples.

Hélas ! il s'agissait bien de philosophie en ces temps-là ! Sans doute les élèves ne manquaient pas, ni la bonne volonté : mais comment s'abstraire des évènements de chaque jour et de chaque heure ? Comment approfondir dignement les figures et les modes du syllogisme, quand la patrie était en danger, humiliée, envahie ; quand tous les échos redisaient les cris de triomphe des vainqueurs, et les cris de haine, les blasphèmes fratricides des émeutiers ? Archimède a pu, dit-on, absorbé par la solution d'un problème, ne pas s'apercevoir de la prise de Syracuse, mais nous ne sommes plus au temps d'Archimède, et nos philosophes n'écoutaient que d'une oreille distraite les leçons de leurs maîtres. Du reste, même de ce côté, ils furent très imparfaitement secondés. Dans l'espace de quelques mois, quatre professeurs se succédèrent dans la chaire de philosophie. Le premier, qui depuis..... Le

---

[1] Monsieur l'abbé Ferdinand de Chauliac dirigea l'Institution Saint-Louis-de-Gonzague depuis 1869 jusqu'en 1872. Précédemment premier vicaire à Notre-Dame de Paris, il avait accompagné, comme Vicaire-Général, son Archiprêtre, Mgr Le Courtier, nommé évêque de Montpellier. C'est là que Mgr Ramadié le prit pour lui confier la direction de son cher collège. M. de Chauliac est mort à Paris, supérieur de l'Infirmerie Marie-Thérèse, au mois de décembre 1890.

second, qui ne fit que passer, plein de vie encore, et que pour ce motif nous demandons la permission de ne pas nommer. Le troisième, M. l'abbé Sobra, une belle âme et une belle intelligence, qui, obligé de mener de front les fonctions de Vicaire à la Cathédrale et de Professeur, succomba à la tâche. M. David, enfin, un vieux Professeur de l'Université, qui voulut consacrer à l'Enseignement libre les restes d'une voix qui commençait à tomber, et d'une intelligence qui demeura jusqu'au bout ferme et brillante. Peu d'années après, frappé d'une attaque d'apoplexie, il mourait debout, pour ainsi dire, au champ d'honneur, en faisant la classe.

A toutes ces préoccupations, d'autres ne tardèrent pas à s'ajouter. L'existence même du collège fut un instant en question. Par un arrêté en date du 15 décembre 1870, M. le Préfet Jousserandot « requit provisoirement » le local de Saint-Louis tout entier, pour en faire un hôpital militaire : « Les nombreux blessés qui sont dirigés sur Perpignan, m'obligent, disait-il, à cette réquisition. » Et Monseigneur Ramadié, dont le patriotisme était au-dessus de toutes les exigences, envoyait, le 20 décembre, au clergé du diocèse, une circulaire dans laquelle il disait : « L'œuvre diocé-
« saine de Saint-Louis va provisoirement faire place à une œuvre
« chrétienne aussi et nationale. Ce cher établissement ayant été
« requis pour en faire un hôpital destiné aux soldats blessés, nous
« n'avons pas voulu laisser à d'autres l'organisation de 400 lits
« qu'il devra contenir. Nous nous mettons à la tête de l'œuvre ;
« nos séminaristes en seront les infirmiers.... » En même temps, Monseigneur annonçait aux nombreuses familles dont les enfants étaient à Saint-Louis, qu'on allait verser les élèves de l'Institution au Petit-Séminaire de Prades, afin qu'il n'y eût pas d'interruption fâcheuse dans leurs études.

Toutefois l'on ne fut pas réduit à cette extrémité, et cette dernière mesure ne fut jamais prise. Les bâtiments attenant au collège, et occupés alors par les Frères de la Doctrine chrétienne, suffirent à loger les malheureuses victimes de la guerre. Les

Séminaristes de Saint-Louis, ainsi que MM. les Professeurs, allaient passer avec les blessés leurs récréations, et essayaient, en attendant, leurs mains aux bandages, et leurs lèvres aux paroles qui consolent et qui fortifient.

Dans une lettre adressée à M. l'abbé T..., pour lui offrir ses vœux de bonne année, Jean lui raconte, ou lui fait pressentir ces divers événements ; il lui fait part, en même temps, de ses préoccupations et de ses craintes.

« ...Je me souviens toujours de vos bienfaits. J'en connais le prix
« de plus en plus, et je vous en serai reconnaissant toute ma vie. Je
« vous dois beaucoup, cher Bienfaiteur, oh ! bien sûr, je vous
« dois beaucoup ! Aussi je ne cesse d'implorer en votre faveur les
« bénédictions du ciel. Pour la fête charmante et naïve de Jésus
« enfant, je reçus, à votre intention, pendant la messe de la nuit,
« le Corps sacré du Sauveur. Aujourd'hui aussi, en m'approchant
« du Festin sacré, je pense à vous... Ah ! puisse l'année qui va
« commencer vous apporter la joie et le bonheur ! Puisse-t-elle
« aussi apporter la paix à notre pauvre patrie, à cette France
« bien-aimée, si malheureuse, si éprouvée !.....

« Pour moi, cher Bienfaiteur, je fais ma philosophie..... mais
« pensez-vous qu'il soit possible de travailler sérieusement ?
« Jusqu'ici vous savez comme nous avons été troublés. Eh bien !
« on va, je crois, nous obliger à interrompre encore une fois nos
« études. Il paraît qu'on se propose de réaliser le décret porté le
« 7 novembre au sujet des élèves entrés au Grand-Séminaire
« depuis le 1er août. Il est vrai que je suis inscrit, moi, depuis le
« 1er février, mais je pense bien qu'on prendra et les uns et les
« autres. J'arrive, avec un de mes condisciples, de chez M. le
« Grand-Vicaire. Nous lui avons demandé des renseignements
« sur le décret, il ne nous a pas rassurés du tout..... En outre,
« M. le Préfet a demandé à Monseigneur les noms des élèves
« rentrés nouvellement, ainsi que leur domicile. Pourquoi faire ?
« Dans tous les cas, je m'attends à tout et je me soumets avec
« confiance à la volonté divine.

« Au moment où je vous écris, MM. l'intendant, le sous-inten-
« dant, le chirurgien-major et trois ou quatre autres visitent
« l'Etablissement, accompagnés de M. l'Econome. En fin de
« compte, je crois que Saint-Louis sera un hôpital militaire.
« Emploira-t-on les jeunes séminaristes comme infirmiers,
« ou les fera-t-on partir pour la guerre ? — On ne sait que
« répondre.
« Et au milieu de tout cela, comment pouvons-nous travailler
« avec recueillement ? Ah ! quelle année que celle qui disparaît !
« Puisse, encore une fois, la nouvelle, oh ! je le souhaite ardem-
« ment, puisse-t-elle être meilleure pour tous !... »

Les pressentiments de Jean ne tardèrent malheureusement pas à se réaliser.

Le 17 janvier 1871, il reçut, ainsi que quatre ou cinq de ses condisciples, la feuille de route, et, le jour même, ils rentrèrent à la caserne. Ils furent incorporés dans le 22e de ligne, en garnison à Perpignan. A dater de ce jour, et pendant sept mois, ils furent abandonnés à eux-mêmes, sans appui, sans secours d'aucune sorte, sans lien aucun qui rattachât leur existence présente à leur existence passée.

Cette mesure ayant été prise inopinément, en vertu, non pas d'une loi, mais d'un pur caprice, d'une simple fantaisie administrative, l'autorité diocésaine n'avait pas pu se prémunir contre elle. Nuls préservatifs contre les dangers qui menaçaient leur vertu et leur piété ; nul refuge où, de temps en temps, ils pussent venir fortifier et retremper leur vocation naissante. Arrachés violemment à leur retraite et à leurs études, ils furent jetés, pour ainsi dire, en plein dans cette vie de caserne, si peu favorable au développement et à l'épanouissement de l'esprit ecclésiastique. A quels périls n'étaient-ils pas exposés ! Et qu'il était difficile de ne pas faire naufrage au milieu de tant d'écueils, sur une mer si tourmentée !

Mais Celui qui fait croître les lis parmi les épines ne permit pas qu'aux buissons du chemin s'accrochât la robe de leur innocence ; et chacun d'eux aurait pu dire comme le plus fier des héros de Corneille :

> « L'on peut bien me réduire à vivre sans bonheur,
> Mais non pas me résoudre à vivre sans honneur. »

Néanmoins, à la caserne, la vie ne fut pas trop dure ; et la Providence voulut bien se charger d'adoucir l'amertume des débuts. Il se rencontra que le sergent-fourrier de la compagnie était le proche parent d'un des nouveaux conscrits. Il obtint pour celui-ci et pour Jean qu'ils travailleraient avec lui au bureau du sergent-major, ce qui les dispensait de quelques corvées. Ce sergent-major était un ancien élève des Frères, à qui l'école du régiment avait fait oublier — pratiquement du moins — le Catéchisme et le Décalogue. Sa conduite faisait peu d'honneur aux principes de sa première éducation ; mais il ne pouvait s'empêcher de témoigner son admiration pour l'absolue irréprochabilité de ses deux subordonnés et pour leur courage à remplir leurs devoirs religieux. Il les estima davantage, et favorisa de tout son pouvoir leur piété et leur vertu, tout en leur déclarant qu'il ne se sentait pas de taille à les imiter. Il n'y avait pas jusqu'au capitaine, une espèce d'Alceste bourru, un type de vieux grognard, qui ne se montrât pour eux d'une bienveillance touchante. Quant aux soldats et chefs subalternes, ils y allaient plus rondement ; ils les traitaient en vrais camarades et ne leur ménageaient pas les plaisanteries. Parfois, en leur faisant faire l'exercice, le sergent les interpellait : « Hé, là-bas ! le vicaire ! Tournez à droite ! Tournez à gauche ! » On riait, mais sans malice, d'autant plus que « le vicaire » avait le bon esprit de rire comme les autres.

A la caserne, dans les chambrées, lorsqu'on les vit faire leur prière à genoux au pied de leur lit, il y eut bien, au commencement, quelques railleries plus ou moins spirituelles, — les railleries de ce genre ne le sont jamais beaucoup — mais elles ne trouvèrent point d'écho, et même elles finirent par tomber complètement devant la froide et digne impassibilité de ceux auxquels elles prétendaient s'adresser.

Le temps qui leur restait libre après la tenue des écritures, les exercices, les gardes, etc., ils le passaient dans des familles amies, chez des condisciples, où ils oubliaient un peu les ennuis et les fatigues de la caserne et du Champ de Mars. Le matin, à la première heure, quand on n'était pas de service, on se rendait dans une Église, à la Réal, à la Chapelle du Christ surtout, pour l'oraison et la messe. Le dimanche, on allait d'ordinaire à la campagne. S'il y avait une fête religieuse, une procession dans quelque village voisin, c'est là qu'on se rendait de préférence. Ils se faisaient un honneur d'assister aux cérémonies, de porter les flambeaux, de tenir le lutrin. Que de fois on les vit, par exemple, servir la messe, faire la communion, chanter les offices, à Saint-Estève, où les attirait la cordiale et large hospitalité du vénérable Curé. C'était une édification pour la paroisse ; ils le sentaient, ils s'en réjouissaient, ils en bénissaient Dieu. Ils avaient encore trouvé un moyen de le faire aimer !...

Les sept mois que dura cette existence s'écoulèrent tristes et monotones. Les jours se suivaient et se ressemblaient, hélas ! Outre que chaque heure leur apportait, comme à tous, son tribut de patriotiques angoisses, ces pauvres conscrits malgré eux avaient au cœur le vif regret du Séminaire, où les attirait une vocation éprouvée, d'où la force avait pu les arracher, sans doute, mais qu'elle n'avait pu leur faire oublier. Ils y vivaient par la pensée et par le désir, ils aspiraient après le jour où il leur serait donné d'y rentrer. Quand Dieu appelle une âme, quand il la veut, nulle puissance humaine n'a le droit de la lui enlever, et c'est un crime de le tenter.

Pour Jean, en particulier, si, sous l'influence du milieu, du costume et des exercices militaires, il s'était un peu modifié au dehors, s'il avait pris des manières plus libres, une démarche plus dégagée, l'intérieur, le fond de l'âme n'avait pas été atteint ; son cœur était resté intact ; ses sentiments n'avaient subi aucune altération. Les quelques lettres qui nous sont parvenues, datées de la caserne, les quelques traits que nous avons pu recueillir, le prouveraient surabondamment. Les lettres sont courtes, vives, alertes, d'une rondeur et d'une allure toutes militaires ; mais le mot de la piété n'y manque jamais, ni le mot du cœur. Ce que l'on y chercherait en vain, c'est l'ombre d'une protestation contre quoi que ce soit ; c'est une plainte quelconque sur ses chefs, sur ses camarades, sur sa situation, sur ses fatigues et souffrances physiques.

Voici celle qu'il écrivait à Monsieur l'abbé T..., à l'occasion de sa fête. Elle porte la date tristement fameuse du 18 mars 1871 :

« Cher Bienfaiteur,

« C'est un de vos protégés qui, sous l'habit militaire, vient vous
« souhaiter d'une façon toute simple, mais d'un cœur sincère et
« franc, une heureuse fête.

« Que le glorieux Saint Joseph, lui dont la puissante intercession
« est proclamée partout, vous obtienne de Jésus toutes les grâces
« que vous désirez. Que vous dirai-je de plus ? Depuis longtemps
« vous connaissez les sentiments qui m'animent, et la sincérité de
« mon cœur.

« Je vous écrirai plus longuement lundi ou mardi. Aujourd'hui,
« je suis obligé de vous écrire à la hâte. Veuillez excuser mon
« griffonnage. Le Commandant a passé une revue, ce soir. J'ai
« dû rester trois heures sur le rang par un froid rigoureux, et
« maintenant (six heures et demie) ma main tremble.

« Je finis, cher bienfaiteur, en vous assurant de ma profonde
« reconnaissance. Votre humble protégé. »

Un jour, son père était venu le voir à la caserne : « Hé bien, lui
« demanda ce brave homme, en souriant, que me dis-tu de cette

« vie-là ? Comment te trouves-tu sous ton uniforme ? » — « Mon
« père, répondit le jeune homme, je me plais au service, puisque
« Dieu permet que j'y sois. Mais quand même je pourrais espérer
« devenir Général, devenir Empereur, je n'y resterais pas. Ce
« n'est pas ma vocation. Plus que jamais je sens que Dieu me
« veut prêtre, et c'est à Lui que je veux dévouer ma vie. »

C'est à peu près le même langage qu'il tenait à Madame Servan de Sugny au cours d'une entrevue qu'il eut le bonheur d'avoir avec sa Bienfaitrice, au mois d'avril de cette année. Mme Servan de Sugny, de passage à Perpignan, avait voulu revoir son cher protégé, celui qu'avec Mme de Bouillier elle appelait autrefois, et alors encore, dans ses lettres, « son enfant. » « J'ai eu le plaisir
« de revoir Anglade — et ç'a été la dernière fois — au mois
« d'avril 1871, nous racontait elle-même, un jour. Il était sous
« l'uniforme militaire qu'il portait avec dignité, sinon avec plaisir.
« De la citadelle de Perpignan, il vint me voir à l'hôtel où j'étais
« descendue, et m'accompagna jusqu'au chemin de fer à mon
« retour pour Lyon. Il me raconta, pendant sa courte visite, son
« émotion et son chagrin d'avoir dû quitter la soutane pour le
« harnais militaire, et les vexations que ses pratiques pieuses lui
« avait attirées au début. Puis, ajoutait-il avec simplicité, chacun
« s'y est habitué et maintenant on me laisse tranquille. Son grand
« désir, son unique désir était la vie du Grand Séminaire ; il
« en parlait avec amour, et je vis bien que rien n'était changé en
« lui... que le costume. Je lui retrouvai toute sa naïveté, toute sa
« candeur d'autrefois, ce qui faisait un contraste étrange, — je
« ne dis pas choquant, au contraire — avec l'habit militaire dont
« il était revêtu. »

Au commencement du mois de mai, le 22e de ligne quitta Perpignan. Monseigneur Ramadié, qui avait fait démarches sur démarches pour obtenir la libération de ses séminaristes, insista auprès des autorités militaires, pour que du moins ils ne suivissent pas leur régiment. On voulut bien lui accorder enfin cette faveur. Ils furent versés en subsistance dans le 42°. Là, notre distingué compatriote, le général Bonet, s'intéressa vivement à leur sort. Il comprit la situation particulière qui leur était faite, et il s'employa de tout son pouvoir à la faire cesser. Il commença par leur accorder les permissions les plus larges, en dehors des heures de service, pour qu'ils pussent librement vaquer à leurs affaires personnelles, et leur suggéra l'idée d'une pétition au général Le Flô, ministre de la guerre. Jean fut chargé par ses camarades d'en rédiger le texte. Le général l'approuva et la recommanda. Elle eut un plein succès. Du reste la guerre étrangère était terminée, l'insurrection communaliste étouffée, noyée dans le sang. L'on n'avait plus l'ombre d'un prétexte pour retenir au régiment des jeunes gens qui, comme le disait Jean dans sa lettre au ministre, « après avoir servi la Patrie dans l'armée, continueraient à la servir encore et non moins efficacement, dans l'Eglise. »

Ils furent libérés dans les premiers jours de juillet 1871.

Ce séjour à la caserne, Jean le regarda toujours comme la plus redoutable épreuve à laquelle il put jamais être soumis, et il ne cessait de bénir Dieu qui la lui avait fait traverser sans faillir. Il s'accusera bien plus tard — et en quels termes ! — des fautes commises durant cette période de son existence, mais nous connaissons le langage de l'humilité et nous savons quels sentiments cette vertu inspire à ceux qu'elle possède. Croire que les fatigues physiques, les exercices pénibles, les ennuis de tout genre inhérents au noviciat militaire, entraient pour une part quelconque dans cette appréciation, serait une grossière erreur et une gratuite injure faite à cette âme généreuse. Il acceptait tout cela avec la plus entière soumission ; et les devoirs les plus humbles, les corvées les plus répugnantes à la nature, il les accomplissait comme si Dieu lui-même les lui imposait. Du reste, quand un jeune homme se sent au cœur assez de vertu pour embrasser la carrière ecclésiastique, et se dévouer à la sublime vocation des âmes, c'est qu'il est à la hauteur de tous les sacrifices et de tous les renoncements. Il est vrai, l'on y trouve de larges et surabondantes compensations. Dieu ne se laisse pas vaincre en générosité, et tout ce que l'on abandonne du côté de la terre, on le rattrape aussitôt du côté du ciel.

Mais si en elle-même la noble profession des armes n'a rien qui soit au-dessus du courage d'un jeune aspirant au sacerdoce, il est malheureusement trop vrai qu'elle constitue pour lui un réel et grave danger. Au milieu du bruit des armes, des exercices militaires, des préoccupations de toute sorte, il se produit fatalement un arrêt dans le progrès surnaturel ; l'âme ne prospère pas, du moins dans le sens que la vocation sacerdotale l'exige. Et si l'on a pu dire avec raison que, de la poussière du monde, même les cœurs religieux se souillent nécessairement plus ou moins, *de mundano pulvere necesse est etiam religiosa corda sordescere*, ne peut-on pas le dire avec autant de vérité de la poussière des casernes ?

Voilà ce que Jean déplorait pour lui quand, se retournant vers ce passé, il fouillait du regard les replis de son âme. Il constatait, en s'humiliant, en se frappant la poitrine, en versant des larmes amères, que, malgré ses soins, de ce tourbillon de poussière que soulève le vent des casernes, quelques grains, auxquels sa délicatesse donnait des proportions énormes, étaient venus maculer la robe de son innocence.

CHAPITRE II

**Institution Saint-Louis-de-Gonzague.
La classe de philosophie. — Retraite de 1872.
Une lettre anonyme. — Le Baccalauréat.
L'abbé Anglade professeur (1872-1873)
Retraite de l'Avent. — Le Grand Séminaire.**

Quand vous sortez de Perpignan par la porte Magenta ou la porte Notre-Dame, et que vous avez franchi la Tet, sur le Pont-de-Pierre, une vaste et riche plaine s'ouvre devant vous, coupée de jardins et de vignes, ombragée d'arbres fruitiers, sillonnée de routes que bordent des platanes aux troncs puissants, aux branches touffues. Çà et là, en dehors de ce que l'on appelle la banlieue du Vernet et qui constitue à elle seule un gros bourg, des maisons champêtres, de coquettes villas, semées, comme des nids d'oiseaux, dans des berceaux de verdure. C'est le jardin du Roussillon; et le nom poétique qu'il porte, *Le Vernet,* vous dit tout de suite le charme et l'agrément du paysage, la douceur et la pureté du climat, la richesse et la fertilité du sol. Spontanément le

Ver erat æternum...

d'Ovide, vous jaillit de la mémoire, et, à sa suite, toute cette exquise description de l'Age d'or de la Terre.

Ce coin privilégié, où se manifeste dans toute sa beauté et dans toute sa force, la féconde activité de la nature, est devenu aussi, depuis environ un quart de siècle, un puissant foyer d'activité intellectuelle et morale. C'est là que tour à tour, parmi la verdure et les fleurs, sont venus s'établir et les Dames du Sacré-Cœur, avec leur gracieux essaim de jeunes filles ; et les religieuses du Bon Pasteur, avec leur cortège d'orphelines et de repenties ; et les sœurs de Sainte-Claire, dont la vie mortifiée transpire, malgré elles, à travers la sévérité du cloître ; et les religieux de Saint-François-d'Assise, dont la robe de bure et les pieds nus prêchent si bien le renoncement et la pénitence. Toutes ces Maisons de prière et d'étude, toutes ces usines de sainteté forment, autour d'elles, comme une contagieuse atmosphère de travail, de piété et de vertu que l'on ne respire pas impunément. Dans leur rayon, une maison d'éducation, un collège catholique avait sa place toute marquée.

Aussi bien, c'est là, dans ce site charmant où le grand air et le grand soleil pénètrent et circulent en toute liberté, à l'ombre d'altiers platanes qui lui font, en été, comme une couronne de verdure, que Mgr Ramadié bâtit, en 1865, l'Institution Saint-Louis de Gonzague. Dès les premiers temps, grâce à sa situation exceptionnelle, à sa grandiose installation, à l'organisation de ses études, ce Collège catholique prit place aux premiers rangs parmi les Collèges catholiques du Midi ; et les succès qui marquèrent ses débuts lui créèrent une réputation qu'il n'a pas encore cessé de mériter. Les jeunes gens qui s'y formèrent, devenus aujourd'hui des hommes, occupent, non sans éclat, un rang distingué dans toutes les classes de la société, et portent fièrement l'honneur de l'éducation catholique qu'ils y reçurent.

Après les années d'épreuves 1870-71, la prospérité du Collège, un peu ébranlée par les événements, reparut, comme le soleil après l'orage, comme le calme après la tempête. M. l'abbé de Chauliac, au commencement de l'année scolaire 1872, ayant obtenu de Mgr Ramadié de se démettre de sa charge pour retourner à Paris où l'attiraient d'anciennes et hautes amitiés, M. l'abbé

Gaudissard, aujourd'hui chanoine de la Cathédrale, fut appelé à recueillir sa succession. Le gouvernail était en bonnes mains, et il fut tenu pendant dix ans, chacun sait avec quelle fermeté et quelle intelligence.

Cette même année, Mgr Ramadié décidait que les jeunes aspirants au sacerdoce seraient désormais tenus de faire deux années de philosophie, dont l'une en français, qui les préparerait au baccalauréat, l'autre en latin, plus immédiatement préparatoire à l'étude de la théologie. Jean qui s'était hâté, aussitôt après sa libération, de revêtir à nouveau la soutane, fut donc obligé, ainsi que ses condisciples, de rentrer à Saint-Louis et de recommencer la vie de collège, avec les atténuations et les adoucissements, dont nous avons parlé, et que nécessitaient leur âge et leur costume ecclésiastique. Il reprit, au milieu de ses camarades, le poste de confiance auquel leur sympathie l'avait élevé, et l'on se remit avec une ardeur nouvelle à l'étude d'Aulard et de Bouvier.

Les étudiants de première année suivaient le cours de M. David; ceux de deuxième année, le cours de M. l'abbé Tisseyre, le vénéré supérieur actuel du Grand-Séminaire. M. David leur enseignait, en outre, la littérature et corrigeait la version latine ; car le baccalauréat n'étant pas encore scindé, c'est avec cet encombrant bagage qu'il fallait se présenter à l'examen. « Les sciences « occupent la plus grande partie de notre temps, écrivait Jean à « un de ses anciens condisciples. Nous en avons neuf heures par « semaine. Elles nous sont enseignées par un prêtre *gascon* très « fort, M. l'abbé Guy. Le cours d'histoire nous est fait par « M. l'abbé Molins. Tu devines par conséquent qu'on veut faire « de nous des bacheliers. Y réussira-t-on ? C'est douteux, du « moins pour moi. L'année dernière fut une année perdue, et la « philosophie latine de Mgr Bouvier est loin d'être conforme au « programme... Quoi qu'il en soit, je travaille pour la gloire de « Dieu, et je laisse à la Providence le soin de me conduire. »

Quelque temps après, une nouvelle disposition était prise qui favorisait davantage les études, et rendait moins problématique

le résultat final. Mgr Bouvier, sans être tout à fait abandonné, était relégué au second plan, et tous les étudiants bûchaient ferme la dissertation française. « Non seulement, écrivait Jean, je
« fais tous les devoirs latins que nous donne M. l'abbé Tisseyre,
« mais je trouve encore le temps de faire les dissertations de
« M. David... Je vous écrirai dans quelque temps et je vous
« rendrai compte de mon travail. »

Cependant une difficulté imprévue au début, se dressait toute grande devant lui à mesure qu'il approchait du terme. En général, dans les examens, il faut payer de sa personne, sans doute, mais il faut aussi, et même d'abord, payer de sa bourse. L'Etat est un peu comme la Fortune qui

> « nous vend ce qu'on croit qu'elle donne. »

Payer de sa personne, Jean était largement prêt à le faire ; il l'était beaucoup moins à payer de sa bourse. Depuis longtemps elle ressemblait à celle de Catulle dans laquelle les araignées tissaient à loisir leurs toiles :

> Plenus sacculus est aranearum.

Il s'en ouvrit un jour à M. l'abbé T... qui, en lui envoyant divers ouvrages philosophiques, cherchait à vaincre ses hésitations et le poussait à la conquête du diplôme : « ...Puisque vous le voulez,
« cher Bienfaiteur, j'aurai en vue le baccalauréat. Ce n'est pas que
« jusqu'ici je n'aie travaillé comme si j'avais dû au mois d'août
« affronter les épreuves ; mais je n'étais pas bien décidé à me
« présenter parce que je voyais à cela des obstacles. Est-il
« nécessaire que je m'explique ? Vous me comprenez à demi mot...
« Mais n'importe ; le Ciel pourvoira à tout, et je me prépare avec
« ardeur et confiance, pour vous obéir. »

Il ne faudrait pas croire toutefois que la préoccupation de l'examen l'absorbât au point de lui faire oublier sa vocation. Ses exercices de piété, ses prières, ses communions passaient avant tout. Il voulait bien être bachelier, puisqu'on le voulait, mais il voulait surtout être un saint prêtre, et il se préparait en conséquence. Ses cahiers de retraite, ses lettres nous le montrent, à Saint-Louis, tel que nous l'avons connu au Petit-Séminaire, avec son esprit de foi, infaillible critérium avec lequel il jugeait toutes choses, avec son besoin de prière, avec son désir de perfection. Pourquoi ne continuerions-nous pas à le citer ? On a dit que le style est l'homme même. C'est absolument vrai pour Jean. Sa parole ressemble exactement à sa pensée, et sa pensée est le fidèle miroir de son âme. Or, que voulons-nous sinon faire connaître cette âme, la présenter telle qu'elle est à l'admiration et à l'imitation de la jeunesse écolière, sans compter que d'autres peut-être pourront y trouver leur édification ?

Le prédicateur de la Retraite de 1872, ouvre les Exercices spirituels par cette parole de Jérémie : *Sedebit solitarius et tacebit, quia levabit se super se*. Et Jean, après avoir résumé le sermon du Missionnaire, se fait à lui-même ces réflexions :
« S'asseoir sur le bord du chemin, s'asseoir solitaire et silencieux
« pour se demander d'où l'on vient, où l'on va, tout est là.
« O mon Dieu, les hommes passent sans savoir où ils vont ; ils
« passent sans lever les yeux vers vous, sans vous demander
« votre secours ; ils passent, marchant aveuglément vers l'éter-
« nité. O mon Dieu, pour moi je ne veux point faire mon voyage
« sans réflexion. Je veux, de temps en temps, m'arrêter pour mettre
« de l'ordre dans ma conduite, pour acquérir des forces nouvelles
« et pour implorer votre grâce : voilà pourquoi je fais une retraite.
« Je vous en prie, ô Dieu, que je ne m'arrête pas en vain, que je
« me rende compte de l'état de mon âme, que je sois visité par
« votre grâce. O mon Dieu, je veux faire silence autour de moi
« pour pouvoir entendre votre divine parole. Parlez, Seigneur,
« parlez, votre serviteur écoute. Parlez ! oh ! parlez ! Je suis prêt
« à recueillir vos divins enseignements. — O Marie ! venez à mes

« côtés, vous me rendrez attentif à la voix de mon Jésus et vous
« l'inviterez à me parler sans cesse. Jésus!! Marie!! » — Le
péché, l'obéissance, la présence de Dieu, etc., qui font l'objet des
instructions de la retraite, sont des thèmes auxquels sa piété se
complait particulièrement. Ils provoquent son âme aux épanchements intimes, aux sentiments d'humilité et de repentir, aux
résolutions énergiques, aux protestations de fidélité et d'amour
cent fois renouvelées. A propos de la présence de Dieu : « O mon
« Dieu, s'écrie-t-il; jusqu'ici j'ai vécu comme si vous n'existiez pas
« Je n'ai presque jamais pensé sérieusement à vous ; mais doré-
« navant je vous promets, avec votre sainte grâce et la protection
« de Marie, ma mère, de marcher toujours en votre présence, de
« faire toutes mes actions sous votre regard, de les faire bien
« *toutes*, puisque *aucune* ne vous échappe. »

Ce sentiment de la présence de Dieu s'ancra dans son âme
si profondément, il en était tellement plein, tellement occupé,
que plus tard, et au moins dans les deux ou trois dernières années
de sa vie, il ne disait rien, il ne faisait rien, je dis même ses
actions les plus ordinaires, sans l'éprouver très vivement. En
toute vérité, il vivait sous le regard de Dieu. C'est dans la
lumière de ce limpide et profond regard qu'il pensait, qu'il parlait,
qu'il agissait ; il en était enveloppé, pénétré et, pour ainsi dire,
imbu, comme des rayons du soleil un pur et transparent cristal,
comme un bois spongieux de l'huile dans laquelle il a été plongé.

Comment donc son esprit de foi ne se serait-il pas développé,
agrandi ? Comment, voyant toutes choses à travers cette lumière
divine, ne les aurait-il pas jugées à leur valeur : les choses de la
terre viles et méprisables, celles du Ciel infiniment précieuses et
dignes de toute estime ? « Que vous souhaiterai-je, cher bienfai-
« teur ? écrivait-il à un prêtre à qui il devait quelque reconnais-
« sance. Que vous souhaiterai-je, au début de cette année ? Je ne
« veux pas parler de richesses, d'honneurs, de plaisirs : ces
« choses sont du monde, de ce monde qui croit que là est le

« bonheur et qui ne connaît rien de plus désirable. Mais un
« serviteur de Dieu s'élève plus haut et découvre des sources de
« bonheur plus pures. Il sait qu'il y a des joies de l'âme aux-
« quelles tous les plaisirs du monde ne sauraient être comparés ;
« il sait qu'il y a une paix du cœur, une tranquillité intérieure
« mille fois préférable à la satisfaction que peuvent donner les
« dignités et la gloire... ce sont ces joies, c'est cette paix que je
« vous souhaite... »

Aussi bien, cette grande vertu, loyale et franche autant que profonde, lui valut, à l'Institution Saint-Louis de Gonzague, comme au Petit-Séminaire de Prades, l'estime et l'affection de ses maîtres, la confiance et l'amitié de ses condisciples.

C'est un des caractères de la sainteté d'exercer autour d'elle une force d'attraction considérable, irrésistible. Ce n'est pas que la sainteté de Jean se manifestât au dehors par des signes extraordinaires... Au dehors, au contraire, rien ne paraissait, sinon son absolue et universelle régularité. Il était de ces âmes dont il est écrit que toute leur beauté est intérieure et cachée. Lui-même prenait soin de dissimuler, comme sous un voile, ses pensées et ses sentiments. Il ne tenait pas à être connu des hommes. Le moindre regard indiscret jeté sur sa vie l'aurait fait pudiquement rougir : il lui suffisait d'être connu de Dieu seul. Et cependant d'instinct on allait à lui. De son âme une suave odeur de sainteté s'exhalait qui le trahissait malgré lui, et qui attirait. Quand vous passez le long d'un champ de violettes, vous vous retournez instinctivement, sollicité par leur parfum. Les fleurs se cachent modestement sous les feuilles, mais vous les devinez, vous savez qu'elles sont là, bien qu'extérieurement rien ne les découvre. Ainsi la vertu. Elle n'a pas besoin de s'empanacher pour provoquer l'attention, ni de mettre un drapeau au seuil de sa porte pour faire connaître sa demeure : je ne sais quel mystérieux arome la révèle, et les âmes délicates savent bien la trouver.

C'est ainsi qu'allaient à Jean, attirés par sa piété, ses condisciples et camarades de collège, lui donnant parfois les marques les plus touchantes de confiance et de sympathie. Un jour, en ouvrant son bureau, il aperçut, à l'endroit le plus apparent, une lettre à son adresse. Quelle main l'avait glissée là ? Jean l'ouvrit et la lut. La lettre n'était pas signée, l'écriture était contrefaite. Evidemment l'auteur voulait rester inconnu. C'était un de ses camarades, un élève de Rhétorique ou de Philosophie, sans doute, à qui Jésus-Christ, ce doux Ami de la jeunesse, venait de se révéler, à qui il avait fait entendre sa voix, cette voix qui brise les cœurs et les remplit en même temps d'ineffables délices. Le pauvre jeune homme, ravi et comme enivré d'extase, ne pouvant résister, d'une part, au besoin d'épancher, dans un cœur ami, le bonheur dont le sien surabondait, sachant, d'autre part, qu'il est bon de ne pas révéler le secret du Roi, racontait à Jean, sous le couvert de l'anonymie, ce qu'il avait vu et entendu, ce qu'il avait senti et goûté dans le mystère d'une Communion fervente.

Nous voulons citer tout au long ces lignes débordantes de foi, d'enthousiasme et d'amour.

« Institution Saint-Louis de Gonzague, le... mars 1872.

« *Dilecto in Christo Anglade.*

« Il faut que je vous fasse part des consolations que Notre-
« Seigneur a daigné me faire éprouver, ce matin, lorsque je l'ai
« eu reçu dans la Sainte Communion, quelque indigne que j'en
« sois.

« O mon Jésus ! qu'ai-je donc fait pour mériter les faveurs dont
« vous me comblez ? qu'ai-je donc fait pour que vous daigniez me
« communiquer ces élans tout divins qui me transportent ? et que
« n'ai-je pas fait, au contraire, pour mériter votre colère et les
« châtiments rigoureux de votre justice ! mais n'êtes-vous pas un
« Dieu bon et miséricordieux ?

« Oui, mon très cher ami, j'offensais ce Dieu si bon ; et Lui,
« pour me punir, il me comblait de bienfaits ; je fuyais loin de
« lui, et il venait après moi me disant : « Mon fils, donne-moi
« ton cœur ; tu m'as offensé, c'est vrai ; tu m'as beaucoup con-
« tristé, mais donne-moi ton cœur... Une larme, un soupir, un
« acte de repentir, et je te pardonne. Reviens à moi, donne-moi
« ton amour !!...

« Mon cher Anglade, est-ce possible ? Jésus, que j'ai tant
« offensé, que j'ai tant de fois contristé, m'appelle ; il me presse
« de revenir à lui !!...

« O amour !... Il pouvait me faire tomber dans l'abîme, me
« précipiter dans l'enfer que mes péchés m'avaient mérité, et là,
« j'aurais dû bénir encore sa justice. Vous êtes juste, Seigneur, et
« vos jugements sont équitables, aurais-je dû m'écrier... Mais, ô
« bon Jésus, puisque vous m'avez ramené au bercail ; puisque
« votre amour m'a conservé jusqu'ici et m'a rendu à vous, ah !
« que désormais je sois à vous pour toujours ; que je vous aime
« comme vous m'avez aimé et que je pleure amèrement ces
« péchés qui vous ont tant offensé ; ils m'ont mérité l'enfer ; votre
« bonté, votre amour ont été offensés... ah !... que ce soit toujours
« là le sujet de ma douleur.

« Ce matin, après la sainte communion, mon cœur débordait,
« mes yeux se remplissaient de larmes ! Est-ce donc vrai, Jésus ?
« Celui qui remplit les cieux, que les Anges, tout purs qu'ils sont,
« ne regardent qu'en se voilant la face de leurs ailes, Jésus, la joie
« des Bienheureux est en moi !!.....

« Prodige d'amour ! Mon âme, muette d'étonnement, cherchait
« vainement à exprimer sa reconnaissance, elle pouvait à peine
« bégayer des mots entrecoupés ; tout mon être, saisi, se tenait
« profondément prosterné aux pieds de ce divin Maître ; l'émotion
« faisait couler des larmes d'amour sur mon visage..... mon cher
« Anglade, je me serais fondu en amour !!..... Ah ! me disais-je,
« que ne puis-je passer ma vie entière, pleurant amèrement mes
« péchés, aux pieds de ce Dieu d'amour !... Que ne puis-je les

« pleurer avec les larmes d'un sincère repentir, parce qu'ils ont
« offensé ce Dieu qui m'a tant aimé ! Que mon cœur ne se brise-
« t-il pas de douleur au souvenir de ces offenses ! Oh ! quel
« bonheur ce serait de mourir de douleur, aux pieds de Jésus, pour
« avoir offensé son amour infini !

« Du moins, cher Anglade, aimons ce divin Jésus, aimons-le
« de toute notre âme ! Pourrons-nous jamais l'aimer autant qu'il
« le mérite ? Faisons tout pour Lui et tenons-nous toujours atta-
« chés à Lui.

« Aimons aussi la Très Sainte Vierge. Elle est notre bonne
« Mère. Ayons confiance en elle, elle ne nous abandonnera pas ;
« nous sommes ses enfants, invoquons-la toujours pendant notre
« vie, elle nous conduira au ciel, où nous la bénirons pendant
« l'Eternité.

« Cher Anglade, ne cherchez pas à connaître qui a écrit cela,
« sachez seulement que c'est un de vos condisciples, envers qui
« Dieu a exercé ses grandes miséricordes et priez pour lui. »

Notre anonyme savait bien qu'en s'adressant à Jean, il serait compris. Il savait bien qu'en parlant de la bonté et de l'amour de Jésus, des joies et des délices de la Communion, des larmes du repentir, il parlait à quelqu'un qui avait de toutes ces choses une douce expérience. Ce discret ami, ce camarade inconnu, qui donnait à Jean, par cette confidence touchante, un témoignage si sensible de confiance et d'estime, lui révéla-t-il plus tard son nom ? Y eut-il, entre ces deux âmes qui se rencontraient, dans l'amour de Notre-Seigneur, sans se connaître, des rapports plus intimes, et moins mystérieux ? Dieu le sait, et d'ailleurs peu nous importe. Ce que nous voudrions faire remarquer ici c'est le saint enthousiasme de ce jeune homme ; c'est ce cantique de reconnaissance et d'amour, ce *Magnificat* entonné après une visite de Dieu, après une Communion fervente ; ce sont ces transports de joie qui traduisent au dehors le bonheur de son âme. Non, celui qui n'a pas, au moins une fois dans sa vie, et particulièrement au printemps de sa vie, connu les saintes ivresses de la vertu, les délicieuses émotions de la piété ; celui qui n'a pas trempé ses lèvres et bu largement au calice de l'amour de Jésus-Christ ; celui qui n'a pas entendu la voix du divin Maître, qui n'a pas pleuré au pied d'une croix, auprès d'un tabernacle, non, quoi que l'avenir lui réserve, il ne saura jamais ce qu'est le bonheur, il ignorera des joies d'ici-bas, non seulement les plus pures, les plus délicates, les plus élevées, mais encore, j'ose le dire, les plus vives et les plus sensibles.

Cependant le temps marchait, et l'année scolaire qui, au début, menaçait d'être interminable, touchait déjà à sa fin. Le travail abrège les heures. Jean avait promptement réparé les brèches qu'avait faites, à ses études classiques, son séjour forcé à la caserne, et ses progrès donnaient à ses maîtres les espérances les mieux fondées pour son succès. Et, en effet, quand arriva le jour fixé pour l'examen, le 21 août, il emporta sans difficulté, avec les félicitations spéciales de M. Germain, l'éminent doyen de la faculté des lettres de Montpellier, le diplôme tant convoité.

Ce succès, loin de l'enorgueillir, comme cela arrive aux âmes faibles, l'enfonça, pour ainsi dire, plus avant dans l'humilité. En annonçant la nouvelle à ses parents, il leur recommanda, de la façon la plus expresse, de n'en parler absolument à personne. Mais la légitime fierté du père et de la mère triompha de la modestie du fils. Le secret fut divulgué, et dans ce petit village de Fillols, dont Jean était sans doute le premier bachelier, depuis qu'il y a des bacheliers au monde, quand il y arriva, il y fut l'objet d'une véritable ovation.

On le regardait, avec une sorte de religieux respect, comme le grand homme de l'endroit. Déjà l'imagination populaire le voyait courant dans la carrière des honneurs, et montant au faîte... Pour lui qui appréciait les choses à leur juste valeur, il se sentait confus et humilié de l'admiration béate qu'il provoquait. Un jour, après une prédication, Saint Vincent Ferrier dut subir une ovation

enthousiaste de la foule : « Père Maître, lui dit tout bas un reli-
« gieux qui l'accompagnait, que fait maintenant la vanité ? » —
« Mon ami, répondit le saint, elle va et vient, mais, par la grâce
« de Dieu, elle ne s'arrête pas. » Jean aurait pu faire la même
réponse, si la vanité se fut permis de tourner autour de lui. En tout
cas il est bien certain qu'elle ne trouva aucun accès dans son âme :
« Et maintenant que vas-tu faire ? » lui demandait un de ces braves
paysans ébahis. — « Ce que je vais faire ? Mais tout simplement
« me présenter au Grand-Séminaire, répondit-il. Et plaise à Dieu
« que je sois trouvé digne d'y entrer ! »

Le Séminaire ! C'était toujours là le grand objectif de ses
pensées et de ses désirs, le but unique de toutes ses aspirations.
Deux fois déjà, il croyait l'avoir atteint, et deux fois il lui avait
échappé. Nouveau Tantale, il voyait l'arbre aux fruits d'or relever
ses branches quand il essayait de les saisir, et la source, où tant
il désirait s'abreuver, remonter ses flots dès qu'il en approchait
ses lèvres. Toutefois, maintenant, c'était fini, bien fini. Le bon
Dieu avait voulu, sans doute, mettre sa constance à l'épreuve,
mais l'épreuve avait assez duré. Rien ne pouvait plus désormais
s'opposer à son bonheur. Hélas ! « le bonheur », c'est Joseph
de Maistre qui a dit ce joli mot dans ses Lettres, « est comme
l'*Oiseau vert* qui se laisse approcher, et puis qui fait un petit saut,
et qu'on ne tient jamais. »

Monsieur le Supérieur de Saint-Louis-de-Gonzague, pendant
l'année que l'abbé Anglade avait passée à l'Institution, avait conçu
pour son caractère et pour sa vertu une singulière estime. Il le
connaissait, non seulement comme un Supérieur connaît un élève
simple et sans voiles, mais encore il avait de son âme cette
connaissance intime et profonde que donne la confession. Il était
son directeur, et c'est entre ses mains que Jean avait remis sa
conscience. Tout récemment encore M. le Chanoine Gaudissard
rendait de son ancien pénitent ce témoignage dont on ne retrouve
l'équivalent que dans les vies des Berchmans, des Louis de Gon-

zague, des Stanislas Kostka : « Pendant les deux ans que j'ai dirigé l'abbé Anglade, je ne crois pas avoir surpris, dans sa conscience, même un péché véniel délibéré. » On conçoit facilement que le Supérieur de Saint-Louis regrettât de le voir quitter le Collège où sa présence était une bénédiction, et il obtint de Mgr l'Evêque qu'il y fût nommé professeur à la rentrée d'octobre.

La lettre qui lui apportait cette nouvelle fut un coup de foudre pour lui. Elle l'attrista profondément. « Vous vous étonnez, sans
« doute et avec raison, écrivait-il, au commencement de l'année
« scolaire, à M. l'abbé T..., que cette lettre soit encore datée de
« Saint-Louis. J'espérais, pendant les vacances, qu'à la rentrée
« des classes, je serais enfin élève du Grand-Séminaire, et me
« voilà professeur de huitième, chargé de vingt-trois enfants. On
« vit mon mécontentement, mes regrets. Je voulais parler à
« Monseigneur... Mais l'on me dit que toutes mes instances
« seraient inutiles, et au nom de la sainte obéissance, je m'exé-
« cutai. Toutefois l'on a diminué mon chagrin en me promettant
« de m'envoyer au Grand-Séminaire la prochaine année. Celui
« qui doit me remplacer est désigné déjà... »

Avec la conscience que nous lui connaissons et l'idée élevée qu'il se faisait du devoir, il est facile de comprendre avec quel zèle, quel dévouement, quel esprit surnaturel il s'acquitta de ses fonctions modestes autant que délicates. Il ne s'appartint plus lui-même ; il se consacra, il se donna tout entier et de tout cœur à ses élèves. « La classe me fatigue beaucoup, disait-il dans une
« autre lettre, et me prend tous mes instants. Mais mes enfants
« sont charmants, et je les aime ; je crois qu'ils me paient de
« retour... Quant à mes études particulières, vous pensez bien que
« je dois les négliger. J'avais songé à préparer le baccalauréat ès
« sciences, j'ai dû y renoncer. Même mes études théologiques
« sont en souffrance. Toutefois je me suis fait un devoir, auquel
« je n'ai pas encore manqué, de lire attentivement, tous les jours,
« six pages de Bouvier. Souvent je trouve cet auteur un peu
« diffus... »

Ces occupations multiples l'empêchaient de donner à ses bienfaiteurs et amis tout le temps qu'il aurait voulu. On s'en plaignit à Simandre, et Mme Servan de Sugny se fit l'interprète de toute la famille Bouillier pour reprocher maternellement à Jean son apparente indifférence :

« Pourquoi, mon cher enfant, lui écrivait-elle au mois de
« janvier de cette année, êtes-vous resté aussi longtemps sans
« m'écrire ? Je ne vous cacherai pas que j'en étais peinée ; non
« que j'attribuasse votre silence à un oubli de votre cœur, certai-
« nement une pareille pensée était bien loin de moi ; mais je me
« demandais avec tristesse, si vous pouviez douter de l'intérêt
« que nous prenons à vos études, à vos travaux, à vos succès ?
« Nous avions appris, cet automne, que vous aviez obtenu votre
« diplôme de bachelier, et nous nous en étions tous réjouis. Vous
« voilà donc sans doute au Séminaire, attendant les Ordres
« sacrés que vous désirez avec tant d'ardeur. Je n'ai pas besoin,
« mon cher Anglade, de vous dire combien nous nous associons
« à tous vos désirs, et l'intérêt que nous prenons à tout ce qui
« vous concerne. Ne craignez donc pas de nous écrire un peu
« plus souvent, et soyez assuré que vos lettres recevront toujours
« un accueil bien cordial et affectueux. N'imitez pas votre ami
« Armand, qui, ayant toujours le projet de vous écrire et vous
« aimant de tout son cœur, cède à une paresse dont nous l'avons
« blâmé plus d'une fois, car on ne doit pas ainsi négliger ses
« amis !.........

« Lorsque vous m'écrirez, mon cher Anglade, donnez-moi des
« nouvelles de vos bons parents ; je ne saurais oublier avec quel bon
« cœur ils nous ont offert un abri chez eux, si quelque malheureux
« événement nous obligeait à fuir notre pays menacé alors par les
« Prussiens....... Vous trouverez ci-joint un petit mandat... que
« Mme Bouillier et moi nous faisons un plaisir de vous envoyer.

« Adieu, mon cher enfant, croyez que vous avez en nous des
« amis bien sincères, et recevez l'assurance de l'attachement tout
« maternel que j'ai pour vous... »

— 112 —

Nous n'avons pas besoin de connaître par quelles protestations de respect et d'affection, Jean répondit à ces reproches si tendres, pour être convaincus qu'il n'oubliait pas ses Bienfaiteurs. Si parfois il contenait l'élan de sa reconnaissance, c'était par crainte d'être importun, ou bien parce qu'il se croyait obligé de faire passer avant les affaires du cœur ses devoirs professionnels qui l'absorbaient tout entier. Mais cette fleur si belle que nous avons vu naître et s'épanouir dans son âme, n'avait rien perdu, avec le temps, de son coloris et de sa fraîcheur. Dans une lettre adressée à M. l'abbé T..., qui était alors à Paris (mars 1873), il lui disait en P. S. « Je vous envie votre séjour dans la capitale parce que vous « êtes près de Madame Bouillier. »

Un jour les disciples d'Aristote lui disaient : « Maître, qu'est-ce qui vieillit vite ? » — « La reconnaissance », leur répondit-il ; et le Stagyrite qui, on le sait, était sceptique à l'endroit des affections, ajoutait : « O mes amis, il n'y a pas d'amis ! » Jean proteste contre cette doctrine égoïste qui révolte sa loyauté : « Aristote a « dit quelque part : souvent le bienfaiteur aime plus que l'obligé. « Si j'avais entendu ce philosophe, je lui aurais répondu : Maître, « *souvent*, je l'accorde, *toujours*, je le nierais. » Combien il aurait préféré la réponse de saint François de Sales ! « Votre cœur n'aimera-t-il pas le mien toujours et en toute saison ? » lui demandait un ami. Et le bon, l'aimable Saint : « Bien aimer, dit-il, et cesser de bien aimer sont deux choses incompatibles. »

Cependant une grande joie lui était réservée. Ses supérieurs l'autorisèrent à aller passer quelques jours au Grand-Séminaire à l'occasion de la Retraite de l'Avent. Avec quelle reconnaissance il reçut cette faveur ! Comme il remercia Notre-Seigneur de ce grand bienfait qu'il lui accordait ! Il fit une revue complète et totale de sa conscience, et ne voulut pas, au moment où il allait franchir le seuil de la carrière sacerdotale, qu'il y eut, dans son âme, la moindre trace de ses fautes passées ; il ne voulut rien laisser qui pût déplaire au regard du Maître à qui il se donnait, rien qui pût faire obstacle à l'effusion de ses grâces. Avec quelle ardeur de piété il se livra à ces exercices spirituels dont son âme était si avide ! On ne lira pas sans émotion les pages suivantes où il a versé tout son cœur, et que nous craindrions d'affaiblir par le moindre commentaire :

RETRAITE DE L'AVENT
1873
A. M. D. G.

RECONNAISSANCE A DIEU

— « Mon bon Maître, mon aimable Père, quelles actions de grâces
« ne dois-je pas vous rendre pour le bienfait immense que vous
« venez d'ajouter à tous ceux que vous m'avez accordés jusqu'ici.
« Vous m'avez permis, ô tendre Père, de vous dire toutes mes
« misères, tous mes crimes, de vous exposer dans ses affreux
« détails toute cette vie que j'ai passée loin de vous. Vous avez
« entendu ma voix, ô mon bon Maître, vous m'avez regardé avec
« bienveillance et amour et vous m'avez pardonné. Vous m'avez
« dit, en me donnant le baiser de paix : Mon fils, oubliez le passé,
« ou plutôt ne vous en souvenez que pour chanter continuellement
« ma bonté. Tout vous est pardonné ; vous m'avez outragé toute
« votre vie, eh bien ! je vous remets tout. Désormais, pleurez vos
« crimes, mais pleurez-les amoureusement à mes pieds. Ne vous
« en troublez pas ; je veux que votre pénitence soit toute calme,
« toute sainte. Voilà ce que vous m'avez dit, ô mon Dieu. Que
« vous êtes bon, ô tendre Père ! Me pardonner tant de péchés !
« Non-seulement me pardonner, mais encore se donner à moi
« quatre et même cinq fois la semaine, et non-seulement se
« donner à moi, mais de plus m'appeler à son sacerdoce, me
« destiner à l'offrir, Lui, victime sainte, pour l'expiation de mes
« péchés et des péchés du peuple ! Oh ! bonté incompréhensible
« de mon Dieu !

« Tendre Père, vous ne voulez pas seulement que vos enfants

« exaltent votre bonté, vous désirez aussi et avant tout qu'ils ne
« vous offensent pas et qu'ils prennent de fermes résolutions. Eh
« bien ! ô Dieu très aimable, laissez-moi d'abord vous supplier de
« m'envoyer mille fois la mort, si jamais je devais vous offenser
« mortellement. Oui, mon Dieu, plutôt mourir que de vous chasser
« ainsi de mon cœur. Ensuite, ô tendre Père, soutenu, oh ! je le
« répète, soutenu de votre grâce toute-puissante, sans laquelle je
« ne puis rien, avec laquelle je puis tout, aidé de cette grâce que
« vous daignerez toujours m'accorder, ô mon Dieu, je vous pro
« mets de faire désormais tous mes efforts pour éviter la moindre
« faute, pour éviter de vous faire la moindre peine, et de contris-
« ter tant soit peu le Saint-Esprit qui habite en moi. Vierge
« Marie, qui toujours avez plu à Dieu, mon bon ange gardien,
« mes saints patrons, mes saints protecteurs, anges, saints et
« saintes du paradis, intercédez tous pour moi et demandez pour
« moi la grâce d'être fidèle toute ma vie à ma résolution. Ainsi
« soit-il,

« Mon aimable Père, jusqu'ici je n'ai fait que vous outrager et
« jamais je n'ai songé à expier mes crimes par la pénitence. Au
« lieu de me mortifier tous les jours, j'ai cherché constamment
« le bien-être, j'ai fui la souffrance, et quand je n'ai pu l'éviter,
« je l'ai subie à regret et comme malgré moi. Désormais, ô mon
« Dieu, aidé sans cesse de votre grâce, je vous promets de me
« mortifier tous les jours. Oh ! bon Maître, sans doute, ces péni-
« tences ne sont rien en présence de tant de crimes. Tous les
« hommes ensemble, ô mon Dieu, ne pourraient pas satisfaire
« pour un seul péché véniel, puisque le moindre péché a une
« malice infinie ; que puis-je donc faire, moi ? Qu'est-ce qu'un
« petit nombre de mortifications de ma part ? Rien, ô mon Dieu,
« rien absolument. Cependant, ô adorable Père, je veux toute ma
« vie faire pénitence, afin que vous daigniez avoir pitié de moi et
« me pardonner tous mes crimes en vertu des mérites infinis de
« Jésus-Christ. Et quelles sont, ô tendre Père, les mortifications

« que vous voulez que je m'impose maintenant ? Ah ! dans votre
« bonté, que vous me demandez peu de chose ! Vous voulez que
« j'observe très fidèlement la règle ; vous voulez que je m'appli-
« que sans contention d'esprit, sans trouble, à bien faire chacune
« de mes actions pour votre plus grande gloire ; vous voulez que
« j'exerce la mortification intérieure, dans mon esprit, en sacri-
« fiant une foule de connaissances que je puis me passer d'avoir ;
« dans mon cœur, en immolant toutes mes liaisons, toutes mes atta-
« ches, toutes mes affections même les plus légitimes ; dans mes
« sens, en les tenant dans la plus grande réserve et en leur inter-
« disant l'inutile et le superflu.

« Quant à mon misérable corps, ô mon Dieu, quant à ce corps de
« boue que j'ai tant soigné et qui mériterait, à ce moment même
« de se corrompre et d'être mangé des vers, que voulez-vous que
« je fasse ? Je devrais lui interdire toute nourriture, puisque
« jusqu'ici je l'ai tant flatté ; je devrais le flageller tous les jours,
« puisque je l'ai tant caressé et ménagé jusqu'ici. Eh bien ! ô mon
« Dieu, vous me défendez maintenant tout cela ; vous voulez que
« je prenne la nourriture qui m'est nécessaire et que le règlement
« me présente ; vous me défendez de flageller mon corps ; vous
« me permettez de le soigner encore s'il est malade, de le garantir
« du froid... Oh ! mon Dieu, que vous êtes bon ! Quand compren-
« drai-je tant de bonté ? Jamais, jamais ici-bas. Puisque donc,
« ô mon Dieu, vous me défendez de maltraiter mon corps comme
« il le mérite, du moins, toujours aidé de votre grâce sans laquelle
« je ne puis rien, je vous promets de ne donner à mon corps que
« le nécessaire et d'éviter autant que possible le superflu soit dans
« la nourriture, soit dans les habits. Je vous promets, ô bon Père,
« de supporter avec patience, d'aimer même, avec votre grâce,
« les croix qu'il vous plaira de m'envoyer ; je vous promets encore
« de ne pas rechercher la dévotion sensible, mais vous seul, vous
« uniquement, vous, ô mon Dieu, mon amour, mon trésor, mon
« tout !

« Mais votre grâce doit faire tout cela ; avec elle, je puis tout ;
« sans elle, je tomberais, à ce moment même où je vous promets
« fidélité ; oui, sans elle je tomberais plus bas encore que je ne
« suis déjà tombé. Oh ! grâce de mon Dieu, vous m'êtes tout !
« Grâce de mon Dieu, si vous me manquez un moment, c'en est
« fait de moi. Mon Dieu, je suis plus faible que tous les autres
« hommes, daignez donc vous montrer plus bienveillant à mon
« égard. O mon Dieu, lorsque vous voudrez m'éprouver, me faire
« comprendre ma faiblesse, lorsque vous semblerez retirer votre
« main qui me soutient toujours, ô mon Dieu, soyez là de suite,
« soyez là, bon Père, ayez pitié de ma misère ! Revenez vite à
« moi, sans quoi, ô amour ! je vous trahirais, je vous renierais
« comme je l'ai fait dans ma vie passée. Mais j'ai confiance en
« vous, ô mon Dieu, vous avez tant et tant fait pour moi que vous
« ne vous lasserez pas de me protéger encore ; j'ai confiance,
« ô mon Dieu, je me donne à vous tout entier, sans réserve. Je ne
« suis plus à moi, mais à vous. Faites-moi mourir quand vous
« voudrez, mettez-moi là où vous voudrez, je suis à vous, à vous,
« ô mon Dieu !

« Bonne Mère, vous êtes ma mère, vous êtes bonne, vous êtes
« toute puissante, donc vous devez me protéger. Je suis votre
« enfant prodigue, sans doute, ingrat, dénaturé, mais enfin je suis
« votre enfant. Ah ! tendre Mère, ai-je besoin de ces raisonne-
« ments pour vous porter à me secourir ? Vous m'avez toujours
« secouru, alors même que je n'implorais pas votre secours.
« Bonne Mère, protégez-moi toujours, Je vous aime, ô tendre
« Mère, je veux m'attacher pour toujours à votre service. Oh !
« tendre Marie, puissé-je au Ciel, puissé-je vous servir d'escabeau !
« Oh ! Mère, amour à vous !

« *Je ne suis que boue et que corruption.*

« Je dois bien me mettre dans l'esprit que je suis corruption,
« boue, ordure, tout ce qu'il y a de plus infect. Je suis tout cela. Il

« faut que je me tienne en présence de cette misère qui est en
« moi, afin que je ne sois pas assez insensé, assez aveugle pour
« me croire quelque chose et pour me préférer aux autres.

« Je suis le dernier, et de beaucoup, de mes condisciples, je suis
« le dernier des hommes, le dernier des pécheurs. Un seul péché
« est une chose affreuse, épouvantable, un suprême outrage à la
« Majesté de Dieu, et moi j'ai commis des crimes sans nombre
« toute ma vie, tous les jours de ma vie. Et, aberration profonde
« de mon esprit, en présence de cet affreux état de mon âme, de
« cette immense misère, de ce fond incommensurable de pourri-
« ture, j'ose encore me croire quelque chose ; j'ose encore me
« préférer à mes condisciples ; j'ose encore me croire digne
« d'estime, d'éloges, d'égards. O mon Dieu, je ne mérite que le
« mépris, l'humiliation, l'insulte.

« Quel coupable je suis ! Dieu est mon Créateur, je me suis
« moqué de Lui ; au sortir de ses divines mains, j'ai pris de la
« boue, de l'ordure et à chaque instant de ma vie, je l'ai jetée sur
« sa face adorable devant laquelle les Chérubins, les Séraphins se
« couvrent de leurs ailes et se prosternent en tremblant.

« Dieu, après m'avoir créé, m'a conservé, et je me suis servi
« de ses bienfaits pour l'outrager. Il m'avait donné une intelli-
« gence, pour le connaître, je l'ai employée contre Lui ; un cœur
« pour l'aimer, j'ai aimé la créature et j'ai détesté Dieu. Il m'avait
« donné une voix, je l'ai employée au service du monde ; il
« m'avait donné un corps robuste pour travailler à sa gloire, j'ai
« usé mon corps au service des ennemis de mon Dieu. Voilà
« donc, ô bon Père, voilà ce que je vous ai réservé : des débris,
« des restes repoussants, ce qu'on n'a pas voulu. Et encore ces
« misérables restes je vous les donne à demi, comme à regret.
« Oh ! mon Dieu, vous pourriez les rejeter dédaigneusement...
« Misérable que je suis !

« J'étais créé pour faire le bien, c'est-à-dire pour servir et pour
« glorifier mon Créateur, et je n'ai pas fait le bien. Mais si je
« m'en étais tenu là !... Si je m'étais contenté de ne pas glorifier

« Dieu !... Ç'aurait déjà, sans doute, été affreux, mais j'ai fait plus :
« j'ai fait le mal, j'ai servi le démon.

« Dieu m'a toujours comblé de ses grâces ; il m'a traité comme
« il aurait traité le plus fidèle de ses enfants, et j'ai résisté à toutes
« ses grâces, et je m'en suis fait autant d'armes contre lui.

« Toute ma vie, non seulement j'ai outragé Dieu, mon Créateur,
« mon Bienfaiteur, mon Père, mon Maître, mon Ami, mais j'ai
« cherché chaque jour à le détruire en résistant à sa volonté. J'ai
« détruit son règne non seulement en moi, mais aussi dans les
« autres.

« Dieu s'est donné très souvent à moi comme nourriture. Après
« l'avoir reçu dans ma maison, je l'ai insulté, je lui ai préféré son
« ennemi que j'ai aussitôt introduit chez moi. J'ai renversé Dieu
« du trône de mon âme et j'y ai fait monter la créature et le
« démon.

« C'est moi surtout qui ai rejeté Jésus de Bethléem ; c'est moi
« qui l'ai persécuté ; c'est moi qui l'ai outragé ; c'est moi qui ai
« dit qu'il agissait au nom de Belzébuth ; c'est moi qui l'ai injus-
« tement accusé ; c'est moi qui l'ai traîné à travers les rues de
« Jérusalem ; c'est moi qui l'ai traité d'insensé, de blasphémateur ;
« c'est moi qui l'ai flagellé ; c'est moi qui l'ai souffleté ; c'est moi
« qui l'ai attaché à la colonne et qui l'ai bafoué ; c'est moi qui l'ai
« condamné à mort, Lui qui me donne la vie ; c'est moi qui lui ai
« préféré Barabbas, un homicide, un scélérat ; c'est moi qui l'ai
« chargé d'une lourde Croix ; c'est moi qui, pendant son ascension
« au Calvaire, l'ai trois fois jeté à terre et foulé aux pieds ; c'est
« moi qui ai couvert sa face adorable de crachats, de poussière
« et de sang ; c'est moi qui l'ai cloué à la Croix ; c'est moi qui
« l'ai couronné d'épines et qui ai enfoncé ces épines en le frappant
« sur la tête ; c'est moi qui ai tiraillé et disloqué ses membres
« sacrés ; c'est moi qui l'ai mis à nu... Oh ! péché, maudit péché !
« Oui, c'est moi qui ai mis à nu l'Innocent, la Pureté même. Celui
« qui trouve des taches même dans les esprits célestes, Jésus enfin,
« Jésus la pureté des Vierges, c'est moi qui l'ai exposé nu à la risée

« publique, aux railleries d'une foule effrontée, d'une soldatesque
« impudente ; c'est moi qui ai traité Jésus… je n'ose le dire, oui, c'est
« moi qui ai traité Jésus de scélérat ; c'est moi qui lui ai présnté
« pour toute boisson du fiel et du vinaigre ; c'est moi qui ai branlé
« dédaigneusement la tête devant Lui, après l'avoir élevé en
« Croix ; c'est moi qui ai percé son Cœur ; c'est moi qui l'ai mis à
« mort. Tuer un Dieu ! Oh ! maudit péché ! que tu es une chose
« affreuse ! Que ta puissance en mal est terrible ! Tu as tué un
« Dieu ! Voilà ce que j'ai fait en péchant. Pardon, mon bon Père,
« pardon, mes crimes sont immenses, ma misère est profonde,
« mais votre miséricorde surpasse tout ; votre rédemption est
« abondante, j'ai confiance en vous, ô mon Dieu ; je veux beau-
« coup vous aimer, comme Madeleine, afin que vous me pardon-
« niez beaucoup : *caritas operit multitudinem peccatorum.*

« Maintenant je veux dire la bonté de mon Dieu à mon égard.
« Oh ! bonté infinie ! Qui pourra jamais vous comprendre ! Eh
« bien ! mon Dieu m'a créé à son image, alors même qu'il
« prévoyait que je la défigurerais ; Dieu m'a prédestiné de toute
« éternité pour être à Lui ; Dieu m'a fait naître dans un pays
« catholique et non dans une terre idolâtre ; dans ce pays catho-
« lique, Dieu m'a fait naître d'une famille chrétienne ; Dieu m'a
« racheté au prix de son sang ; Dieu a voulu que dès ma plus
« tendre enfance j'assistasse le Prêtre à l'autel, et pourtant il
« prévoyait que je me rendrais indigne d'une fonction angélique ;
« Dieu s'est donné à moi quand je n'avais que dix ans, quelle
« prévenance ! Dieu m'a retiré du monde et m'a mis dans une
« Maison de prière ; il a Lui-même pris soin de ma subsistance et
« de toutes mes dépenses, et pourtant il prévoyait que j'en
« abuserais ; Dieu m'a comblé de ses dons et cependant il voyait
« que je me servirais de ces dons contre Lui. Pendant tout le
« temps qu'ont duré mes études dans la Maison bénie où Dieu
« m'avait mis, il a voulu encore, quoique indigne doublement,
« indigne parce que l'homme n'est rien par nature, indigne parce

« que j'avais abusé des grâces de ma première adolescence, Dieu,
« dis-je, malgré ma double indignité a voulu encore que je rem-
« plisse à l'autel le ministère des Anges. C'est Dieu, oui, Dieu,
« qui m'a conservé la vie pendant et après mon crime ; il en a
« frappé tant d'autres au milieu de leurs iniquités et les a jetés
« pour toujours en enfer. A mon égard, ce bon Père a agi
« autrement. Pourquoi ? Parce qu'il l'a voulu ainsi !... O bonté
« infinie ! Oui, mon Dieu, je chanterai éternellement vos miséri-
« cordes. Dieu me continue ses grâces et ses faveurs ; il sait tou-
« jours, sans que je m'en préoccupe, pourvoir à tous mes besoins ;
« toujours Il me conduit comme par la main, ce bon Père.

« Oh ! que Dieu se montra bon pour moi pendant cette année
« fatale, pendant cette année de désordres, laquelle je voudrais
« effacer pour jamais de mon souvenir. Il me laissa la vie, ce bon
« Maître, et aussi le temps de me reconnaître et de lui demander
« pardon ! Bonté incompréhensible ! Je vivais constamment sur
« le bord du gouffre ! Un rien pouvait m'y faire tomber, et voilà
« que Dieu m'a conservé et m'a retiré du bord du précipice ! Je
« l'outrage encore, il ne m'abandonne pas ; il continue de pour-
« voir à mes besoins ; il va jusqu'à m'accorder tout ce que je lui
« demande. Enfin il m'attire plus intimement à Lui et me choisit
« une place dans ce lieu où il se plaît à habiter. Il me donne une
« santé que je ne mérite pas. Oh ! bonté, prodige de bonté ! Ici
« ce bon Maître a des enfants qui lui ont été fidèles, qui l'ont
« toujours aimé, ou qui ne l'ont que légèrement contristé..... O
« bonté, que je ne comprendrai jamais ici-bas ! Ce bon Père
« semble oublier son enfant aîné, son fils qui n'a jamais quitté la
« maison paternelle ; il semble l'oublier pour ne s'occuper que du
« prodigue misérable. A ce prodigue il prépare un Festin magni-
« fique quatre fois la semaine et souvent cinq ; et, dans ce Festin,
« Dieu se donne Lui-même à son enfant comme nourriture. Oui,
« c'est Dieu que je reçois à la Table-Sainte, c'est de sa chair
« sacrée que je me nourris ! Eh quoi ! Moi qui ne suis pas même
« digne de prendre une nourriture terrestre, moi, je suis, quatre

« fois la semaine, invité aux Noces de l'Agneau ! Ah ! je suis plus
« heureux encore que Madeleine. Elle arrosait de ses larmes les
« pieds de Jésus, elle répandait des parfums sur la tête de son divin
« Maître, mais moi je reçois Jésus, je me nourris de Lui, je m'unis
« à Lui. Je touche les vases sacrés qui le renferment ! Moi avoir
« été précisément désigné pour avoir soin de l'autel et des vases
« sacrés ? Moi, ô mon Dieu ! Ces mains qui se sont tant souillées,
« ces mains, ô bon Maître, ont été choisies pour toutes les choses
« saintes, ces mains impures ! Mais, ô aimable Jésus, toutes les
« mains, ici, sont plus pures, plus dignes que les miennes. Pour-
« quoi ne les choisissez-vous pas de préférence ? Considérez, ô
« tendre Père, ce que je suis, un misérable, un criminel. Ah !
« bonté de Jésus ! bonté infinie et incompréhensible ! Il a pitié
« des pécheurs, ce bon Maître ! il s'affectionne aux âmes
« malheureuses ! il court après la brebis égarée ; il se fatigue
« à sa recherche et pourtant il ne se lasse pas. Oh ! bonté de mon
« Jésus !

« Mais je n'ai pas tout dit : ce bon Maître m'a fait l'insigne
« faveur, la faveur dont je ne pourrai jamais assez le remercier,
« de déclarer les péchés de toute ma vie. Une confession géné-
« rale ! Quelle bonté ! Me permettre de faire une confession géné-
« rale, de revoir tous les replis de ma conscience ! Ne pas m'avoir
« fait mourir avant cette confession !... Non, jamais personne ne
« comprendra la bonté de mon Dieu. Et que d'autres grâces Dieu
« ne m'a-t-il pas accordées et ne m'accorde-t-il pas encore ! Bon
« Maître, je suis accablé de vos bienfaits ! Pour vous remercier,
« je me réfugie dans votre propre Cœur, et je vous offre ce divin
« Cœur, par l'intermédiaire de la très pure Vierge Marie, de mon
« Ange gardien, de Saint Joseph, de mes saints patrons et pro-
« tecteurs... »

Quel flot de pensées et de sentiments ! Comme l'on sent que de
l'abondance du cœur la bouche parle ! On pourra trouver longues
ces citations, mais elles reflètent si bien les dispositions intimes

de l'abbé Anglade, que nous nous reprocherions de les abréger. Les sentiments qu'il y exprime, il les eut réellement ; les résolutions qu'il y formule, il y fut rigoureusement fidèle. De qui peut-on affirmer chose semblable ? Bien des cahiers de retraite peuvent offrir des pensées plus hautes, des sentiments aussi nobles et aussi saints, non moins sincères même, au moment où ils furent écrits, mais qui restèrent lettre morte et ne se traduisirent qu'imparfaitement dans la conduite.

La retraite finie, il fallut quitter ce Grand Séminaire dont son âme aimait tant à respirer la pure et vivifiante atmosphère ; il fallut reprendre le chemin de Saint-Louis ; il lui fallut encore s'occuper des autres, lui qui était si avide de travailler à sa propre perfection. Mais le souvenir des joies surnaturelles qu'il venait de goûter ne s'effaça pas de sa mémoire, et son désir devint plus vif de rejoindre et d'habiter enfin un lieu où Dieu se communiquait si pleinement.

Cet amour du Grand Séminaire est comme la marque infaillible d'une véritable vocation ecclésiastique. Le Grand Séminaire en effet est la Patrie des âmes sacerdotales ; c'est là qu'elles naissent, vraiment, et qu'elles grandissent ; comment ne l'aimeraient-elles pas ? On l'aime avant d'y entrer, attiré par je ne sais quel mystérieux aimant. Et lorsqu'on l'a quitté pour les saintes luttes du ministère paroissial, ce n'est jamais sans émotion qu'on le revoit et qu'on y revient. Ainsi le voyageur, qui a parcouru des terres lointaines, sent battre son cœur, au moment où il franchit la frontière de son pays, et où il voit, se profilant dans l'horizon vague, la flèche de son église.

Cette sorte de nostalgie, jointe aux fatigues du professorat, provoqua chez l'abbé Anglade un sensible dépérissement. Dès le mois d'avril même, sa santé fut assez ébranlée pour que ses supérieurs jugeassent dangereux de le maintenir plus longtemps dans ses fonctions, et ils lui ouvrirent enfin les portes du Séminaire.

CHAPITRE III.

Le Grand Séminaire.
L'Abbé Anglade séminariste.
Ce qui manquait à sa piété. — Son directeur.
Coup d'œil sur le Grand Séminaire.
Il est appelé à la tonsure. — Retraite d'ordination.

Cicéron raconte que Phidias, lorsqu'il voulait tailler dans l'ivoire ou le marbre une statue de Jupiter ou de Minerve, ne se contentait pas d'en graver les traits d'après une forme vivante qu'il aurait eue sous les yeux ; il se créait, dans son esprit, un idéal de beauté parfaite qu'il contemplait sans cesse et qui inspirait en même temps son génie et sa main. N'est-ce pas là l'exemple de quiconque aspire à la perfection, de quiconque prétend faire, de ce bloc informe que nous sommes, le saint que nous devons être ?

Ce devoir qui incombe à tout homme de se faire un idéal moral et de travailler à le réaliser, s'impose plus rigoureusement encore à celui qui prétend à l'honneur du sacerdoce. Et pour celui-là l'idéal est tout trouvé, il est tout indiqué d'un mot : *Inspice, et fac secundum exemplar quod tibi in monte monstratum est*. Regardez, et faites d'après l'exemplaire qui vous a été montré sur la montagne. Dès la première heure de son entrée au Séminaire, l'abbé Anglade comprit cette noble obligation qu'a le disciple de ressembler au

Maître : il se jura de ne rien négliger pour se rapprocher le plus possible de son divin modèle.

Au dehors, nous l'avons dit, rien ne transpirait de sa haute vertu. Il prenait tant de soin de se cacher qu'il fallait avoir entretenu avec lui un long et intime commerce pour soupçonner les trésors que recélait son âme. On aurait pu le comparer à ces toiles de Hollande dont le tissu fin, uni, régulier, ne présente à l'œil ni dessins saillants, ni grands ramages. De plus, il apportait au Séminaire une vertu qui s'était faite, pour ainsi dire, toute seule, qu'aucune main expérimentée n'avait façonnée, polie, et qui, par là même, manquait de ce lustre et de cette grâce qui sont comme le couronnement indispensable de toute œuvre morale, comme de toute œuvre artistique. La statue était bien venue, on admirait en elle la régularité des traits, la pureté des lignes, mais l'on y pouvait encore regretter quelques aspérités. Elle attendait le ciseau délicat, l'ongle attentif d'un Maître ouvrier.

Ce maître éminent, l'abbé Anglade l'eut bientôt trouvé. Son cœur, à défaut d'autre chose, le lui aurait révélé. Ce fut M. l'abbé Roca, vicaire-général, alors professeur de théologie dogmatique. M. Roca le connaissait déjà depuis longtemps ; il lui avait été recommandé dès le Petit-Séminaire, et lui avait rendu quelques services. L'abbé Anglade n'oubliait pas ces choses-là. Durant la guerre de 1870-71, étant en garnison à Perpignan, il était venu quelquefois apporter à son bienfaiteur le témoignage de sa reconnaissance et de son respect. Aussi bien, ce fut avec un entier abandon, avec une docilité absolue, sans réserves, que, dès la première heure, il se livra à ce sage et éclairé directeur. « C'était « vous, Seigneur, qui me meniez invisiblement vers lui, afin que, « m'ouvrant les yeux, il me menât ensuite vers vous. Je commen- « çai aussitôt à l'aimer. J'étais suspendu tout entier aux paroles « qui sortaient de ses lèvres... » C'est en ces termes que saint Augustin parle de saint Ambroise ; et combien justement l'abbé Anglade aurait pu se les approprier ! Lui aussi conçut aussitôt pour son directeur un amour aussi tendre que profond et respectueux ; lui aussi, il était suspendu tout entier aux paroles qui sortaient de sa bouche ; il avait abdiqué sa volonté entre ses mains ; il l'avait pris pour Maître et pour guide ; il lui avait dit comme Dante à Virgile :

« Tu se' lo mio maestro e il mio autore. »

Avec sa bonne et loyale nature, avec le fonds de vertu qu'il avait amassé par ses efforts personnels, l'abbé Anglade apportait, au Séminaire, la volonté bien arrêtée de devenir un vrai Saint ; et il se mit, dès le premier moment, si généreusement à l'observation de la règle et aux pratiques de piété, que bientôt, grâce à la puissante direction qui lui fut donnée, il atteignit les plus fervents parmi ses condisciples, et que ses maîtres purent, chaque jour, pour ainsi dire, constater des yeux, et toucher du doigt, ses progrès dans la perfection.

Le Séminaire est, par excellence, le séjour de la piété. Si la piété disparaissait du reste de la terre, c'est au Séminaire qu'on la retrouverait. Il en est le foyer, il en est la source. C'est là qu'elle germe, qu'elle grandit, qu'elle s'épanouit pleinement. C'est de là qu'elle rayonne et se répand, portant partout, comme la lumière du soleil, la chaleur et la vie. Certes, c'est toujours et en tout temps, que la piété y fleurit et prospère ; mais nous pouvons dire, sans prétendre établir aucune comparaison, qu'à l'époque où se place notre récit, elle y brillait d'un splendide éclat, elle avait atteint un degré tout à fait éminent. Depuis les plus anciens jusqu'aux plus jeunes, depuis les diacres jusqu'aux philosophes, c'était une véritable émulation de ferveur, une rivalité, fraternellement jalouse, de fidélité à la règle, d'amour de Jésus-Christ, de sacrifices, d'œuvres de zèle, de mortifications spirituelles et corporelles. Tous se sentaient entraînés dans un irrésistible élan, dans un commun enthousiasme.

Le Grand Séminaire avait, à cette époque, comme Supérieur et Directeurs: M. le chanoine Parès, qui gouvernait avec cette fermeté mêlée de douceur, dont il est parlé dans le livre de la Sagesse ; M. l'abbé Calvet professait la théologie morale et émaillait ses leçons de mots spirituels qui faisaient le bonheur des séminaristes ; M. l'abbé Roca captivait les esprits par la hauteur de ses conceptions, par les vives clartés dont il illuminait les vérités les plus abstruses du dogme ; M. l'abbé Trullès, de douce et sainte mémoire, accompagnait son enseignement de l'Histoire ecclésiastique et de l'Écriture sainte d'éloquents commentaires, que son excessive timidité l'empêchait de faire valoir autant qu'ils le méritaient; enfin M. l'abbé Tisseyre enseignait la philosophie scolastique de Sansévérino, et se promenait, comme chez lui, dans le dédale de ces arides et obscurs raisonnements.

Arrivé au mois d'avril, après les fêtes de Pâques, l'abbé Anglade n'eut que le temps de se reconnaître et de prendre position dans ce nouveau milieu qui répondait si bien aux généreuses aspirations de son âme. Nous dirons dans le chapitre suivant comment il remplit sa vie de séminariste, et par quelle voie il arriva à devenir le saint que tous admiraient, maîtres et condisciples.

Quelques jours après avaient lieu les appels pour l'Ordination de la Trinité. L'abbé Anglade fut appelé pour la Tonsure. Il se prépara par la prière et la mortification à franchir ce premier degré de la cléricature. Il rechercha, avec une pieuse avidité, les ouvrages spirituels qui pouvaient accroître et fortifier son estime de l'état nouveau dans lequel il allait entrer ; il lut et médita, en particulier le *Traité des Saints Ordres*, de M. Olier, dont on pourra trouver comme un écho dans les notes de retraite que nous publions, en les abrégeant.

*_**

« Je mets ma retraite sous la protection du Très Saint Cœur de
« Jésus et de la Très Sainte Vierge Marie.

But de cette retraite.

« Le but que je dois me proposer pendant cette retraite, c'est
« d'acquérir une grande estime de la perfection. Toutes mes
« actions, tous mes exercices spirituels, tout doit être fait dans
« cette intention.

*
* *

« Mon Dieu, quelle grande grâce ne me faites-vous pas de
« me ménager ainsi une retraite avant les vacances ; je vous en
« remercie, ô mon Dieu. Sans cette grâce, je n'aurais pas certai-
« nement acquis, de longtemps encore, l'estime de la perfection.
« J'aurais vécu, sinon dans le crime comme autrefois, du moins
« dans la négligence, dans la tiédeur, dans le refroidissement.
« Sans la retraite que vous m'avez ménagée, ô mon Dieu, j'au-
« rais encore assurément tardé à déplorer les égarements de ma
« vie passée, m'exposant ainsi, sans réflexion, à paraître tout
« souillé devant votre tribunal redoutable. O mon Dieu, combien
« vous m'aimez ! Mes péchés horribles méritaient l'enfer, et
« voilà que vous m'accordez le temps et l'occasion de les pleurer
« avant que de paraître devant vous. Ah ! mon Dieu, vous
« seul pouvez produire en moi un repentir sincère. Donnez-moi
« des larmes, ô mon Dieu ! Que je pleure en votre sainte pré-
« sence. Faites que, désormais, m'écartant de la voie du vice, je
« m'engage pour toujours dans la voie de la perfection.

« *Cor Jesu sacratissimum, miserere nobis.*
« *Refugium peccatorum, ora pro nobis.*

*
* *

« Mardi matin.

« Toute ma journée d'aujourd'hui doit se passer dans cette
« considération : suis-je vraiment appelé à l'état ecclésiastique, et,
« si Dieu m'y appelle, suis-je digne de recevoir la tonsure ?

**

« Je dois remercier Dieu de la grâce qu'il m'a faite de méditer
« mieux qu'à l'ordinaire. Hier, avant de me coucher, je préparai
« ma méditation. Ce matin, j'y ai aussi pensé. J'ai assez suivi la
« méthode. Toutefois je n'ai pas été fécond en pensées et en
« affections. Mon Dieu, aidé de votre grâce, je vous promets de
« faire tous mes efforts pour bien préparer et faire ma méditation
« de demain. Laissez-moi encore vous prier, ô mon Dieu, de
« m'accorder de méditer sans contention d'esprit. Je veux, ô mon
« Dieu, méditer avec calme, car vous n'êtes pas dans le trouble.

**

« 10 h. 1/4 matin.

« Mon Dieu, cette lecture spirituelle a remué mon âme. Je vous
« remercie d'avoir inspiré à nos directeurs le choix d'un tel sujet.
« Oh ! comme je me suis reconnu dans le portrait de ces ecclé-
« siastiques qui ont peu de foi ou qui n'ont qu'une foi morte. La
« providence de Dieu, une autre vie, le Chemin de la Croix pour
« arriver au Ciel, ces trois grandes vérités, ô mon Dieu, je les ai
« négligées.

« J'ai vécu sans presque y penser. Non, je n'ai pas eu l'esprit
« de foi, puisque très souvent j'ai craint de parler de Dieu, du
« Ciel, de la nécessité de la Croix.

« Non, je n'ai pas eu l'esprit de foi, puisque j'ai commis tant de
« crimes contrairement à la loi de Dieu.

Résolution

« Aidé de votre grâce, ô mon Dieu, et par le secours de la Vierge
« fidèle, *Virgo fidelis*, je vous promets, pendant ces jours de
« retraite, de travailler à tout instant à avoir l'esprit de foi.

*
* *

« 3 h. 1/2 soir.

« Le sermon de 10 h. 1/2 semble avoir été fait exprès pour
« moi. Que mon Dieu est bon de m'offrir tout ce dont j'ai besoin.
« J'avais donc besoin de quelques conseils sur la paix intérieure.
« Après avoir fait ce matin l'examen de conscience sur tous
« les péchés de ma vie passée, j'ai senti le trouble naître
« en moi. La vue de tous mes crimes m'a effrayé. Le
« sermon est venu tout à propos pour rétablir la paix dans mon
« âme. Le démon a encore un peu essayé de m'agiter, mais j'ai
« lu un petit paragraphe de Saint Liguori sur la médiation de
« Marie entre Dieu et les pécheurs, et le Saint-Esprit, supplié
« sans doute par la Très-Sainte Vierge, a complètement chassé
« le démon.

*
* *

« J'ai eu quelques distractions pendant le chapelet. Le petit
« office n'a pas encore été assez bien récité. A ce soir! mon Dieu,
« faites-moi la grâce, je vous en supplie par Jésus-Christ, notre
« Sauveur, de bien réciter Matines et Laudes. Je m'engage à faire
« tous mes efforts pour réussir.

*
* *

« J'ai fait le Chemin de la Croix. La pensée de monter à la
« chambre et d'écrire mes impressions m'a poursuivi tout le

« temps et m'a rendu assez aride. Mon Dieu, qu'il me faut peu de
« chose pour être distrait !

.·.

« La lecture spirituelle de ce soir, je l'ai entendue avec un peu
« de somnolence. Pardon, ô mon Dieu !

.·.

« Mon Dieu, voyez ma faiblesse ; venez à mon aide, je vous
« en supplie.

.·.

Journée de jeudi.

« Hier, depuis environ trois heures du soir jusqu'au moment
« du coucher, je fus de plus en plus tourmenté par le démon.
« Ces péchés sur lesquels j'avais fait mon examen et que j'avais
« écrit pour mieux m'en confesser, il me les représenta toute la
« soirée en me disant que j'étais indigne de recevoir la tonsure.
« Il allait même jusqu'à vouloir me faire douter de la miséricorde
« de mon Dieu à mon égard. Enfin il m'agita tellement que je ne
« fis pas bien la prière du soir et que je fus assez distrait à la
« lecture de la méditation. En arrivant dans ma chambre, avant
« de me coucher, je me recommandai au Sacré-Cœur de Jésus et
« à Notre-Dame de Lourdes, et ces protecteurs chéris qui ne m'ont
« jamais fait défaut me délivrèrent de la tentation.

.·.

« Mon Dieu, la seconde moitié de la journée d'hier ne fut pas
« bien passée. J'affligeai votre Cœur infiniment bon. Pardon, mon
« Dieu.

.·.

« Afin d'obtenir la grâce du pardon et de la pénitence, je me suis recommandé à Sainte-Madeleine, la pénitente, et je lui ai promis, excepté le cas de maladie ou d'oubli, de dire pendant un an, en son honneur, Dieu aidant, un *Pater*, un *Ave* et un *Gloria Patri*.

*
* *

« Jeudi, 7 heures matin.

« J'ai oublié de dire que hier, au soir, pour me débarrasser de la pensée de mes péchés, je brûlai ce que j'avais écrit.

*
* *

« Aujourd'hui, je mets ma journée sous la protection du Très-Saint Cœur de Jésus, de Notre-Dame de Lourdes et de saint Jean l'évangéliste. J'ai promis à mon Dieu de m'appliquer surtout à conserver la paix intérieure, cette paix si nécessaire aux entretiens de Jésus avec l'âme.

*
* *

« Je ne dois pas oublier que le but de ma retraite est d'acquérir l'estime de la perfection. O mon Dieu, veuillez accepter mes actions d'hier. Je vous les offre toutes pour vous demander cette estime de la perfection chrétienne.

*
* *

« 10 h. ¼ matin.

« L'esprit-Saint m'a fait la grâce d'être frappé d'une pensée, qui, si elle avait été méditée dans ma vie passée, m'aurait fait éviter bien des crimes. Je demande à cet Esprit d'intelligence de me la rappeler à la fin de ma retraite, afin qu'elle précède chacune de mes actions dans tout le reste de ma vie. Cette

« pensée est celle-ci : Avant chaque action, l'on doit se
« demander :

« QUID AD ÆTERNITATEM ?

*
* *

« Je dois encore écrire ceci pour mieux me le rappeler à l'ave-
« nir. Les trois grands moyens pour acquérir l'esprit de foi dont on
« nous parle dans la lecture spirituelle sont : *l'oraison, la lecture*
« *de l'Ecriture sainte, la sainte Eucharistie.*

*
* *

« J'ai trouvé cette pensée dans la Pratique de la Perfection
« chrétienne : *L'acquisition de l'estime de la perfection chrétienne*
« *dépend de notre volonté.*

*
* *

« Le méchant esprit voulait me persuader que c'était une témé-
« rité pour moi de tendre à la perfection. Arrière, esprit du mal !
« Quoi ! il serait téméraire de travailler de toutes ses forces à
« accomplir un précepte que nous donne Jésus ? Jésus notre maître
« parle : *Soyez parfaits, comme votre Père céleste est parfait.*
« Jésus parle, nous devons lui obéir sous peine d'être exclus de
« son royaume.
« Si, dans cette voie de la perfection où nous devons entrer,
« nous sentions quelquefois s'élever en nous des pensées d'orgueil,
« souvenons-nous de cette parole du Sauveur : *Sine me nihil*
« *potestis facere.* Souvenons-nous que quelque avancé que l'on
« soit dans cette voie, une seule pensée de vaine gloire peut nous
« en éloigner pour jamais.

*
* *

« L'oraison et la mortification doivent marcher ensemble. Elles
« sont inséparables. L'oraison doit être aussi précédée et suivie
« de la modestie, du silence et du recueillement.

*
* *

« Vendredi matin, 7 heures.

« Je dois beaucoup de remerciments à mon Dieu de m'avoir,
« pendant la journée d'hier, conservé la paix du cœur. Oh! mon
« Dieu, délivrez-moi à jamais de ce trouble qui me fit perdre la
« moitié de la journée de mercredi. Mon Dieu, comme j'ai
« éprouvé la vérité de cette parole de vos divines Ecritures : *Le*
« *Seigneur n'est pas dans l'agitation.* Aidez-moi, ô mon Dieu ; je
« suis si faible, si fragile qu'un rien m'abat.

*
* *

« Cette pensée de saint Grégoire de Nysse m'a frappé : *Nous*
« *ne pouvons jamais surpasser Dieu en magnificence, alors même*
« *que nous lui sacrifierions tout notre être, puisque le sacrifice de*
« *notre personne est un nouveau bienfait de sa part.* Comment
« donc, ô mon Dieu, osé-je m'enorgueillir quand je fais le bien,
« puisque je ne le fais que par vous ?

*
* *

« *Exitus aquarum deduxerunt oculi mei, quia non custodierunt*
« *legem tuam.*

*
* *

11 h. ¼ matin.

« Mon Dieu, ma retraite va finir. M. le Supérieur nous a donné
« ses derniers conseils, et entre autres choses il nous a recom-
« mandé de vous faire nos résolutions. Eh bien ! mon Dieu, je

« viens de revoir tout ce que, d'après l'inspiration de votre Saint-
« Esprit, j'ai écrit hier sur ce petit cahier. J'ai lu toutes les
« affections tendres et les bonnes pensées que vous avez daigné
« me donner ; j'ai lu tout cela pour choisir entre toutes mes
« résolutions celle que je conserverai après ma retraite pour
« m'efforcer de la pratiquer continuellement. Envoyez-moi votre
« Esprit-Saint, mon Dieu, éclairez-moi ! Dictez-moi quelle est la
« pensée que je dois toujours avoir présente à l'avenir. Parlez,
« Seigneur, parce que votre serviteur écoute. »

Résolutions

« Sur l'ordre de M. le Supérieur, je vous promets, ô mon Dieu,
« aidé de votre grâce, de chercher toujours à avancer en *vertu*,
« en *science*, en *piété*. »

Résolution particulière

« Puisque le but de ma retraite a été d'acquérir l'estime de la
« perfection, je vous promets, ô mon Dieu, aidé de votre grâce
« de travailler de plus en plus à estimer cette perfection chré-
« tienne. Car, si je l'estime, je travaillerai à l'acquérir, la volonté
« suit le mouvement de l'intelligence. »

Résolution très particulière

« Je vous promets, ô mon Dieu, aidé de votre grâce, de me
« rappeler souvent, surtout avant mes actions, cette pensée :

« QUID AD ÆTERNITATEM ? »

Enfin l'heure bénie arriva de cette Ordination si ardemment
désirée. Avec quel bonheur l'abbé Anglade franchit ce premier
degré de l'Echelle mystérieuse, que montent et descendent Por-
tiers, Lecteurs, Exorcistes, Acolytes, Sous-Diacres, Diacres, et
au sommet de laquelle brille et rayonne, d'un prestigieux éclat, le

Sacerdoce à la fois si redoutable et si doux! Le 7 juin 1873, il recevait la Tonsure des mains de Mgr Ramadié.

Tous ceux qui en ont fait l'expérience savent avec quelles émotions et quels suaves frémissements de l'âme toute entière, le jeune clerc incline sa tête sous la main du Pontife et présente aux ciseaux sacrés ses cheveux dont il fait si joyeusement le sacrifice ; tandis qu'autour de lui l'assemblée chrétienne chante, et que lui-même murmure cette prière, qui est en même temps un serment solennel : « Mon Dieu, vous êtes mon héritage et mon « calice ; c'est en vous que je retrouverai tous mes biens « perdus....... »

De quelles effusions d'amour, de quelles protestations de fidélité notre pieux séminariste accompagna la donation qu'il fit, en ce moment, à Dieu, de tout son être ! N'était-ce pas le rêve de toute sa vie qui commençait à se réaliser ? Entrevu dans le lointain, lorsque tout enfant il priait dans l'humble église de Fillols, ou que, sur les silencieuses collines des environs, il veillait à la garde de son petit troupeau ; poursuivi, avec une piété acharnée, au Petit-Séminaire, à travers les obstacles accumulés pendant ses six années d'études, ce rêve il l'atteignait enfin... et c'est à peine s'il osait croire à tant de bonheur ! Désormais donc il ne s'appartenait plus, il appartenait à l'Église. C'est elle qui lui avait dit, par la bouche du Pontife : *hodie de foro Ecclesiæ facti estis*. Aussi bien, ce surplis, cette robe d'innocence dont l'Evêque l'avait revêtu officiellement, avec quelle énergie il promit de le conserver immaculé ! Et la couronne que l'Evêque avait tressée sur sa tête, il la considéra dès lors, il l'aima dans la suite, comme un royal diadème, comme un titre de noblesse qui, s'il lui conférait des droits lui imposait surtout des devoirs.

Le soir de ce beau jour, retiré dans sa cellule, seul, bien seul, avec son divin Ami, longtemps le nouveau clerc repassa dans son cœur ses joies et ses émotions du matin, se redisant à lui-même et savourant à loisir la formule de son serment : *Dominus pars haereditatis meæ et calicis mei; tu es qui restitues haereditatem meam mihi.* Il la tournait et la retournait en tout sens, il la caressait, pour ainsi dire, avec amour, comme un avare son trésor. Il reprenait ses résolutions, les exprimait sous mille formes diverses comme pour les enfoncer plus profondément dans son âme :

« O mon Dieu, que vos Tabernacles sont aimables ! Comme
« l'on se plaît à demeurer auprès de vos saints autels !

« Là, ô mon Dieu, en présence de ces cérémonies, de ces fêtes
« religieuses, on sent le cœur plein de joie et l'on éprouve comme
« un avant-goût des douceurs célestes. Mon Dieu ! que vos Taber-
« nacles sont aimables ! Un seul jour passé dans vos sacrés parvis
« vaut mieux que mille partout ailleurs ! Aussi, ô mon Dieu, aimé-
« je mieux être le dernier dans votre maison sainte que d'habiter
« sous les tentes des pécheurs et de participer à leurs faux plai-
« sirs. Trop longtemps hélas ! j'ai recherché ces folles joies ! Trop
« longtemps, je vous ai oublié, ô mon Dieu ! Mais désormais, c'en
« est fait : Je ne veux que vous, ô mon Dieu ! Vous avez daigné
« percer mon cœur d'un trait de votre divin amour. J'étais coupa-
« ble, criminel, ô mon Dieu, et vous ne m'avez pas rejeté. Vous
« vous êtes penché vers moi et vous m'avez embrassé et vous
« m'avez attiré à vous. Mon Dieu ! je demeure confondu en pré-
« sence de tant de bonté. Que vous rendrai-je, ô mon Dieu, pour
« tous vos bienfaits ? Ah ! je n'ai que ma personne à vous offrir.
« Eh bien, je m'offre à vous tout entier. Mais je vous avertis, ô
« mon Dieu, tenez-moi bien parce que je serais peut-être encore
« tenté de vous échapper.

« Serrez-moi contre vous, ô mon Dieu, ne me laissez pas échap-
« per. Si je voulais vous oublier, rappelez-moi votre souvenir, en
« me punissant. Car je préfère mourir mille fois, ô mon Dieu, que
« de jamais plus vous déplaire. Acceptez donc l'offre que je vous
« fais. Je vous donne mon cœur, mon âme, mon corps et tout mon
« être. Je m'engage tout entier à votre service et vous promets, ô
« mon Dieu, soutenu de votre grâce, de vous *aimer toujours* et de
« faire pénitence, toute ma vie, des péchés de ma vie passée.

« Et maintenant, mon Dieu, laissez-moi vous prendre pour mon
« héritage. *Dominus pars hœreditatis meœ*. Ah! quel beau jour !
« Maintenant je puis mourir, ô mon Dieu, *nunc dimittis*. J'ai
« le bonheur d'avoir mon Dieu pour mon partage. Oh! enfants
« des hommes, prenez pour vous, si vous le voulez, des domaines
« terrestres. Pour moi j'ai un lot bien meilleur. Allez, vous,
« passez votre vie à cultiver ce qui passe et meurt. Pour moi,
« j'ai une plus belle occupation. Désormais, je vais cultiver Jésus
« dans mon âme. Il est mon héritage. Il me revient dans le
« partage que l'on a fait ce matin. Il est mon lot. Trouverez-vous
« étonnant que je m'occupe à cultiver ma propriété? Si donc vous
« ne me voyez plus dans ces domaines terrestres et publics où
« tout le monde se presse et que tout le monde foule aux pieds ; si
« vous ne me voyez plus dans ces places publiques où ne croît
« aucune bonne plante, pensez que j'ai un domaine particulier
« qu'il faut que je cultive. Vous me trouverez là, nuit et jour, car
« j'ai beaucoup de plantes à soigner. Le fond du terrain est Jésus
« et, sur ce terrain, je dois cultiver des plantes que l'on appelle
« par exemple la pureté, la mortification, l'amour de l'oraison,
« l'humilité et tant d'autres. C'est là que vous me trouverez, là,
« pas ailleurs. Oui, mon Dieu, vous êtes mon héritage. Vous êtes
« aussi la portion de mon calice. Ah! je veux le boire jusqu'à la
« lie ce calice que vous m'offrez. Je sais, mon Dieu, que quicon-
« que vous suit doit vous imiter dans vos humiliations. Eh bien !
« je suis prêt à tout recevoir si vous me soutenez. Que les hom-
« mes me raillent, qu'ils me calomnient, qu'ils me méprisent, peu
« m'importe, ou plutôt, je serai heureux d'être ainsi traité, parce
« que je vous imiterai un peu, ô mon Jésus : *Pars calicis mei*. —
« *Tu es, Domine, qui restitues hœreditatem meam mihi*. Oh!
« cher héritage! Je t'avais obtenu le jour de mon baptême, le
« jour de ma première communion, le jour de ma confirmation.
« Je t'avais obtenu... mais hélas! Ce monde me séduisit et je te
« quittai. Au lieu de te cultiver, héritage divin, je te quittai ; je

« courus à la recherche des biens, des plaisirs terrestres et je me
« trouvai déshérité.

« Ah ! j'ai crié longtemps sans te retrouver, ô héritage chéri ! Si,
« quelquefois, j'allais à ta recherche, des voix méchantes me dis-
« trayaient et m'éloignaient de toi. Et alors j'étais inquiet sans
« mon lot sacré. Non, je le dis ici, non, les plaisirs du monde ne
« m'ont jamais satisfait. Mon âme n'avait jamais de repos. Si, le
« soir, elle éprouvait une apparence de bonheur, le matin elle
« sentait sur elle comme un poids qui l'oppressait. Non, entendez-
« le bien, vous qui croyez trouver la joie dans les fêtes mon-
« daines, non ces fêtes ne satisfont pas. Elles creusent l'âme loin
« de la remplir ; elles la bouleversent et l'accablent. Je n'étais
« donc pas heureux, et pourtant je sentais, je savais que, même
« ici-bas, on peut trouver le bonheur. Oh ! je l'ai trouvé en retrou-
« vant mon héritage perdu ; ou plutôt c'est le Seigneur qui m'a
« rendu ce bonheur en me rendant mon héritage. O héritage
« chéri, maintenant que je vous retrouve, je veux mourir en vous
« gardant. Et vraiment, ô mon Dieu, si jamais j'étais tenté de
« vous perdre, puissé-je perdre ma vie plutôt. O mon Dieu, merci !
« maintenant je suis heureux ; je ne vous demande qu'une chose,
« c'est de m'aider à combattre contre ceux qui voudraient me
« ravir mon trésor. Oui, vous m'aiderez, je le sais. Je ne compte
« que sur vous, ô mon Dieu. Mais, je vous le répète, cette con-
« fiance que j'ai en vous est pleine et entière. »

Comme le Sage antique, il s'applaudit d'avoir enfin pu mettre son pied sur la terre ferme ; et du rivage, où vient mourir le courroux des flots, il contemple les malheureux qui se débattent en pleine tempête, heureux d'être lui-même à l'abri du danger.

C'est à l'occasion de sa première tonsure, qu'un de ses amis lui dédiait la pièce suivante. On nous pardonnera de la reproduire. A défaut d'autres mérites, elle nous semble un écho fidèle des sentiments qui remplissaient son âme et qu'il traduisait dans ses notes avec une joie si débordante.

LE CIEL SUR TERRE

I

Je suis au port ! Et ma nacelle,
Ainsi que la colombe aux serres des vautours,
    Aux flots rugissant après elle
    Enfin échappe pour toujours !
    J'entends encore du rivage
    Gronder la fureur de l'orage...
Mais qu'ai-je à redouter ? « Tu peux, tu peux rugir,
« Tumultueuse mer ; je brave tes colères ;
« Entre tes flots et moi j'ai posé des barrières
    « Que ton courroux ne peut franchir. »

    Oui, c'en est fait, monde perfide !
Sans regrets je t'envoie un éternel adieu ;
    Des célestes amours avide
    Mon cœur ne veut aimer que Dieu.
    Ici, dans cette solitude,
    Lui plaire sera mon étude.
Te servir, ô Jésus ! mon suprême bonheur.
Désormais tu seras mon unique héritage !
Oui, oui, je veux t'aimer et t'aimer sans partage,
    A Toi seul je donne mon cœur.

    Réchauffe mon indifférence
    Au soleil de ton pur amour :
    Et dans la vertu, sans retour,
    Daigne fixer mon inconstance,
    Eclaire mon intelligence

Des plus doux rayons de ta foi.
Consume, ô Jésus, de ta flamme,
Consume et mon cœur et mon âme,
Ne laisse rien d'impur en moi.
Tout me sera doux si je t'aime ;
Eh ! n'es-tu pas le bien suprême ?
O Jésus, je n'aime que toi !

II

Vous êtes, ô mon Dieu, cette source vivante
Où mon âme altérée, épuisée, haletante,
Pour étancher sa soif a hâte d'arriver.
Comme un cerf poursuivi par un chasseur avide,
Sous un soleil de feu, sur une plaine aride,
Dans une eau de cristal désire s'abreuver.

Vers vous, Beauté suprême, oui, vers vous je soupire ;
Vers vous, Bien infini, mon être entier aspire ;
A quand remettez-vous d'exaucer mon désir ?
Je suis comme un captif dont on rive la chaîne,
Et, dans le désespoir de voir finir ma peine,
Je me meurs du regret de ne pouvoir mourir !

Oh ! quand luira ce jour, quand sonnera cette heure
Où, libre de quitter ma terrestre demeure,
Je pourrai face à face enfin vous contempler ?
Ici-bas je languis dans le deuil et les larmes ;
A mon œil affamé, Seigneur, il faut vos charmes,
Hâtez-vous, hâtez-vous de les lui dévoiler.

III

« Eh ! n'as-tu pas l'Eucharistie ?
« Ne suis-je pas là, nuit et jour,
« Oui, nuit et jour, victime, hostie,
« Hostie et victime d'amour ?

« Oh ! viens, c'est mon Cœur qui t'appelle,
« Viens, amoureuse, à mon autel.
« Car mon autel, âme fidèle,
« Ame fidèle, c'est le Ciel ! » —

— « A ta voix puis-je être rebelle ?
« J'irai, Jésus, à ton autel ;
« A ton autel quand tu m'appelles,
« Ne m'appelles-tu pas au Ciel ? » —

Comme on l'a vu en lisant ses notes de retraite si profondément empreintes du regret de ses fautes passées, l'abbé Anglade avait fait vœu, à l'occasion de son entrée dans la cléricature, de réciter tous les jours, pendant un an, quelques prières spéciales en l'honneur de sainte Madeleine. On peut croire qu'il n'y manqua jamais. Il y avait tant d'ordre dans son intérieur, il était si vigilant aux moindres détails de sa journée, que rien ne lui échappait de ce qu'il devait faire. Du reste, il avait pour cette grande sainte, cette patronne des âmes pénitentes et aimantes, une dévotion toute filiale. Son nom et son souvenir revenaient souvent sur ses lèvres et sous sa plume ; il se plaisait à l'invoquer, lui demandant la grâce de pleurer, comme elle, ses péchés dont son cœur portait toujours la cuisante blessure.

Il choisit encore comme Patron de sa Tonsure Saint Félix de

Cantalice, qui était le patron de son père, et dont lui-même avait reçu le nom au baptême avec celui du Précurseur. Ce n'est jamais au hasard que se nouent entre une âme de la terre et une âme du Ciel ces liens de respect et de sympathie qui constituent la dévotion. Il y a entre elles comme une parenté surnaturelle qui fait qu'elles se cherchent et qu'elles s'attirent mystérieusement, à travers les temps et les espaces, avec une force toute puissante. Qu'on lise la vie de Saint Félix, et l'on n'hésitera pas à croire que l'abbé Anglade, le fils de laboureurs pauvres, mais vertueux, l'ancien petit berger de Fillols, l'enfant précocement pieux, humble et mortifié ne se sentit porté vers le Saint de l'Ombrie par une impulsion secrète, inconsciente peut-être, mais réelle et irrésistible.

C'est ainsi qu'il multipliait à plaisir ses protecteurs célestes ; il se faisait comme une nouvelle famille d'amis et de frères pour qui il n'avait rien de caché et à qui il confiait, dans le silence et le recueillement de sa cellule, sur ces petits cahiers qui devaient un jour, pour notre édification, trahir sa modestie, ses sentiments les plus intimes, toutes ses peines et toutes ses joies. Il les aimait d'autant plus qu'il se sevrait davantage du commerce du monde, de ses amis, de sa famille de la terre. En toute vérité, il vivait dans le Ciel, par avance, et toute sa conversation, on peut le dire, était avec Dieu et les Saints.

CHAPITRE IV

**Le Grand Séminaire. — Les crimes des saints.
Le premier des sacrifices.
La voix de la cloche est la voix de Dieu.
Silence. — Conversations pieuses.
Zèle du prochain et sanctification personnelle.
Amour de J.-C. — Dévotions particulières.**

Nous l'avons déjà fait remarquer, et peut-être, après les pages que l'on vient de lire, n'est-il pas inutile de le répéter, il ne faut accepter qu'avec beaucoup de réserve les aveux si humbles que les saints font de leurs fautes, les accusations si graves dont si volontiers ils se chargent. Les plus légers manquements, de simples défaillances de la nature, de pures fautes de faiblesse ou d'oubli prennent à leurs yeux des proportions énormes, et leur inspirent d'eux-mêmes une horreur que nous avons peine à comprendre. A l'œil nu que voyez-vous dans une goutte d'eau ? Contemplez-la à l'aide du microscope, vous y découvrirez tout un monde d'animalcules ; une tache de moisissure de la grandeur d'un grain de sable vous apparaîtra comme un amas de plantes distinctes, chargées de fleurs et de fruits. Dans la vie des Saints, l'humilité et l'esprit de foi jouent le même rôle que le microscope ;

elles grossissent démesurément des fautes dont les âmes vulgaires ont à peine conscience, et que les saints qualifient très sincèrement d'iniquités, de crimes, de scélératesses. Combien souvent, on l'a vu, ces mots reviennent sous la plume de l'abbé Anglade, toutes les fois que devant Dieu il observe et étudie son âme ! Il la voit couverte de plus d'ulcères et plus répugnants que le corps d'un lépreux. Est-il étonnant qu'il gémisse et qu'il pleure et qu'il crie au ciel, si énergiquement, ses regrets et son repentir ? Nous n'avons pas voulu, au risque même de scandaliser les faibles, atténuer les expressions, si fortes qu'elles soient, par lesquelles, dans sa profonde humilité, il se juge et se condamne, parce que c'est en cela surtout que se manifeste la vertu et la sainteté.

Dès son arrivée au Séminaire, le premier soin de l'abbé Anglade fut de se jeter, tout entier et sans réserve, dans ce moule merveilleux de la Règle, où l'âme et le cœur se trempent pour les luttes futures, où se forment admirablement, pour la Société et pour l'Eglise, l'homme et le prêtre. Il en observa toutes les prescriptions et jusques aux plus minutieuses, scrupuleusement, joyeusement, avec une docilité qui ne fut jamais en défaut. Il avait, du reste, une longue habitude de l'obéissance ; il l'avait pratiquée dès ses plus jeunes années, et c'est à elle qu'il devait la droiture et la fermeté de son caractère. On considère quelquefois comme une marque d'énergie dans les enfants et les jeunes gens, la désobéissance, l'obstination, les caprices. Erreur grossière autant que dangereuse ! Ce sont là les dérèglements de la volonté ; ce n'en est point l'exercice normal. Savoir obéir et persévérer dans l'obéissance, voilà ce qui suppose un grand empire sur soi, une volonté souverainement maîtresse d'elle-même, un caractère vraiment viril.

Dans cet amour généreux de la règle, dans cette absolue docilité, l'abbé Anglade voyait encore le meilleur moyen de témoigner à Dieu sa complète et entière dépendance. Car enfin, même quand on a tout donné à Dieu, on ne lui a rien donné si l'on a gardé de sa volonté si peu que ce soit. L'homme n'a guère que cela en son pouvoir. Il est peu maître de son corps, qui s'unit à son âme sans qu'il le sache, qui s'en sépare sans qu'il le veuille. Il est peu maître de son esprit, de son imagination : la pensée, l'image lui arrivent sans qu'il les appelle ; elles restent là quand il leur dit : « Allez-vous-en ! » Il est moins maître encore des biens extérieurs ; que sont-ils ? Un joujou que la fortune lui jette, qu'elle lui arrache comme fait à l'enfant une gouvernante capricieuse. Mais sa volonté lui appartient, nul ne peut la lui ravir. Dieu lui-même s'est interdit ce rapt. Voilà pourquoi il est si merveilleusement grand quand il veut avec Dieu, comme Dieu, et qu'il lui dit : « Mon Dieu, je veux faire, non ma volonté, mais la vôtre ! » Tant que nous ne disons pas cela de cœur, nous avons beau entasser offrandes sur offrandes, multiplier les protestations d'amour et de dévouement, Dieu peut nous dire, comme à Saül : « l'obéissance est le premier des sacrifices. »

Aussi bien, c'est par cette obéissance absolue, par ce renoncement total de la volonté que notre saint mérita les bénédictions de choix et les grâces de prédilection dont Notre-Seigneur se plut à l'enrichir.

Son exactitude, sa ponctualité en tout étaient vraiment admirables.

La cloche — cette voix de Dieu — appelait-elle pour la classe ? Il était toujours le premier rendu. On le voyait debout, à son banc, le plus souvent les bras croisés, les yeux baissés, quelquefois tenant son livre ouvert et parcourant une dernière fois la leçon, sans qu'un seul de ses regards se détournât sur ses condisciples qui arrivaient. Appelait-elle pour la prière ? C'était le même empressement joyeux et la même ponctualité. On était sûr, en entrant à la chapelle, de voir « le saint » à sa place, à genoux, les mains jointes, dans l'attitude du recueillement le plus profond. Cela n'a l'air de rien, et c'est tout simplement héroïque. Quelle pleine et entière possession de soi il faut avoir pour faire pendant des mois et des années, plusieurs fois par jour, la même chose, si petite soit-elle, avec une perfection toujours égale ! La nature qui se lasse de tout, se lasse surtout de ce qui dure et la gêne. Ceux-là seuls triomphent de ce dégoût, en qui la grâce a tué la nature.

« L'abbé Anglade, nous écrit un de ses condisciples, considé-
« rait le règlement comme l'expression authentique de la volonté
« de Dieu : aussi l'observait-il avec un soin jaloux. Le Sémi-
« naire, pour lui, c'était le cloître, et sa vie celle du religieux
« le plus fervent. Le premier son de la cloche lui faisait tomber
« la plume des mains et interrompre les plus saintes occupa-
« tions. Je ne me souviens pas de l'avoir vu une seule fois en
« retard à un exercice quelconque... »

Une des prescriptions les plus importantes de la règle du Séminaire, c'est le silence. Le silence est un des plus grands moyens de perfection : il est la première condition de tout progrès dans la vertu ; il est la marque d'une âme forte. Etre maître de sa langue, c'est être maître de son cœur. Or, là-dessus encore l'abbé Anglade était inflexible. Tous ses condisciples ont admiré sa fidélité sur ce point. Dans la même lettre que nous venons de citer, l'abbé C... lui rend ce témoignage : « Durant ses
« quatre années de Grand-Séminaire, jamais, sans une absolue
« nécessité, une parole n'est sortie de sa bouche, lorsque le silence
« était de rigueur. »

Il éprouvait moins que les autres le besoin de parler. N'avait-il pas Jésus, son confident intime, avec qui il conversait tout le jour ? Et ne pouvait-il pas dire, comme saint Bernard, qu'il n'était jamais moins seul que quand il était seul ? Si on l'abordait dans un corridor, si l'on frappait à la porte de sa chambre pour lui demander un renseignement ou lui faire une communication quelconque, on était toujours sûr d'un accueil aimable, son visage s'irradiait tout aussitôt d'un angélique sourire, mais il répondait tout bas et le plus brièvement possible, ou inclinait doucement la tête s'il n'avait pas de réponse à faire. Cependant, le plus souvent, il ajoutait un mot, un seul, un *Laudetur Jesus-Christus !* ou un *Vive Jésus !* jailli, brûlant, de sa poitrine.

Cette pratique du silence l'habitua à dominer si bien l'intempérance naturelle de la langue qu'il ne parlait jamais sans réfléchir et sans consulter Dieu dans son cœur. Ce n'est pas certes qu'il fut taciturne, aux heures de récréation, ni qu'il se fermât de parti pris à tout entretien aimable et joyeux. Ce serait bien mal connaître la vertu que de croire que toute plaisanterie doive être bannie de ses discours. Au contraire, « la vertu de bonne conversation, comme « parle saint François de Sales, requiert que l'on contribue à la « joie sainte et modérée et aux entretiens gracieux qui peuvent « servir de consolation et de récréation au prochain, en sorte que « nous ne lui causions point d'ennui par une contenance refrognée « et mélancolique[1]. »

Aussi bien, est-ce au nom de la piété qu'il ne dédaignait pas de prendre sa part de ce rire joyeux et franc, bien connu dans les séminaires, qui est non seulement un délassement pour l'esprit, mais encore et tout à la fois le signe et la récompense de la vertu dans une âme. La piété veut du sérieux, sans doute, puisqu'il faut du sérieux à toute existence raisonnable ; mais à côté du sérieux elle veut la grâce, l'aménité et cette douce gaieté qui est un des caractères du sage. *Sapiens in verbis se ipsum amabilem facit* [2].
Mais combien plus volontiers il s'ouvrait aux conversations pieuses dont Jésus-Christ, dans les divers états de sa vie réelle ou mystique, et la Sainte-Vierge, et le Sacerdoce, avec ses souverains attraits et ses responsabilités redoutables, faisaient tous les frais ! Sur ces chapitres, il était intarissable et infatigable. On le sentait dans son véritable élément. Il avait des aperçus admirables de délicatesse et de profondeur; des effusions ardentes qui montraient quelle provision de lumière et de chaleur il portait

---

[1] François de Sales, IVe Entretien. — [2] Eccli XX. 29.

dans son âme. Il les répandait autour de lui, communiquant aux autres l'électricité de sa propre vie. Il trouvait, pour parler de la sainteté et de l'obligation d'y parvenir, tantôt des paroles suaves et douces comme un parfum, comme un baiser, suivant la poétique expression des Proverbes [1], qui embaumaient l'âme et la réconfortaient; tantôt des paroles vives et acérées qui la réveillaient de son engourdissement et la faisaient se dresser et bondir comme un cheval sous le coup de l'éperon.

Nul de ceux qui l'ont connu de près, qui ont vécu de sa vie intime, n'a oublié ces entretiens où leur cœur se réchauffait à ses ardeurs. Nous permettra-t-on de citer quelques témoignages pris au hasard, parmi les lettres que nous ont écrites presque tous ses condisciples pour nous encourager dans notre modeste travail et nous communiquer leurs souvenirs personnels ? « Inutile de vous dire, « nous écrit l'un d'eux, que toutes les fois qu'il parlait de Jésus, des « mystères de sa vie et de sa passion, son âme entrait dans un « profond recueillement, son visage s'enflammait aussitôt et sa « main se portait instinctivement sur son cœur. Il faisait passer « bien vite dans le cœur de ceux qui l'écoutaient les sentiments « qu'il éprouvait lui-même. Il me semble encore entendre sa voix « si douce et si persuasive m'invitant à bien aimer Jésus, « ce bon, « ce doux Jésus », à bien profiter des années si précieuses « de notre Grand-Séminaire... Lorsqu'il parlait du Sacrement « adorable de l'Eucharistie, il devenait intarissable. Sa marche « même semblait suivre les élans de son cœur et devenait plus « rapide. On l'aurait dit porté par une puissance mystérieuse... « Que de moments délicieux j'avais passés en sa sainte compa- « gnie !...... » — « Un jour de promenade, je m'en souviens « comme si c'était hier tant ce spectacle me frappa, nous écrit un « autre, il me parla avec tant de feu du bonheur que devaient « éprouver les âmes contemplatives, les extatiques, qu'il en était « tout haletant, et qu'il en resta comme essoufflé pendant plusieurs

---

[1] Labia deosculabitur qui recta verba respondet. (Prov. XXIV. 36).

« minutes. J'étais vivement impressionné. Il me déclara même,
« et je ne doutais pas qu'il ne parlât pour lui, que dans certains
« moments de prière et de recueillement, et surtout aux heures
« d'adoration devant le Saint-Sacrement, une âme, à la foi
« ardente, doit voir quelquefois Notre-Seigneur à travers les
« apparences de l'Hostie..... »

Un auteur de l'antiquité dit que lorsque le Sage parle, c'est comme un temple qui s'ouvre, et que les trésors de son âme s'y dressent et s'y découvrent comme des statues. Ce mot du philosophe grec nous revient à propos de l'abbé Anglade. Lorsque son âme s'entr'ouvrait par la parole, quelles admirables vertus, dressées comme des statues d'ivoire ou d'or dans ce sanctuaire intime, apparaissaient aux yeux ravis de ses interlocuteurs ! Avec quel charme on l'écoutait ! On éprouvait à l'entendre un sentiment de vénération mélangé d'étonnement et de sainte curiosité. Et quand on s'était séparé, l'on se surprenait murmurant le mot des disciples d'Emmaüs : Oh ! comme notre cœur était ardent tandis qu'il nous parlait ! Son thème favori était l'amour de Dieu, l'insondable amour de Dieu pour l'homme ; il le suivait dans toutes ses manifestations depuis la Crèche jusqu'au Calvaire et jusqu'au Tabernacle. Parfois il s'interrompait soudainement pour rappeler la Justice de Dieu et la rigueur de ses vengeances. « Et dire,
« s'écriait-il avec une sorte de frémissement intérieur, que
« demain peut-être il nous appellera, et que nous nous présente-
« rons à lui les mains vides ! »

On se tromperait absolument si l'on croyait qu'il apportait à ces conversations le moindre pédantisme. Non, rien d'affecté, ni de guindé, rien qui sentit l'apprêt et la combinaison. Il était la simplicité même. Trouvait-il la conversation déjà engagée, il ne cherchait pas à l'accaparer à son profit ; il s'y mêlait discrètement, laissant aux autres le soin d'entretenir le feu, et n'intervenant que lorsqu'il commençait à s'éteindre.

Est-il nécessaire d'ajouter combien il était réservé sur la question

de la charité ? « Sa charité envers ses frères, nous écrit un de ceux
« qui l'ont le plus connu et fréquenté, était celle d'un Saint.
« Comme le doux François de Sales, lui aussi, il eut réservé le
« meilleur regard de son œil droit à celui qui lui aurait arraché
« l'œil gauche. Ses conversations respiraient la plus exquise
« charité : jamais un mot, une allusion capable de porter atteinte
« à la réputation du prochain. » Il trouvait toujours le moyen de
tout interpréter favorablement ; et quand il ne le pouvait pas, il
gardait le silence. Volontiers nous lui appliquerions les paroles
des Proverbes : « *La bouche du sage est une source de vie : on
trouve la sagesse sur ses lèvres... elles répandent la vérité comme
une semence* [1] »

Cette sagesse qui coulait de ses lèvres et débordait comme un
torrent avait sa source dans son cœur[2]. Il était littéralement plein
de Dieu, plein de Jésus-Christ. Il l'aimait d'amour. Pouvait-il ne
pas en parler ? Ou plutôt pouvait-il parler d'autre chose ? « Créez
une passion dans une âme, a dit Lacordaire, et l'éloquence en
jaillira à flots. » Eloquent ? Il l'était certes, si l'éloquence, comme
le veut le même orateur, qui s'y connaissait, n'est pas autre chose
que « la fusion de l'âme qui parle avec l'âme qui écoute. » Sa voix
s'animait, ses joues, ordinairement pâles, s'empourpraient, ses
yeux lançaient des éclairs. On le sentait divinement possédé, et
l'amour qui bouillonnait dans son cœur lui mettait, en toute vérité,
des paroles de flamme sur les lèvres.

Cet amour de Jésus-Christ s'était si bien emparé de son âme,
l'avait si totalement envahie, occupée, qu'aux derniers temps de
son Séminaire surtout, il était son unique entretien. Toute conversation dont son Bien-Aimé n'était pas la matière et l'objet lui
était insipide. Le plus souvent, quand il abordait un groupe au
sortir de la chapelle, son cœur s'ouvrait aussitôt et, sans transi-

---

[1] Prov. X, 11, 13. — [2] Quæ procedunt de ore, de corde exeunt. (Math. XV. 18.)

tion, sans exorde, une parole, un cri d'amour en jaillissait : « Vive Jésus ! » C'était son salut préféré. Puis, avec un geste énergique et se tournant vers un voisin : « Allons, mon cher, aimons Jésus ! » ou bien : « Que Jésus est bon, n'est-ce pas... ? » Ou bien encore : « Oh ! qu'il fait bon aimer Jésus, n'est-ce pas... ? » — Comment peut-on ne pas aimer Jésus ! » Peu à peu les rangs s'ouvraient, on poussait doucement « le saint » au milieu, et lui, souriant, aimable, se laissait faire, poursuivant à haute voix, son entretien intérieur avec Jésus. Autour de lui on ne songeait pas à s'en étonner, et l'on écoutait avec une respectueuse sympathie cette parole de feu qui retombait sur les âmes en douce et bienfaisante rosée. On se sentait toujours meilleur après l'avoir entendu. Dans ces moments d'extraordinaire ferveur après une ardente tirade, il s'arrêtait soudainement quelques instants, puis, d'un accent pénétré qui vous allait jusqu'aux moelles : « Oh ! oui, vraiment, s'écriait-il, que celui qui n'aime pas Jésus-Christ soit anathème ! » Bien que le saint Nom de Jésus revint souvent sur ses lèvres, il se recueillait toujours, ne fût-ce qu'une seconde, avant de le prononcer, puis il disait lentement ces deux syllabes, les savourant avec délices, les accompagnant d'une respectueuse inclination de tête. « On sentait bien, ajoutait l'abbé L. qui nous
« faisait cette remarque, qu'il prononçait le nom de son meilleur
« ami. »

« Un jour, nous raconte M. l'abbé B... (c'était le jour de Notre-
« Dame des Sept-Douleurs) traversant le corridor du premier
« étage où logeait l'abbé Anglade, un bruit de voix frappa mon
« oreille. Je m'arrêtai... c'était bien de sa chambre que partait ce
« colloque animé. Ne pouvant comprendre que l'abbé, lui, si régu-
« lier jusques aux plus petites choses, enfreignît en ce moment la
« loi du silence, je crus qu'il devait se trouver en compagnie d'un
« directeur, ou d'un prêtre étranger venu pour le voir. Mû par je
« ne sais quel sentiment de curiosité, je baissai l'oreille au niveau
« de la serrure : « Jésus ! Jésus ! s'écriait-il, je vous aime !.....
« Mon Dieu et mon Tout !... O Amour, qui n'êtes point aimé !...

« Jésus, que ne puis-je vous aimer comme je le voudrais ! Brûlez,
« coupez, tranchez, je suis vôtre ! » Je ne revenais pas de mon
« étonnement et de mon admiration. La crainte d'être surpris en
« flagrant délit d'indiscrétion me fit quitter mon poste plutôt que
« je ne l'aurais voulu, car « le saint » poursuivait toujours ses
« exclamations et protestations d'amour. »

Ce n'est pas seulement dans ses conversations avec ses condisciples que son cœur s'ouvrait et qu'il parlait de Jésus, c'est avec tous ceux qu'il approchait. Les lettres que nous avons pu recueillir de lui, datées de cette époque, en sont pleines. A tout propos le nom de son Bien-Aimé vient au bout de sa plume :

« Votre lettre m'a causé une joie bien vive, écrit-il à Madame
« Bouillier (21 janvier 1876). J'ai voulu la lire à la chapelle, devant
« le Très-Saint-Sacrement, sous les regards de Jésus Notre-
« Seigneur, dans un moment où je me trouvais seul avec ce bon
« Maître. Jugez des grâces que je lui ai rendues lorsque j'ai appris
« tout le bonheur qu'il vous a procuré à la fin de cette année
« dernière ! Qu'il est bon ce Dieu et qu'il mérite bien notre amour
« et nos hommages !..... »

A un jeune étudiant en droit à la Faculté catholique d'Angers, aujourd'hui avocat à Perpignan, qu'il avait connu élève au Petit-Séminaire de Prades, il écrivait par l'intermédiaire d'un ami : « Tu
« t'étonneras, sans doute, de recevoir quelques lignes de ma part,
« car tu devais certainement penser que je t'avais oublié... Eh bien !
« je veux te prouver que je ne perds pas ton souvenir, si grande
« que soit la distance qui nous sépare. J'ai peu de temps pour
« m'entretenir avec toi, et je le regrette beaucoup. Laisse-moi
« donc vite te dire le plus important. Qu'est-ce que c'est ? Oh !
« cher ami, ce que c'est, c'est de bien aimer Jésus et de bien
« travailler pour le faire aimer et pour défendre ses droits. Oui,
« aime Jésus, aime-le de tout ton cœur. Rien n'est grand, rien
« n'est bon, rien n'est beau comme ce divin Sauveur. L'amour de
« Jésus fait de la vie une fête continuelle ; l'amour de Jésus éclaire

« l'esprit, purifie, réjouit le cœur ; l'amour de Jésus chasse toute
« crainte, même celle de la mort. L'amour de Jésus ! Ah ! cher
« ami, que te dirais-je ? tout est là, tout. Aimons donc bien, n'est-
« ce pas ? ce cher Sauveur ? Aimons-le le matin, aimons-le le
« soir, aujourd'hui, demain, toujours ! Je prie pour toi. Ne m'ou-
« blie pas dans tes prières. Prie pour le Séminaire. Adieu. Je te
« laisse en Jésus ! Demande à Jésus que je sois un saint prêtre. »

N'est-il pas vrai que l'on n'écrit pas ordinairement ainsi, et qu'il faut être passionnément épris pour parler à un étranger, à un jeune homme du monde, en de pareils termes, avec un tel enthousiasme, de l'amour de Jésus ? Mais il est dans la nature du véritable amour de n'avoir ni fausse honte, ni respect humain, de parler haut, de parler toujours de son objet, de vouloir l'imposer à l'admiration et à l'amour de tous.

Et cependant, plus que ses lettres et ses discours, les actes de l'abbé Anglade manifestaient son ardent amour de Jésus-Christ.

Le Tabernacle où Il réside était comme le lieu de son âme. C'est là qu'il vivait, qu'il habitait, à l'ombre ou plutôt dans le rayon de l'autel. Absent de corps, quand la règle le réclamait ailleurs, il était toujours présent de cœur et d'esprit. C'était un véritable adorateur perpétuel. Avant que l'Œuvre de l'Adoration perpétuelle fût établie dans le diocèse, lui, l'avait établie dans son cœur. Il se fixait, chaque mois, des jours d'adoration dans les divers sanctuaires de la ville, où, par la pensée, il se transportait, pèlerin de l'amour, afin que dans aucun de ses Tabernacles ne fût délaissé le divin Prisonnier, son Maître et son Ami.

Un petit billet retrouvé dans ses papiers nous initie à cette pieuse industrie : « Faire toutes mes actions en esprit d'Adoration
« devant le T. S. Sacrement : 13, 14, 15 à l'hôpital Saint-Jean ;
« — 16, 17, 18, aux Sœurs de Saint-Vincent de Paul ; — 19, 20,
« 21 aux Sœurs de l'Espérance ; — 22, 23, 24 à la Miséricorde ;
« — etc., etc. »

Et quel beau spectacle c'était de le voir, dans ses visites au Saint-Sacrement, avec son attitude profondément respectueuse et recueillie, à genoux toujours et dans une immobilité absolue, dirigeant seulement de temps à autre son regard vers le Tabernacle ! On voyait sur toute sa personne comme le resplendissement de sa foi et de son amour.

Mais que dire de ses communions ? Elle devinrent quotidiennes à partir de son sous-diaconat, sans que leur fréquence enlevât rien à leur ferveur. Nous l'avions entendu bien des fois parler avec admiration de la pratique de Saint Louis de Gonzague qui faisait deux parts de l'intervalle de ses communions, l'une consacrée à la préparation, l'autre à l'action de grâces ; et il n'était pas difficile de deviner que l'abbé Anglade l'avait adoptée à son usage personnel, et qu'il y était scrupuleusement fidèle. De sorte que sa vie, on peut le dire, était toute eucharistique, et comme une communion continuelle. C'est sans doute aux grâces extraordinaires dont il était favorisé à ces heures d'épanchements intimes qu'il faisait allusion lorsqu'il disait qu'une âme à la foi ardente doit avoir, parfois, devant le Saint-Sacrement, la claire vision de la présence réelle de Jésus-Christ.

Il est, en effet, de ces irradiations intimes qui viennent soudainement saisir l'âme en prière, de ces clartés surnaturelles qui lui révèlent le secret de la face de Dieu. Dans une de ces irradiantes clartés plus intime, plus déliée et plus haute que les pâles lueurs de l'imagination, ne peut-il pas arriver, n'arrive-t-il pas aux âmes ferventes, douées d'une foi vive et lumineuse, de saisir comme une apparition imparfaite de la sainte Humanité, et, dans cette apparition, de voir se dessiner en un relief mieux défini le Cœur du divin Maître ? Elles en ont, du moins, comme une perception sensible et immédiate dans le recueillement de l'action de grâces après la communion.

Lorsque la poitrine du fidèle a reçu et possède le Corps du Sauveur, il se fait en lui comme un repliement, une récollection universelle des puissances intérieures dans le centre de l'âme où réside l'Hôte divin : on dirait des aiguilles d'acier attirées par un irrésistible aimant. Le silence et la paix accompagnent cette attitude ; des délices célestes la suivent ; l'âme tombe dans ce sommeil mystique dont parle Salomon ; — on dirait le repos de saint Jean sur la poitrine du Sauveur après la communion du Cénacle. Dans cet heureux état tout dort au fond du communiant, moins le cœur. Au sein de cette tranquillité, un mouvement est ressenti, le mouvement du Cœur de Jésus battant sur le cœur de l'homme ; et, à ce mouvement, un autre répond, celui du cœur de l'homme battant sur le Cœur de Jésus. C'est tout, mais c'est assez pour éprouver le sentiment invincible de la présence de Jésus-Christ ; c'est tout, mais c'est assez pour être autorisé à dire, dans une affirmation absolue : « Oui, vraiment, le Cœur de Jésus est là ! Je le sens, je le vois, je le crois ! »

Tous ceux qui ont eu le bonheur de connaître l'abbé Anglade savent que ces mystérieuses et divines caresses, son âme était trop pure pour ne pas les avoir senties, et trop simple était son regard pour n'avoir pas perçu cent fois distinctement, avec une infaillible clarté, l'Ami de qui il les recevait. Dieu ne ménage pas ses faveurs à ceux qui ne lui ménagent pas leur amour, et il se communique, dit Dante, à proportion qu'il trouve d'ardeur :

« *Tanto si da quanto truova d'ardore.* »

Si nous pénétrons dans ce sanctuaire intime, dans cette sorte de chapelle ardente, nous verrons, sur un trône d'honneur, se dresser la Prière, les yeux et les mains continuellement levés vers le Ciel, et, à côté, lui faisant cortège, l'Humilité, timide et douce, et la Mortification, aux traits émaciés et austères, et la Vigilance, à l'œil pénétrant et scrutateur, et le Zèle avec son cœur d'où jaillissent d'inextinguibles flammes, et toutes ces « Petites vertus », dont nous avons parlé au début de ce livre, et qui n'ont fait que grandir, avec le temps, et se fortifier.

La prière est le premier fruit, le fruit le plus merveilleux et tout ensemble le plus naturel de l'amour divin dans une âme. L'amour tend à la possession. Prier Dieu, n'est-ce pas commencer à posséder Dieu ? L'abbé Anglade priait sans cesse ; et nous ne croyons pas exagérer en disant qu'il accomplissait à la lettre le précepte évangélique : *Oportet semper orare.* Ce n'était pas seulement cette prière intérieure et muette qui consiste dans l'union de l'esprit et du cœur avec Dieu, ou dans l'offrande universelle de nos actions, et qui, d'ailleurs, suffit ; mais la prière orale, la prière des lèvres autant que du cœur. Ses études même, comme nous le dirons bientôt, revêtaient la forme de la prière ; le long des corridors, dans l'intervalle des exercices, il priait toujours. Rosaire, chapelet de l'Immaculée-Conception, chapelet des âmes, neuvaines et triduums, que sais-je encore ? il ne trouvait jamais la charge trop lourde ; il portait son fardeau sans en sentir le poids : l'amour lui rendait tout léger, facile, agréable. Il priait comme il respirait. C'était un besoin, un vrai besoin de son âme. « La prière ! la prière ! si vous saviez, cher Bienfaiteur, comme j'aime à écrire ce mot ! Si vous saviez comme la prière soulage le cœur d'un protégé !... »

Les formules ordinaires ne lui suffisaient pas. Il les aimait, sans doute, et les employait ; mais la prière jaillie de son cœur, inspirée directement par sa foi, par son amour, par ses besoins, répondait mieux à ses sentiments. L'adoration, la demande, la réparation, l'action de grâces éclatent à chaque page et se mêlent harmonieusement, dans ces prières que nous avons sous les yeux, en des formules, tantôt courtes et rapides comme un trait — véritables oraisons jaculatoires, — tantôt longues et lentes, s'insinuant, en des replis amoureux, jusqu'au plus intime du cœur de son Ami :

« Merci, mon Dieu, de l'attrait que vous me donnez pour votre
« Sacrement d'amour Oh ! qu'il fait bon être auprès de vous !
« Que les heures s'écoulent vite ! Que de lumières ne reçoit-on
« pas de ce divin Tabernacle !... Vous parlez à l'âme, vous lui

« dites tous vos secrets, vous l'inondez de joie, vous lui donnez
« un avant-goût du Ciel. Ah ! vraiment, vos Tabernacles sont
« aimables !..... Mon Bien-Aimé, pourquoi ne me suis-je pas plu
« toujours auprès de vous ? Pourquoi n'ai-je pas aimé à vous visi-
« ter souvent ? J'ai perdu mon temps, oui, je l'ai perdu ! Je n'ai pas
« pensé à Jésus-Eucharistie. Voilà vingt ans qu'il est près de moi,
« et je n'y ai pas fait attention ! Mon Dieu, pardon ! Pardon, mon
« Bien-aimé !... Désormais quand j'aurai quelque moment libre
« je courrai vers vous. Je me tiendrai-là bien recueilli, vous me
« parlerez et je serai content..... O amour, ô Jésus, ô Maître,
« devenez désormais l'ami de mon cœur, mon confident, mon
« unique ! »

« — Mon Dieu, que de grâces ! quelle inondation de lumière !
« Que vous êtes bon ! Oh ! mon Dieu, je vous promets tout, tout
« ce que vous voudrez. Je me donne à vous tout entier, disposez
« de moi, emparez-vous de mon cœur, tenez-le fortement, et ne
« me le rendez jamais. Vous connaissez ma faiblesse et mon
« inconstance..... O mon Dieu, je vous sacrifie mon intelligence
« et toutes mes facultés, ma volonté et toutes mes affections,
« tous mes sens, ma personne, mon temps, ma santé, ma vie,
« mes parents, tout ce que j'ai, tout ce que je suis, tout est à
vous, ô mon Dieu !..... »

L'humilité de l'abbé Anglade, nous en avons un premier témoignage et bien sensible dans les aveux, que l'on a lus plus haut, où
n'entrait certes aucun artifice, ni aucune arrière-pensée. Il croyait
épancher son âme devant Dieu seul ; il n'avait donc pas à affecter
des sentiments qu'il n'aurait pas éprouvés, une opinion de soi
qu'il n'aurait pas eue. Non, il pensait ce qu'il écrivait, il s'esti-
mait tel qu'il se disait, il se méprisait lui-même, il était heureux
de se voir méprisé.

Il aimait à méditer sur son néant, à parler du rien que nous
sommes. Nous lisons dans ses éphémérides :

« 7 mars (1874). — Mon Dieu, je vous remercie de me faire

« voir clairement que je ne suis rien. Sans vous, ô mon Dieu, je
« deviendrais imbécile, fou. Ma mémoire disparaîtrait, mon
« intelligence ne serait que ténèbres. Je me réjouis de dépendre
« entièrement de vous. Si quelquefois, ô mon Dieu, je me croyais
« quelque chose, inspirez-moi de lire ces lignes qui me confon-
« dront, puisque si maintenant je vois clairement que je ne suis
« rien, comment, plus tard, pourrais-je nier cette vérité ? »

« 18 mai. — Mon Dieu, établissez-moi bien dans l'humilité.
« Elle est la base, le fondement de la perfection. En vain essaye-
« rai-je de pratiquer les autres vertus ; si je n'étais pas humble,
« rien ne serait fait. Que je vous connaisse donc et que je me
« connaisse ! »

« Que je me connaisse, ô mon Dieu ! Oh ! que de misères en
« moi ! Je ne conçois pas comment je puis éprouver un seul senti-
« ment d'orgueil et de vanité. Je ne conçois pas comment la pensée
« peut m'en venir. Moi, mon Dieu, m'enorgueillir ! O folie ! O
« aveuglement !... Vingt ans d'horreurs et de désordres, et m'enor-
« gueillir d'une mortification, d'une journée, d'une semaine, d'un
« mois, d'un an passés dans l'amour de Dieu et dans la pénitence ?
« — Et encore si réellement c'était vrai que je me fusse bien
« mortifié un certain temps !..... »

« 26 mai. — Je vous remercie, ô mon Dieu, de la grande grâce
« que vous venez de me faire dans l'oraison. Je vous remercie de
« m'avoir découvert mon néant et le néant de cette vie. Et véri-
« tablement que suis-je ! Qu'est-ce que ce monde ?...

« Et moi, mon Dieu, que suis-je ? Que serai-je dans cinquante
« ans ? peut-être dans vingt ans, peut-être dans cinq ans, dans un
« an, une semaine, ce soir, que sais-je ? Que sera-t-il de moi, de
« ce corps que j'aime, de ces facultés dont je suis fier ?... Quelle
« folie de s'attacher au monde !... Vous posséder, vous aimer, ô
« mon Dieu, rien, non, rien n'est comparable à ce bonheur !... »

« 3 juin. — Un Dieu, l'Infini, se fait homme. Ce n'est pas assez;
« il prend la forme du pain. Il veut être, lui, l'Immense, dans la
« plus petite particule d'une Hostie consacrée. Vraiment, un Dieu
« s'est anéanti. O humilité de mon Dieu! Vous, l'Infini, humble;
« moi, être infime, orgueilleux! Vous, Immense, anéanti; moi,
« atome et moins encore, je cherche à me faire valoir! Vous,
« l'Être, le Tout-Puissant, vous vous abaissez, vous vous humiliez;
« moi, le néant, je m'enorgueillis, je m'élève! O humilité infinie
« de mon Dieu! O orgueil immense de votre créature! »

On le voit, il n'entendait pas bâtir l'édifice de sa perfection sur le sable, de façon qu'au premier choc il put être renversé. Son humilité reposait sur des bases solides, sur la pierre inébranlable, c'est-à-dire sur la conviction profonde de son néant et du néant de toutes choses. Aussi, les petites humiliations qui pouvaient lui arriver, il les savourait voluptueusement, il en remerciait Dieu comme d'un bienfait. Si parfois un condisciple lui disait une parole un peu aigre, ou usait vis-à-vis de lui de procédés blessants, une petite rougeur colorait aussitôt ses joues, mais il ne perdait jamais son calme, et la vertu avait vite raison du tempérament. Il ne répondait pas, et il cherchait immédiatement l'occasion de dire ou de faire une amabilité quelconque à celui qui l'avait offensé. C'est ce sentiment d'humilité si profondément ancré dans son âme qui lui avait donné cette douceur inaltérable, et cet abord charmant, et cette disposition constante à rendre service, à se sacrifier toujours et en toutes choses. Il renonçait même à ses joies spirituelles, si légitimes pourtant, dès qu'il pouvait faire plaisir à un ami. « C'est ainsi, nous écrit M. l'abbé B... que le
« jour de notre promotion au Diaconat, il ne fit pas difficulté de
« me laisser prendre sa place à l'autel, à la cérémonie du Salut
« du Très-Saint Sacrement, quelque pénible que ce sacrifice dût
« être à sa piété. »

Le *moi* était absolument proscrit de ses discours. Ses lèvres ne s'ouvraient jamais pour ce petit mot qui occupe dans certaines existences une si grande place. « On aime mieux, observent les moralistes, dire du mal de soi que n'en point parler. » Le silence et l'oubli voilà surtout ce qui pèse insupportablement à la vanité et à l'orgueil. C'est, au contraire, ce que l'humilité aime et recherche. La seule chose que l'abbé Anglade rappelât quelquefois était la pauvreté de ses parents et les difficultés de son éducation cléricale. Il trouvait là, en même temps que l'occasion de s'humilier, celle de remercier la Providence et les âmes charitables dont elle avait bien voulu faire les dispensatrices de ses bienfaits. C'était un vrai bonheur pour lui de pouvoir rappeler ce qu'il leur devait, bien différent en cela de ces hommes légers et vains, qui se hâtent d'oublier ou de renier, quand ils commencent à voler par eux-mêmes, ceux à qui ils doivent leurs ailes. Il n'écrivait pas une fois à Monsieur l'abbé T..., à Madame Servan de Sugny, à Madame Bouillier, sans qu'il ne s'étendît avec une complaisance marquée sur les services qu'il en avait reçus, qu'il en recevait encore tous les jours ; et cela, sans doute pour obéir à ce sentiment de reconnaissance si profond et si vivace en lui, mais aussi pour s'obliger à regarder sa misère, et à puiser, dans ce spectacle, un redoublement d'humilité.

« ..... J'ai passé six ans au Petit-Séminaire de Prades... Qui,
« après Dieu, veillait sur moi ? Qui, après Dieu, pourvoyait à mes
« besoins ? Qui s'imposait pour moi des sacrifices ? Qui me tenait
« lieu de père ?... Ah ! comme je m'en souviens ! Comme ces
« pensées me sont familières ! Comme j'aime à redire tout cela !
« Comme ma plume court, et surtout comme mon pauvre cœur
« est heureux !... Mais pourquoi me transporter au Petit-Sémi-
« naire de Prades pour me rappeler vos bienfaits ? Je suis assis
« près de ma table, je lève les yeux, je vois partout, autour de
« moi, des marques de votre bonté... D'où me viennent ces livres
« dont je me sers ? A qui dois-je les habits dont je me couvre ?
« Ah ! cher Bienfaiteur... »

A Madame Servan de Sugny, il écrivait (31 décembre 1875) :

« ..... Votre souvenir fait partie de ma vie ; il se présente à
« moi tout naturellement, il dilate et réjouit mon âme. Et pourrait-
« il ne pas en être ainsi ? Serait-il possible que je ne me sou-
« vinsse plus de vos bienfaits ? Oublierais-je jamais la bonté,
« l'affection, les soins dont je fus l'objet au commencement de
« mes études ? N'étais-je pas auprès de mes Bienfaitrices comme
« un enfant adoptif ? Me manquait-il quelque chose ? Avais-je le
« moindre souci ? Y avait-il quelqu'un plus heureux que moi ? Et
« quand mon pauvre père venait pour être témoin de mon bonheur,
« qu'il était content lui-même ! Comme je voyais son front s'épa-
« nouir ! Comme il était reposé de ses fatigues ! Et puis avec
« quelle joie reprenait-il de nouveau le sentier de la colline, tout
« impatient d'aller dire à la famille le sort heureux de l'un de ses
« enfants ! Oh ! chère Bienfaitrice, que de jouissance pour moi
« en vous écrivant ces choses ! Que ces beaux jours de mon
« adolescence sont vivants dans ma mémoire ! Que je me plais,
« et vous me le permettez, j'en suis sûr, que je me plais à revenir
« souvent dans mes lettres à cette époque de ma vie ! Non, non,
« encore une fois, je n'oublierai jamais tout ce dont je vous suis
« redevable. Non, je ne cesserai jamais de penser à vous... »

Les maîtres de la vie spirituelle distinguent plusieurs degrés dans l'humilité. Tous s'accordent à reconnaître qu'elle consiste avant tout à avoir de soi-même une basse opinion, à se traiter avec mépris, à désirer d'être traité de même, à rapporter tout à Dieu : de cette échelle, l'abbé Anglade n'avait-il pas gravi tous les degrés ?

La mortification est sœur de l'humilité. Elles s'appellent l'une l'autre, elles se prêtent un mutuel appui. On peut dire que notre saint avait l'instinct de cette vertu : il la pratiqua constamment, et en toutes choses. Cet assujettissement absolu à la règle, si dur pourtant à la nature, ne lui suffisait pas. Le corps est un esclave et ne doit qu'obéir. Aussi l'avait-il totalement dompté, et sa volonté était souveraine maîtresse. On le voyait gardant, pendant des heures entières, soit assis, soit à genoux, les attitudes les plus pénibles, dans l'immobilité la plus complète, sans s'accorder jamais le moindre soulagement. C'est à genoux qu'il passait la plus grande partie de ses journées, dans sa cellule de séminariste, à l'abri de tous regards indiscrets. Il étudiait dans cette posture ses leçons de théologie et d'Écriture sainte ; et, quelque temps avant sa maladie, il fallut que son directeur lui interdît formellement ce genre de mortification. Malgré tout le soin qu'il mettait à cacher ses mortifications nous savons qu'il portait, à certaines époques de l'année, des instruments de pénitence, qu'il couchait fréquemment sur la dure, qu'il se flagellait à certains jours et à certaines fêtes, qu'il se privait, à table, souvent du nécessaire, toujours au moins de quelque chose.

Nous avons déjà raconté comment, tout enfant, il aimait à prier les bras en croix, à l'imitation du Sauveur crucifié. Il conserva toujours une prédilection pour cette attitude pénitente. Il priait souvent ainsi, jusqu'à ce que les bras lui tombaient de fatigue. Le jour ne suffisait pas à sa soif de prière et de pénitence. Il se levait pendant la nuit pour faire *l'heure sainte*, particulièrement les vendredis, demeurant à genoux de onze heures à minuit, et priant en union avec Jésus-Christ au jardin des Oliviers. Cela ne l'empêchait pas d'être le premier levé, le matin, et de faire, à la chapelle, tous les jours, le Chemin de la Croix, en attendant que la communauté fût réunie pour l'oraison. Cette vie pénitente lui était inspirée par les motifs les plus élevés : le souvenir de ses péchés, la grandeur et la sainteté de sa vocation, la crainte de l'enfer, qu'il éprouvait à un degré extraordinaire : « Lorsque l'âme sent de l'amour pour « les plaisirs, pour le bien-être, écrivait-il, et du dégoût pour les « souffrances, qu'elle pense à l'enfer où tous les maux sont réunis, « où les peines ne finiront jamais ! » Aussi cette chère souffrance qui doit lui ouvrir le ciel comme il en parle avec amour ! Comme il l'aime ! Avec quelle ferveur et quelles instances il la demande à Dieu ! « Bien-aimé Jésus, je ne veux pas sortir de cette retraite

« sans vous avoir bien promis que je veux désormais aimer les
« souffrances. Oui, mon Sauveur, tout ce qui est peine, douleur,
« tout ce qui afflige, de quelque part que cela vienne, je veux
« l'aimer, je veux le souffrir avec joie. Oh! heureuse souffrance!
« Pourquoi t'aimé-je si peu ?... O Jésus, ô Homme de douleurs,
« ô Roi des Martyrs, comment moi qui me proclame votre disci-
« ple puis-je aimer le bien-être ? Non, ô mon cher Maître, ô mon
« doux Ami, je ne l'aimerai plus. La douleur, soit physique, soit
« morale, voilà ce que je choisis désormais : oui, j'aimerai la
« souffrance! »

Dans son enthousiasme, dans sa passion des souffrances, il renonce même aux consolations spirituelles, aux douceurs que son Maître et Ami lui prodigue. Est-ce qu'il les mérite ? Il en fait abandon aux âmes fidèles, aux âmes vraiment pénitentes. Lui, a besoin d'expier et de souffrir... Et voilà que Notre-Seigneur, un jour, le prend au mot ; il le sèvre de toute douceur, de toute joie intérieure, et aussitôt sa piété s'alarme, il craint d'avoir exprimé un vœu téméraire, il jette un cri de détresse : « Ce matin, ô mon cher Maître,
« je vous ai demandé la souffrance ; je vous ai dit que je renonçais
« à vos ineffables consolations, je vous ai fait le sacrifice de tout
« ce qui pouvait me plaire, je vous ai tout promis, et voilà que
« dès le premier essai que vous me faites faire de la souffrance,
« je me crois perdu ! Oh ! Ami, retirez-moi vos suaves douceurs,
« je n'en suis pas digne, gardez-les pour les âmes plus fidèles, plus
« innocentes, plus aimantes, j'y consens, mais ne me quittez pas,
« demeurez près de moi, demeurez avec moi, ô mon Maître... »

Il est à croire que Notre-Seigneur ne se retira pas pour longtemps. Du reste, l'amour du disciple était à toute épreuve et fort comme la mort. La tribulation n'aurait ébranlé en rien sa fidélité.

Il était du petit nombre de ces amis fidèles, amis courageux, dont parle l'Imitation de Jésus-Christ, qui non seulement désirent le céleste royaume de Jésus, mais consentent à porter sa Croix ; non seulement souhaitent ses consolations, mais aiment ses souffrances ; non seulement s'asseoient à sa table, mais partagent son abstinence ; qui le suivent, non seulement jusqu'à la fraction du pain, mais jusqu'à boire le calice de la Passion ; qui goûtent l'ignominie de sa Croix ; qui le louent, le bénissent et l'aiment dans la joie et dans l'adversité ; qui aiment Jésus pour Jésus, et non pas en mercenaires ; et qui, quand il ne voudrait jamais les consoler, le loueraient encore et lui rendraient grâces toujours. Et puis, il comprenait trop le rôle de la mortification dans la vie surnaturelle. Compagne assidue de l'humilité, et son complément nécessaire, il savait qu'elle est le principe et la condition de toute fécondité. Le grain de froment, s'il ne tombe et ne meurt, demeure seul ; s'il meurt, il se multiplie[1]. Or, « nous sommes le grain de froment, et nous avons un germe de vie caché en nous-mêmes. C'est par là que, comme Jésus, nous devons porter beaucoup de fruit, et du fruit pour la vie éternelle. Mais il faut que tout meure en nous : il faut que ce germe de vie se dégage et se débarrasse de tout ce qui l'enveloppe. La fécondité de ce grain ne paraîtra qu'à ce prix. Tombons ; cachons-nous en terre ; humilions-nous ; laissons périr tout l'homme extérieur : la vie des sens, la vie du plaisir, la vie de l'honneur, la vie du corps, la curiosité, la concupiscence, tout ce qu'il y a de sensible en nous. Alors cette fécondité intérieure développera toute sa vertu et nous porterons beaucoup de fruit[2]. »

Cette nécessité de la souffrance et de la mortification pour quiconque aspire à l'honneur de coopérer à l'œuvre de la Rédemption, l'abbé Anglade en était convaincu, pénétré. Il pensait, comme un grand serviteur de Dieu de notre temps, qu'on ne se fait prêtre ou religieux que pour avoir le droit de souffrir plus que les autres ; ce que le P. Olivaint exprimait en ces énergiques paroles : « Il faut être dans la disposition d'être roué de coups

---

(1) *Nisi granum frumenti, cadens in terram, mortuum fuerit, ipsum solum manet ; si autem mortuum fuerit, multum fructum affert.* (Joan. XII, 24, 25.)

(2) Bossuet. méd. sur l'Evang. Dernière semaine, IX° jour.

pour l'amour de Notre-Seigneur. » — « ..... Mon Dieu, soyez béni,
« écrivait notre pieux séminariste, de ce que vous m'avez fait voir
« quelque peu combien Jésus, votre divin Fils, a voulu souffrir
« pour nous..... Et moi, je prétendrais être son disciple et je
« voudrais suivre une autre voie que la sienne ? Il n'a racheté les
« âmes qu'en souffrant, et moi je me refuserais à souffrir ?
« Désormais, ô mon Bien-Aimé, je souffrirai avec vous, je
« m'immolerai avec vous, je serai victime avec vous. Plus de
« plaisirs, plus de bien-être, plus de recherches de mes aises,
« rien, rien de ce qui flatte, mais la Croix, mais l'immolation,
« mais la peine. Oui, mon Bien-Aimé, la peine..... Je veux
« m'immoler pour tant d'âmes qui ne songent nullement à satis-
« faire à la Justice divine. Je veux m'immoler pour mes frères,
« pour leur attirer des grâces, pour me rendre semblable à mon
« Jésus ! O chère mortification, ô chère pénitence, si jamais je
« ne t'aimais pas, si jamais je t'oubliais..... plutôt mourir mille
« fois que de ne pas aimer la Croix de mon Jésus !...

« Si vous me faites la grâce d'être un jour un de vos prêtres,
« je ne veux jamais chercher mes aises, je veux être victime pour
« les âmes !..... »

Ces sublimes élans, ces aspirations généreuses vers la sainteté, cette soif de perfection entretenaient en lui une vigilance extrêmement minutieuse et de tous les instants. C'est l'œuvre de la vie de se connaître soi-même et de se perfectionner, de se connaître pour se perfectionner. Personne n'a mieux compris que les Saints ce devoir proclamé essentiel par la philosophie elle-même. L'abbé Anglade s'appliqua de toute son énergie à le remplir. Il portait, pour ainsi dire, son âme dans ses mains, et rien ne lui échappait de ses inclinations et de ses sentiments, de ses pensées et de ses actes. Afin de prendre de lui-même une connaissance plus approfondie, il se fit un petit *livret* où étaient indiqués les divers exercices prescrits par le règlement, et un *tableau synoptique* des vertus qu'il pouvait avoir l'occasion de pratiquer dans la journée.

Chaque soir, avant de s'endormir, il repassait, dans un examen très sévère, le temps écoulé et les dispositions de son âme. Il appréciait, par des chiffres, la manière dont il avait rempli ses devoirs extérieurs, et pointait ses manquements à telle ou telle vertu. Il faisait ensuite très exactement la balance de ses pertes et de ses gains, et se rendait compte ainsi, jour par jour et heure par heure, de ses progrès dans la perfection. Si nous reproduisions la liste des vertus sur lesquelles il s'observait, on verrait combien était attentif et pénétrant son regard, combien étaient sévères ses jugements. Les plus humbles s'y trouvent à côté des plus héroïques : prévoyance, empressement dans les actions, respect humain, amour des souffrances, amour des mépris, etc., etc., rien n'est oublié ; il voit, il embrasse, il contrôle tout également.

Ah ! c'est qu'il avait horreur des petites fautes comme des grandes; c'est que le péché, sous une forme quelconque, lui était odieux ; c'est qu'il le haïssait pour lui-même ; c'est qu'il aimait Dieu, et que son amour de Dieu était trop fort pour qu'en même temps il ne fut pas très délicat. Il savait, de plus, que le vrai moyen de maintenir l'observance des grandes choses, est l'exacte observance des petites. Le Saint Esprit nous dit combien il est facile de glisser des petites fautes aux grandes, et l'expérience ne confirme que trop son infaillible parole.

« Quelques crimes toujours précèdent les crimes.....
« Ainsi que la vertu le crime a ses degrés..... »

Et pourquoi celui qui est infidèle en peu, ne le serait-il pas en beaucoup ?

Voilà ce qui le soutenait dans cette lutte acharnée contre lui-même :

« .... Vous haïssez le péché, ô Jésus ! parce que le péché est
« le contraire de ce que vous êtes. Vous êtes tout bien et le péché
« est tout mal, vous êtes sagesse et le péché est folie, vous êtes
« ordre et le péché est désordre, vous êtes beauté et le péché est

« laideur. Vous haïssez le péché d'une haine infinie,..... parce
« qu'il vous ravit les âmes, ô mon Bien-aimé, les âmes dont la
« rédemption vous a tant coûté.... Oh ! que je veux moi aussi
« haïr cet ennemi de mon Jésus, cet ennemi des âmes ! Divin
« Maître, je veux combattre le péché partout où je le verrai. Oui,
« je veux lui faire la guerre toute ma vie. Je veux le détruire en
« moi et dans les autres. Je vous promets, ô mon Bien aimé, aidé
« de votre grâce, de bien étudier pour me rendre plus habile dans
« la lutte contre le péché ; je vous promets de bien prier pour
« obtenir de vous que le péché soit détruit ; de bien m'humilier,
« de bien me mortifier, toujours, pour mieux combattre le péché
« à qui, devant vous, je jure une haine immortelle. »

Le même principe qui le guidait et le soutenait dans l'œuvre de sa sanctification personnelle, le faisait se dévouer aussi à la sanctification de ses frères. L'amour ne reste jamais inactif : l'amour qui n'agit point est-ce un amour sincère ? Aussi bien, le zèle le dévorait. Son grand désir était de voir, autour de lui, la piété prospérer et croître, et il s'y employait de toutes ses forces. Ce n'est pas certes qu'il posât pour l'apôtre. Une telle prétention était bien loin de sa pensée. Tout simplement il obéissait à un besoin de son cœur, au besoin de faire aimer ce qu'il aimait. Ces entretiens brûlants, où chacun venait se réchauffer, étaient moins une prédication voulue et réfléchie, que l'épanchement naturel et spontané de son âme. Ils n'en étaient pas moins édifiants ; peut-être l'étaient-ils davantage. Ils avaient plus de charme ; ils s'insinuaient plus avant.

Ce zèle infatigable prenait toutes les formes ; et, précisément parce qu'il était exempt de tout calcul, s'adressait indistinctement à tous, avec, seulement, une préférence marquée pour les *nouveaux*. Il recherchait, dès les premiers jours de la rentrée, leur compagnie, les prenait affectueusement avec lui aux récréations et aux promenades, leur parlait, avec cette chaleur communicative, avec cette conviction débordante que ses condisciples lui ont connues, et du bonheur de la vie du Séminaire, et de la vanité du monde, et de l'excellence du sacerdoce, et de l'amour des âmes. Il faisait passer dans leur cœur quelque chose de son enthousiasme : « Il faut avouer que nous avons choisi la bonne part, la « meilleure. Dieu s'est montré vraiment bon en nous choisissant. « Que serions-nous devenus dans le monde ? Est-ce que Notre-« Seigneur y est aimé ? Est-ce qu'il y est connu ?... Et cependant « toute notre vie n'est-elle pas de le connaître et de l'aimer ?... « Allons, mon ami, courage ! Vous me direz bientôt s'il peut y « avoir sur la terre rien de comparable au bonheur que Dieu nous « fait ici... » Un autre jour il les initiait aux vertus fortes, à la mortification, à l'esprit de pénitence ; il les formait à l'étude et à l'intelligence de l'Écriture Sainte, etc., etc. En promenade, tout lui était prétexte à élever l'esprit et le cœur vers Dieu : la beauté des champs, les fleurs, les oiseaux, et le chaud et le froid, et la pluie et le vent... C'était un parfait Maître des novices, et il remplissait cette mission avec un tact et une discrétion admirables.

Il était à l'affût de toutes les occasions qui pouvaient réveiller et stimuler la piété dans les âmes. Les fêtes de Notre-Seigneur, de la Sainte-Vierge, des Saints, non pas seulement des plus grands, mais de tous ceux qui sortent tant soit peu des rangs, pour ainsi dire, et qui attirent l'attention par quelque trait particulier de leur vie, lui causaient une joie sensible et très réelle. Il en parlait plusieurs jours à l'avance, et organisait, à leur occasion, une neuvaine ou un triduum. Quelquefois on en avait trois ou quatre sur les bras ; mais l'élan qu'il avait su donner était tel qu'on n'en était pas gêné. Pour entretenir l'esprit de foi, il avait imaginé d'écrire sur de petites feuilles des maximes empruntées à l'Ecriture ou aux Pères, qu'il distribuait ensuite et renouvelait toutes les semaines. Mais surtout il recommandait et faisait valoir toutes les pratiques de piété : Rosaire vivant, Indulgences, Apostolat de la prière, Tiers-Ordre de saint François, Association de l'Action de grâces et autres semblables qu'il regardait comme devant faire partie du bagage spirituel du prêtre. Lui-même s'était fait recevoir au Tiers-Ordre dès son arrivée au Séminaire, et avait fait profession sous le nom de Frère Marie-François, le jour de la fête du Sacré-Cœur, 1874. L'Association de l'Action de grâces, destinée, comme son nom l'indique, à rendre à la Très Sainte Trinité de perpétuelles actions de grâces pour tous les biens dont nous sommes comblés, et en particulier dans le sacrement de l'Eucharistie, était, entre toutes, chère à sa piété. Remercier, rendre des actions de grâces, dire le *Magnificat* ou le *Te Deum* de la reconnaissance, rien n'allait mieux à son cœur.

Chaque séminariste prenait une semaine spécialement consacrée à ce pieux devoir. « Il vantait si bien les avantages de cette belle
« Association, et en parlait avec un tel enthousiasme, nous
« écrit M. l'abbé L..., qu'il fallait se rendre à ses désirs. Cette
« œuvre entrait d'ailleurs parfaitement bien dans les vues de son
« cœur si plein de reconnaissance à l'égard de Dieu qui l'avait
« comblé de tant de bienfaits et de faveurs spirituelles. J'ai encore
« le petit livret qu'il me remit. Il me choisit lui-même la semaine
« que je devais passer tout entière en actions de grâces (du 15 au
« 22 janvier tous les ans). Ces mots sont écrits de sa main..... »
Il avait aussi la plus grande dévotion aux Indulgences, dont il ne parlait jamais qu'avec une très profonde estime. Il en connaissait exactement le détail, et chaque matin, avant de quitter sa chambre, il se proposait de gagner le plus possible de ces trésors spirituels.

Et c'est par ces moyens et d'autres semblables que ce parfait séminariste entretenait en lui et communiquait aux autres le feu sacré qu'il portait dans sa poitrine. S'élever à Dieu, et élever à Dieu l'âme de ses frères, c'était toute la vie de l'abbé Anglade.

Parlerons nous de ses dévotions ? Il n'en avait guère qu'une. Il ne voulait pas éparpiller son cœur, et il avait concentré sur la personne de Notre-Seigneur toutes ses puissances affectives et intellectuelles. En Notre-Seigneur, ce qui l'attirait surtout c'était sa Passion. L'âpre et rude sommet du Golgotha exerçait une sorte de fascination sur son âme. Toutes les âmes fortement trempées la subissent. Sur les hauteurs, si l'eau est rare, elle est pure ; et si elle n'est pas supportable aux tempéraments débiles, les poitrines robustes la savourent délicieusement. Aussi bien, est-ce en union avec la divine Victime du Calvaire, et à son exemple, qu'il avait fait l'héroïque *Vœu de victime*. Nourri de la doctrine si haute et si simple à la fois du vénérable fondateur de Saint-Sulpice sur ce sujet, il ne comprenait pas que, comme Jésus-Christ, tout Prêtre ne fut pas en même temps Hostie. La grâce du Sacerdoce n'est-elle pas avant tout et nécessairement une grâce d'Hostie ? Voilà pourquoi il s'était, pour ainsi dire, revêtu d'humilité et de mortification ; il en avait pénétré et son corps et son âme, comme les antiques sacrificateurs pénétraient d'un sel incorruptible les chairs de la victime immolée ; — voilà pourquoi il se plaisait tant dans la méditation des souffrances du Sauveur, et avait appris par cœur le récit des quatre Evangélistes ; il ne fallait pas qu'un détail lui échappât de ce drame sublime, dans lequel il brûlait de jouer un rôle ; — voilà pourquoi chaque jour il faisait le chemin de la Croix, avant tout autre exercice, et souvent deux fois, le matin et le soir, lorsqu'une plus longue récréation lui donnait plus de loisirs ; — voilà pourquoi il parlait avec tant d'amour et tant d'émotion de cette Passion divine : « Toutes les fois qu'il touchait ce sujet, « aussitôt sa voix changeait de ton et devenait triste, nous dit un « de ses amis les plus intimes. J'avais vu plusieurs fois ses yeux « se mouiller de larmes. On sentait qu'une douleur profonde « envahissait tout son être. »

Disons, sans insister autrement, que la sainte Vierge avait sa place à côté de Jésus, dans le cœur de l'abbé Anglade. Est-il besoin de le dire ? Est-ce que ces deux amours ne vont pas toujours ensemble ? Et qui jamais les a séparés ? La confiance qu'il avait en elle était illimitée comme sa dévotion. Elle était vraiment sa Mère. A toutes ses prières, à toutes ses résolutions de retraite il mêle son nom et son souvenir. Il ne demande aucune grâce que par son intermédiaire, et c'est sous sa protection qu'il met sa vertu et ses progrès, son présent et son avenir. Pour elle, comme pour Notre-Seigneur, sa plume a écrit des pages suaves, toutes débordantes du plus filial amour :

« Bonne Marie, à qui je dois tant de bienfaits, tendre Mère que
« j'ai toujours trouvée bienveillante, surtout dans mes heures
« mauvaises, ô ma Reine, ô ma Protectrice, ô Marie, continuez à
« protéger votre enfant. Il vous sert bien mal, il est plein d'orgueil,
« il a peur de la Croix, il cherche le bien-être, ...mais vous
« êtes toujours Marie, toujours ma Mère. Oh ! daignez m'obtenir
« de vivre caché en Dieu, avec Jésus, comme vous ; oui, une vie
« humble, intérieure, une vie de sacrifice, d'immolation, de
« travail, de prière, comme vous ; une vie de pleurs et de repentir
« pour mes innombrables crimes..... O Marie, vous que mon plus
« grand bonheur sera de voir, après Dieu, au Ciel ; vous à qui je
« me trouverai trop heureux de servir d'escabeau, dans la gloire ;
« ô Mère que j'aime, soyez-moi propice ! Je vous aime, et *je sais*,
« **ceci soit dit entre nous,** *je sais* que vous m'aimez, et cette
« pensée me console ; et je sais que dans mes angoisses, vous serez
« là ; et je sais que dans mes défaillances, vous serez là ; et je sais
« que dans mes derniers moments, alors, alors que le grand juge-
« ment commencera, ô Mère, alors surtout vous serez là !.... »

Quel mystère se cache sous ce *je sais*, prononcé tout bas, de façon à n'être entendu que de sa divine interlocutrice ? Nous l'ignorons, et ne voulons hasarder aucune hypothèse. Ce que nous savons bien, c'est qu'en parlant de la sainte Vierge, il ne croyait jamais en dire assez ; c'est qu'il épuisait, pour elle, toutes les formules de la louange, de l'admiration et de l'amour ; c'est qu'il éprouvait une sorte de ravissement, comme si son esprit était hanté par la réminiscence d'une vision disparue......

CHAPITRE V.

**Le Grand Séminaire.
« La science qui ne se tourne pas à aimer,
est stérile ».
L'abbé Anglade répétiteur de Théologie.
Deux ailes pour s'élever à Dieu.
Les vacances. — Memento des vacances.
Apostolat de l'abbé Anglade.
Les catéchismes à Fillols.
Rencontre d'un ouvrier mineur protestant.
Ordres mineurs. — Sous-diaconat. — Diaconat.**

« La science qui ne se tourne pas à aimer est stérile, » dit Bossuet. L'amour, en effet, est le plus puissant levier qu'il y ait au monde. Ce ne sont pas les plus savants qui, dans l'ordre spirituel, remuent et conquièrent le plus d'âmes, ce sont les plus saints, comme, dans l'ordre temporel, ce ne sont pas les têtes les plus pleines, ce sont les volontés les plus énergiques. Un acte, un acte de charité est plus efficace que tous les raisonnements. Voilà pourquoi ceux qui aspirent à divinement entrer en contact avec les âmes, doivent tourner leurs études au développement de leur faculté d'aimer, c'est-à-dire à devenir plus saints. La science n'est qu'un moyen, la sainteté c'est le but. De bonne heure, l'abbé Anglade l'avait compris. Dès le Petit Séminaire, il s'était livré à l'étude avec une ardeur qui n'avait d'égale que sa piété, cherchant Jésus dans les livres, et alimentant sa flamme d'amour avec les vérités dont il nourrissait son esprit. Mais combien plus au Grand Séminaire ! Théologie, Ecriture-Sainte, Histoire Ecclésiastique, tout lui parlait de Jésus, tout l'excitait à l'aimer davantage. Aussi bien, ces études l'absorbaient tout entier, durant les heures que la règle lui accordait. Il ne négligeait aucun moyen de comprendre et d'approfondir ces matières sacrées ; il s'acharnait à la solution des difficultés qu'il y rencontrait, et prêtait, en classe, aux explications des maîtres, l'attention la plus soutenue.

Rien n'est plus édifiant que de parcourir les cahiers où il consignait ses notes de Théologie, d'Ecriture Sainte ou d'Histoire, son petit recueil de sermons. Les ratures, les surcharges, les variantes, les multiples rédactions de la même idée, attestent une dépense de travail personnel extraordinaire. On saisit là sur le vif cette volonté souveraine que rien n'arrêtait, ni ne décourageait, quand il s'agissait du devoir, et qui tendait toujours au but sans faiblesse.

Et malgré ce travail absorbant, il trouvait encore le temps de songer à autrui. Ce n'est pas lui qui, ayant les mains pleines de vérités, se serait refusé à les ouvrir. Il ne demandait pas mieux, au contraire, que de jeter autour de lui la semence qu'il amassait avec tant de peine, et de faire participer ses condisciples aux lumières que Dieu lui envoyait ou que, par ses propres efforts, il faisait jaillir du rocher aride. En effet, sa charité et son zèle le faisaient penser à des condisciples moins favorisés qui, prématurément appelés à donner les prémices de leur dévouement à Saint-Louis-de-Gonzague, ne pouvaient, à leur grand regret, prendre leur part des enseignements de leurs communs maîtres. Il travaillait pour eux ; il comblait, autant qu'il était en lui, cette lacune ; il s'imposait de transcrire à leur intention, ses propres notes, accompagnées de commentaires pieux qui montrent tout à la fois et la bonté de son âme et le charme de son esprit, et aussi combien naturellement, chez lui, la science se tournait à aimer et et à faire aimer. Le traité *De Gratia*, entre autres, dans lequel Bouvier a développé quelques-unes des plus grandes et plus belles thèses de la théologie catholique ; le traité *De Eucharistia* qui n'est guère, d'un bout à l'autre, qu'un hymne triomphal à l'honneur du T. S. Sacrement, parlaient à son cœur, et lui fournissaient un prétexte à d'affectueuses et vives effusions. Il se laissait aller, comme malgré lui, à ces élans d'amour, à ces explosions d'enthousiasme qui ravissaient les pauvres exilés — ils doivent s'en souvenir — et leur étaient doux et fortifiants comme une brise venue du pays du soleil.

Avec quelle bonne grâce et quelle affabilité il reproduit les explications du Professeur, et y ajoute ses observations personnelles ! « Ce chapitre (le 1er du Traité de la Grâce) est important, « dit-il; — attention ! Rendez-vous bien compte de ce que c'est que « la nature, la nature pure, la nature intègre, l'ordre, etc., etc., et « apprenez parfaitement ces notions avant d'aller plus loin. Si vous « comprenez bien cela, tout le reste sera facile. Faites comme ceux « qui allument de grands feux pour y voir dans la plaine... »

Plus loin, après avoir expliqué les divers états de la nature humaine par rapport à la Grâce : « Sachez ces notions prélimi- « naires de manière que vous puissiez les réciter en dormant... « Vous riez ? Oui, oui, sachez-les très bien, notre cher Professeur « nous l'a recommandé. Elles sont la clef du traité. »

Arrivé à la « grande thèse, une des plus importantes du traité », et à la proposition dans laquelle est établi le dogme de la création de l'homme dans l'état de justice et de sainteté: « Lisez « très attentivement, recommande-t-il à ses amis, les trois premiers « chapitres de la Genèse, et les notes de Ménochius. Relisez-les, « et apprenez-les par cœur. Plus vous les lirez, plus vous y décou- « vrirez de beautés. Tout y est simple, mais tout y est profond. « Ah ! si je pouvais vous dire tout ce que notre cher Professeur « nous y a fait voir ! Demandons bien à Dieu l'intelligence de sa « sainte parole. Rien, rien n'est beau, rien n'est grand comme la « parole de Dieu. Dieu sait renfermer de grands sens dans des

« paroles toutes simples; il n'a pas besoin des formes recherchées
« du langage. Encore un coup, lisez, relisez ce chapitre. Lisez
« aussi les *Elévations* de Bossuet sur les Mystères du péché
« originel et de la chute de l'homme. Monsieur Roca nous a
« conseillé cette lecture. Il n'y a rien de plus beau. »

Puis, tout à coup, il change de ton, et de son cœur entr'ouvert s'exhale, comme d'un vase de parfums, vers le Cœur de Jésus, ce suave cantique d'amour : « Allons, chers amis, élevons maintenant
« nos cœurs vers le Cœur du bon Jésus, n'est-ce pas ? Nous repren-
« drons tout à l'heure le petit travail. Il est bon de temps en temps
« de courir vers le bon Maître, qu'en dites-vous ? Oh ! avec lui
« que l'on est bien, que l'on est heureux, que de belles choses l'on
« apprend ! Voyez, si nous savions aimer Jésus, nous obtiendrions
« ce que nous voudrions. On dit que ce divin Maître se met à la
« disposition de celui qui l'aime ; ne l'avez-vous pas ouï dire ? Et
« quand on a Jésus pour soi, quand on a celui qui est la force,
« que ne peut-on pas faire ? Quoi ? On peut tout faire avec lui,
« tout, tout ! Avec lui, on est partout content, partout résigné,
« partout détaché, partout humble, partout charitable, partout
« fervent. Que vous dirai-je ? Vous le savez bien ! Aimons donc
« beaucoup Jésus, n'est-ce pas ? *Amemus, redamemus* dit, je crois,
« saint Bernard. Que ce seul nom de Jésus enflamme notre cœur,
« que ce seul nom de Jésus nous transporte ! Jésus, celui qui nous
« a aimés jusqu'à souffrir toute sa vie ! Jésus, celui qui nous
« a aimés jusqu'à mourir sur la Croix pour nous ! Jésus, celui qui
« sur la terre n'avait qu'une pensée, nous sauver ! Jésus, celui qui
« n'a pas voulu nous laisser orphelins, et qui demeure caché sous
« les voiles du T.-S. Sacrement pour être notre nourriture, notre
« soutien, notre consolation, notre tout ! Jésus, celui qui avec le
« Père céleste fera au ciel notre bonheur ! Jésus, enfin ! Jésus !
« Oh ! chers amis, aimons-le bien, aimons-le tous les jours, tous
« les instants un peu plus !... Mais je reviens aux notes. Pardon-
« nez-moi ma digression ou plutôt prenez-vous-en au divin Maître
« qui en est la cause. »

Le même enthousiasme éclate et déborde quand il arrive, dans le même traité, à la grande thèse de l'Immaculée-Conception :
« Nous voici arrivés à une question qui nous est bien chère à tous,
« n'est-ce pas ? L'Immaculée-Conception de la Bonne Mère ! Ah !
« que je voudrais vous dire toutes les belles choses que nous
« avons entendues... Vous vous doutez bien que nous avons joui,
« là. Et figurez-vous que c'était précisément un samedi, jour de
« Marie ! Mais laissez-moi vous faire remarquer vite certains
« passages... Arrêtons-nous à chaque mot. »

Et, en effet, le répétiteur improvisé s'arrête à chaque mot, explique avec une grâce charmante, et une admirable clarté, définition et textes de l'Ecriture et des Pères, preuves de convenance et preuves de raison, entrant dans tous les détails, et mettant partout autant d'intelligence que de cœur. Puis, au moment de clore sa démonstration : « Nous voilà à la fin de cette belle thèse,
« s'écrie-t-il. Oh ! chers amis, étudions Marie : On ne l'étudie pas
« assez ! Marie n'est pas assez connue dans ses perfections.
« Etudions, nous, la gloire de cette Fille royale, gloire tout
« intérieure, et faisons partout connaitre les perfections de
« cette admirable Vierge. Plus ses perfections seront connues
« plus elle sera aimée et honorée. — Plus loin, nous trouverons
« une autre thèse, bien belle aussi, sur Marie. Nous verrons si
« Marie est la distributrice de toutes les grâces... Quelle classe
« nous avons eue ! Nous sommes sortis à six heures moins un
« quart. En arrivant à la chapelle, nous nous frappions la poitrine,
« en disant : Non, je n'ai jamais aimé Marie comme elle le
« mérite ! »

On voit bien, d'après ces quelques notes, comment employait le temps de ses études notre fervent et laborieux séminariste, et quelle pureté d'intention il apportait à l'acquisition de la science ecclésiastique. Car ce qu'il faisait pour la Théologie, il le faisait pour les autres branches de la science, et surtout pour l'Ecriture Sainte.

L'Ecriture Sainte était pour lui plus et mieux qu'un objet d'étude.

Sous la lettre, il adorait la Parole, le Verbe de Dieu, comme il adorait le Corps de Jésus-Christ sous les espèces du Pain eucharistique : une lecture lui paraissait une sorte de communion. Telle est, du reste, la doctrine des Pères de l'Église, si magnifiquement interprétée et renouvelée par Bossuet. Voilà pourquoi, en dehors des leçons obligatoires, il s'était prescrit, pour chaque jour, un ou plusieurs chapitres, tant de l'Ancien que du Nouveau Testament, qu'il lisait et méditait à genoux. Voilà pourquoi il apprenait par cœur les plus beaux passages et presque des livres entiers, comme Isaïe, par exemple, les Evangiles, les Epîtres de saint Paul...

Et c'est ainsi que la prière et l'étude se partageaient exclusivement sa vie. Il les mêlait dans d'égales proportions, n'interrompant son travail que pour la prière, priant même en travaillant. Travail et prière étaient les deux ailes par lesquelles continuellement il s'élevait à Dieu.

Les vacances ne modifiaient en rien le genre de vie de l'abbé Anglade. Il était à Fillols ce qu'il était au Grand-Séminaire. Sa vertu avait poussé de trop profondes racines, pour qu'elle pût subir l'influence des circonstances et des milieux. Pas un iota n'était changé à l'ordre de ses journées, à ses exercices, à ses habitudes de travail et de prière; pas un trait n'était retranché de son règlement. Sa nature s'était si bien pliée à cette règle, il s'en était si parfaitement assimilé et l'esprit et la lettre, qu'il aurait dû plutôt se faire violence pour ne l'observer pas. Grâce à son *Memento des Vacances*, nous pouvons le suivre jour par jour et heure par heure dans l'emploi de son temps ; et jamais, certes, temps de vacances ne fut plus et mieux rempli que celui-là. Voici ce *Memento*. Nous n'en reproduisons que la partie qui regarde la piété :

GLOIRE ET AMOUR AU SACRÉ-CŒUR DE JÉSUS !

Memento des Vacances.

Faire les exercices de piété comme au Séminaire : Oraison. Examen particulier. Visite au Saint-Sacrement. Petit office. Lecture spirituelle. Chapelet. Examen général... .

Tous les jours.

Matin. — A 9 heures, s'unir à tous ses condisciples dans le Sacré-Cœur de Jésus. *Ave, admirabile cor Jesu*.....

Dans la matinée, petite couronne de l'Immaculée-Conception.

Soir. — A 4 heures, même union que le matin dans le Sacré-Cœur et même prière.

Dans la soirée, chapelet du Sacré-Cœur.

Réparation et Action de grâces. — Y être constamment fidèle.

Toutes les semaines.

Vendredi. — Jour du Sacré-Cœur et de la Passion : Chemin de la Croix. Communion réparatrice. Amende honorable au Sacré-Cœur. Consécration.

Samedi. — Jour de la Sainte-Vierge : Consécration à Marie. Confession. Pénitence le plus tôt possible.

Dimanche. — Zèle pour le culte divin. Modestie. Recueillement. Donner un peu plus de temps à la lecture spirituelle et surtout à l'Ecriture Sainte.

Tous les mois.

Premier vendredi.— Retraite du mois. — Choisir un autre jour si celui-là ne convient pas. — Honorer et faire honorer le Sacré-Cœur. Amende honorable. Consécration.

Troisième samedi. — Honorer et faire honorer le Cœur immaculée de Marie. Acte de consécration.

Vient ensuite la longue liste des Neuvaines et Triduums que le fervent et zélé séminariste se fixe pour le temps des vacances, en union avec ses condisciples. Elle forme comme une chaîne d'or de prières, allant de la fête du Précieux Sang à la Neuvaine préparatoire à la rentrée. Tous les détails, date et prières, sont prévus, arrêtés, avec une précision admirable, et qui donne la plus haute idée de l'ordre qui régnait dans cette âme, de cet ordre dont on a dit qu'il est la marque de Dieu.

Ce tableau des exercices pieux auxquels se livrait cette âme assoiffée d'oraison, ne constitue qu'un minimum qui certainement était loin de la satisfaire.

Nous tenons de ses parents que, trouvant trop courtes ces longues journées de juillet et d'août, il les prolongeait jusque très avant dans la nuit, continuant, dans sa chambre éclairée par la blanche clarté des étoiles, ses entretiens intimes avec Jésus. Que de fois, après minuit, son père avait dû se lever pour lui ordonner de prendre enfin son repos ! Rarement il s'accordait quelque relâche, une longue promenade, une sortie, une de ces satisfactions bien légitimes, du reste, où le corps trouve son compte, et même le cœur et l'esprit, mais où, plus ou moins, la piété et le travail sont exposés à souffrir. Esclave du devoir, il montait fidèlement la garde autour de son cher règlement. Il lui était sacré comme la volonté même de Dieu. Il était sa clôture à lui, son rempart, derrière lequel il abritait sa vie de trappiste, et où, pour rien au monde, il n'eût voulut pratiquer la moindre brèche.

« Je n'oublierai jamais le bonheur que j'éprouvai un jour où
« j'étais allé lui rendre visite à Fillols, nous écrit un de ses amis.
« J'étais alors surveillant au Petit Séminaire de Prades. Avec
« quelle déférence il traitait ses bons parents ! Avec quelle dou-
« ceur et quelle exquise délicatesse il leur parlait ! Je partageai
« leur modeste repas. Il me conduisit après dans sa petite cham-
« brette, transformée en oratoire. Pourquoi ne dirais-je pas qu'en
« y entrant, je me sentis comme saisi de respect ! Il y avait là je
« ne sais quoi de céleste qui me ravissait. Il m'expliqua ses occu-

« pations de tous les jours, et je pus facilement conclure qu'il
« menait la vie d'un vrai saint. »

Nous avons dit son zèle auprès de ses condisciples, au Séminaire. Celui qu'il déployait, tant auprès de sa famille que des étrangers, n'était pas moins ardent ; et l'on peut dire que, tout en demeurant dans les limites de la plus parfaite discrétion, il ne connaissait aucune timidité, ni aucune faiblesse, ni aucun respect humain. Ses parents étaient les premiers auxquels il réservait ses exhortations, et en faveur desquels il exerçait les petites industries de son apostolat. Il ne se lassait pas de leur parler du bonheur d'aimer Dieu et de le servir ; et quel écho sa parole trouvait dans ces âmes simples et religieuses ! « Si seulement, leur
« disait-il, nous nous dépouillions d'un défaut tous les ans, nous
« serions bientôt parfaits. » Et, partant de cette vérité incontestable, il leur traçait un véritable plan de campagne pour cette guerre intérieure ; il leur montrait les points faibles par lesquels il fallait commencer l'attaque, il les initiait enfin à toute cette stratégie surnaturelle dans laquelle il était lui-même un maître accompli. Un autre jour il leur parlait d'une vertu spéciale à acquérir. Il insistait surtout sur l'humilité qu'il regardait comme la vertu par excellence. Il leur disait : « Il ne faut jamais parler de
« soi, pas même pour se plaindre, à plus forte raison pour se
« flatter. Du reste, qu'avons-nous dont nous puissions nous enor-
« gueillir ? »

Il était entendu, avec sa mère, que tous les jours, le matin à neuf heures, le soir à six, ils s'uniraient d'intention pour réciter, à genoux, autant que possible, une invocation au Sacré-Cœur de Jésus et à Marie Immaculée. Avant de se relever, ils baiseraient humblement la terre. Il les familiarisait aux pratiques de dévotion les plus parfaites : « Vous ne pouvez pas, tous les jours, leur
« disait-il, vous approcher de la Sainte-Table et vous nourrir du
« Corps de J.-C. ; mais qui vous empêche de communier spirituel-
« lement tous les jours et même plusieurs fois par jour ? Toutes

« les fois que vous dites le *Pater*, et que vous récitez ces mots :
« *Donnez-nous aujourd'hui notre pain quotidien,* vous pouvez faire
« la communion spirituelle. » Sa pieuse mère a gardé fidèlement
toutes ces saintes exhortations au fond de son cœur. Et combien
elle regrettait, en nous les répétant, de ne pouvoir reproduire,
avec les paroles, la grâce et l'onction du jeune apôtre ! Une fois il
leur parla du Tiers-Ordre de Saint-François avec tant d'amour,
avec une chaleur si persuasive, il leur en vanta si bien les avantages spirituels, qu'ils demandèrent tous à s'enrôler sous la bannière du bienheureux patriarche d'Assise.

Il établissait, en outre, parmi les siens et dans le village, car
son zèle ne se bornait pas aux frontières de sa famille, le Rosaire
vivant et l'Apostolat de la prière. Il allait indistinctement dans
toutes les maisons, abordait hommes et femmes, vieux et jeunes,
proposait ses œuvres à tous, et comment résister à ses sollicitations ? Nul ne l'osait. Il mettait à tout tant de grâce, de simplicité
et de conviction ! C'est ainsi qu'il avait obtenu l'adhésion à peu
près unanime de la paroisse à ces deux œuvres pieuses. De ses
maigres deniers, il avait pris un abonnement au *Messager du
Cœur de Jésus*, organe officiel de l'Apostolat de la prière, que l'on
se transmettait de famille en famille, et qui apportait à tous une
parole de force et de lumière.

Mais les enfants surtout connurent les effets de son zèle. Sans
doute, personne n'est insensible aux chastes attraits de l'enfance.
Dans la lumière de son regard, dans le rayonnement de son sourire, parmi les lis de son front, Dieu a caché je ne sais quelle
puissance de séduction, quelles mystérieuses attirances auxquelles
nulle âme ne peut résister. Mais du jour où la main du Christ daigna caresser ses cheveux blonds, et où ses lèvres s'ouvrirent pour
commander qu'on la laissât approcher de sa personne, le prêtre et
l'enfant, ces deux puissances, semblent tout particulièrement faits
pour se comprendre et pour s'aimer. Quel est le prêtre qui ne se
soit invinciblement, mais suavement incliné vers l'enfant, et quel

est l'enfant qui, laissé à sa candeur première, ne soit invinciblement et suavement allé vers le prêtre ?

L'abbé Anglade avait l'âme trop sacerdotale pour ne pas ressentir ce mystérieux attrait. Il aimait les enfants, comme il aimait les anges, ses frères. Quand il traversait les rues du village, ou qu'il allait solitairement se promener sous les peupliers qui bordent le torrent, pour, au bruyant murmure des eaux, lire son office ou réciter son rosaire, il aimait s'interrompre pour dire une parole aimable aux enfants qu'il rencontrait sur son chemin. Il leur parlait du bon Dieu ; il leur montrait le ciel ; il trouvait toujours le mot qui allait le mieux à leur âme ; il avait toujours une médaille, une image à leur donner. Mais cet apostolat, qui ne s'exerçait qu'accidentellement, ne lui suffit bientôt plus ; et, dès qu'il le put, il demanda et obtint l'autorisation d'ouvrir un catéchisme à l'église. Ce fut un succès complet. Les enfants y vinrent en foule, conquis d'avance par sa bonté, avides encore et toujours de le voir et de l'entendre. « J'ai eu le bonheur d'assister un jour au catéchisme
« que l'abbé Anglade faisait aux enfants, pendant les vacances,
« nous écrit un de ses amis. Et ce fut pour moi un magnifique
« spectacle. Il fallait voir avec quelle joie et quel empressement
« ces petits bambins, au son de la cloche, accouraient se grouper
« autour du saint abbé. Lui, grave et recueilli, les recevait, les
« accompagnait à leurs places, leur apprenait à faire la génu-
« flexion, joignait leurs petites mains, puis commençait à haute
« voix la prière, tourné vers eux, et il semblait alors que toute son
« âme passât dans l'âme de ces innocentes créatures, car tous,
« leurs regards fixés sur leur pieux catéchiste, récitaient leur
« prière avec une piété vraiment au-dessus de leur âge. Pendant
« qu'il les interrogeait ou leur donnait des explications, pas
« un ne bougeait, pas un ne remuait... On chanta plusieurs canti-
« ques toujours avec un recueillement admirable qui ne nuisait en
« rien à l'entrain. J'étais émerveillé, et je me disais à part moi :
« Que ne peut l'ascendant d'une âme pure sur des cœurs purs ! »

Le souvenir des catéchismes de l'abbé Anglade est toujours

vivant à Fillols. Ceux qui étaient des enfants alors sont des hommes aujourd'hui. Ils en parlent comme d'une fête qui aurait embaumé leurs premières années, et ils ne sont pas encore près d'oublier celui qui la leur donna.

Son zèle ne reculait pas même devant la discussion et la controverse. Ce n'est pas qu'il eut souvent l'occasion de se servir, contre les esprits forts de l'endroit, des arguments que lui fournissait la théologie, mais il n'y avait pas à Fillols que des indigènes fidèles et soumis. L'exploitation des mines y avait attiré un grand nombre d'étrangers parmi lesquels se trouvaient quelques incrédules, et même des protestants, venus un peu de partout : L'abbé Anglade n'hésitait jamais, quand l'occasion se présentait, à répondre à leurs objections, à discuter leurs théories, où entraient, comme toujours, plus de passion et de parti-pris que de science et de raison. Une fois entre autres, revenant de Corneilla, il fit la rencontre d'un ouvrier mineur protestant, qui porta aussitôt la conversation sur la question religieuse. Notre pieux séminariste lui parla avec tant de force et de conviction, il mit tant de charité et de douceur dans ses raisonnements, que, la grâce aidant, le bon mineur avoua sa défaite et se déclara converti. Poussa-t-il jusqu'au bout sa conversion ? Fut-il assez généreux pour abjurer l'hérésie et embrasser la foi ? Nous l'ignorons, et le frère de l'abbé Anglade qui nous a raconté le fait n'a pas pu nous le certifier.

Ainsi son zèle atteignait vraiment partout. Sa vertu attirait les âmes et sa ferveur les enflammait.

Cependant l'abbé Anglade gravissait les divers degrés du Sacerdoce ; et l'on a vu avec quel soin et quelle persévérance, à ces ascensions successives dans la dignité sacerdotale, il faisait correspondre, comme suppôt et fondement indispensables, des ascensions continuelles dans la sainteté. Le 30 mai 1874, après une retraite fervente dont nous avons retrouvé le vibrant écho dans ses notes, il recevait les ordres mineurs ; le 22 mai de l'année suivante, il franchissait le pas si redoutable du sous-diaconat. Avec quelle joie il fit cette donation totale et définitive de lui-même, avec quel absolu détachement ? les strophes enflammées dans lesquelles, le jour même de son ordination, il chantait son bonheur, le diront mieux que nous.

SOUS-DIACRE !

« Mon âme, que dirons-nous au céleste époux ? Disons-lui « d'abord que sa bonté nous étonne. Quoi, mon Jésus ! moi si « misérable, moi qui durant vingt ans vous ai été infidèle, moi « qui vous ai si souvent outragé, moi j'ai été prévenu de votre « grâce, j'ai été admis à être sous-diacre ! Mon âme est aujour-« d'hui devenue votre épouse ? Vous avez oublié ses infidélités « passées ! Elle vous fut déjà consacrée par le saint baptême, et « elle vous abandonna ; par la première communion, vous renouâ-« tes avec elle l'union qu'elle avait brisée, et elle vous abandonna ; « et voilà qu'aujourd'hui, ô mon Jésus ! vous l'admettez de « nouveau au nombre de vos épouses, vous lui donnez le baiser « de paix ; vous vous l'unissez d'une manière plus intime que « vous ne l'aviez fait jusqu'ici, vous la marquez de votre sceau « divin !... Humilions-nous en sa présence, anéantissons-nous à « ses pieds. »

* * *

« Que lui dirons-nous encore ? O Ami, que vous dirai-je ? — « Il s'est passé tant de choses en moi ! Disons, ô mon âme, disons « à cet Ami que nous voulons désormais l'aimer. Aimer Jésus ! « Aimer Jésus ! Un Dieu si bon, si tendre, si aimant, si compatis-« sant ! Aimer Jésus ! O Ami cher à mon cœur, je vous promets « mon amour et un amour éternel. Et qui aimerais-je sinon « vous ?... Jésus seul sera mon bien-aimé... Dans la maladie, dans « la peine, dans la douleur, dans l'agonie, dans la tribulation,

« dans le délaissement, dans la joie, dans la prospérité, au Sémi-
« naire, dans ma famille, partout, toujours, ô mon céleste époux,
« je vous aimerai ! »

        *
   * *

« Que lui dirons-nous encore, ô mon âme ! Disons-lui que nous
« lui faisons abandon complet de tout ce que nous sommes. Oh !
« oui, mon céleste époux, je vous donne tout ce que je suis,
« tout ce que j'ai, tout, entièrement tout : ma vie, oui, de grand
« cœur et volontiers, *corde magno et animo volenti* ; ma santé,
« mon repos, mon avenir, mon intelligence, ma mémoire, mon
« imagination, mes sens, ma famille, mes amis, mes connais-
« sances, mes bienfaiteurs ; je vous donne le peu de science que
« vous m'avez fait acquérir, tout, tout et surtout mon cœur.
« Enlevez-moi tout quand vous voudrez, je ne m'en plaindrai pas,
« car tout est à vous... O Jésus, quel bonheur de pouvoir dire
« tous les jours : Je suis à vous, je suis votre serviteur, *tuus sum
« ego, servus tuus sum ego !* »

        *
   * *

« O Ami, le plus fidèle, le plus généreux, le plus aimant, je veux
« toujours être à vous, c'est entendu... Me dévouer à vous,
« m'immoler pour vos intérêts, pour votre gloire, m'offrir à vous
« mille et mille fois. O amour, vous me permettez, n'est-ce pas,
« de vous dévoiler mon cœur dans ces pages. Je le fais afin que, si
« je me relâchais tant soit peu, je me remette de suite à la ferveur,
« en lisant toutes ces protestations de fidélité. O Jésus, à vous
« toujours, à vous, pas à d'autres, à vous, et pas à un ami terrestre,
« à vous, et pas à un père et à une mère, à vous ! Etre votre
« propriété, être votre domaine, être à vous, à vous, ô Jésus, ô
« amour, ô beauté, ô bonté, ô douceur, à vous, moi ? *Tuus
« ego ?* »

— 186 —

Aussitôt la retraite finie, il s'empressa de transmettre à ses bienfaiteurs la nouvelle de la grâce que Dieu venait de lui faire. Nous ne résistons pas au plaisir de reproduire la belle lettre qu'il écrivit à M. l'abbé T... à Paris, qui, constant dans sa bonté comme son protégé l'était dans sa reconnaissance, lui avait envoyé, quelques jours avant l'Ordination, un superbe bréviaire.

Grand-Séminaire de Perpignan, le 25 mai 1875.

Cher Bienfaiteur,

« Que vous dirai-je ? Par où commencerai-je ? Pourrai-je tout
« vous dire, tout vous exprimer ? Ah ! mon Dieu, que de choses
« dans mon pauvre cœur ! Que de choses ! Comment vous les
« faire connaître, cher Bienfaiteur ? C'est impossible. La plume,
« loin d'aider, ne fait que tout affaiblir, et je suis bien sûr qu'après
« m'être efforcé de trouver des expressions pour rendre les
« sentiments de mon cœur, je ne serai pas du tout content de ma
« lettre. Mais vous en devinerez certainement plus que je ne
« saurais vous en dire, et ainsi je n'ai qu'à laisser aller ma plume,
« de quelque manière qu'elle marche.
« Avant tout, permettez-moi, Cher Bienfaiteur, de vous raconter
« une agréable surprise que le bon Jésus s'est plu à me ménager.
« Figurez-vous qu'au commencement de la semaine passée, alors
« que les appelés pour le sous-diaconat songeaient à se procurer
« leur bréviaire, cet Ami céleste, par un de ces mouvements de
« bonté qui lui sont si fréquents, inspira à une âme charitable la
« pensée de m'envoyer un livre d'offices, incognito. Je reçus donc
« une petite caisse, je l'ouvre... grande joie ! C'est un premier
« volume, c'est un second volume, et puis un troisième, et puis un
« quatrième, et puis un petit diurnal, enfin un bréviaire complet.
« Et ne croyez pas que ce soit quelque chose de commun... c'est
« tranche dorée... c'est impression soignée, c'est magnifique reliure,

« que vous dirai-je enfin ? c'est plus et bien plus que je n'en pouvais
« souhaiter... Maintenant d'où tout cela vient-il ? Quelle est cette
« main, cette main charitable qui s'est ouverte ainsi en ma
« faveur ? Le bon Jésus le sait, le cœur de Jésus le sait, ses yeux
« ont tout vu. Et vous, Cher Bienfaiteur, ne connaitriez-vous pas
« cette âme ? Si vous la connaissez, dites-lui, oh ! dites-lui bien
« comme je la recommandai au bon Maître la première fois que
« j'eus le bonheur de réciter l'office au nom de l'Eglise, avec le
« bréviaire qu'elle a bien voulu m'envoyer. Dites-lui, s'il vous
« plaît, oh ! dites-lui combien je pense à elle tous les jours !
« Dites-lui combien ça été un sacrifice pour moi de devoir
« attendre à la fin de la retraite pour lui témoigner ma recon-
« naissance. Mais Jésus l'a voulu ainsi, et il a dans le cœur
« la première place. Dites-lui enfin qu'elle garde en vain son
« secret, et que le même Jésus qui lui a inspiré le sacrifice qu'elle
« s'est imposé en ma faveur, m'a dit son nom au fond du cœur...
« Oh ! mon Dieu, quel bonheur en vous écrivant ceci ! Non, qui
« n'a pas de bienfaiteur ne sait pas les douces émotions qu'éprouve
« le cœur d'un protégé......

« Que vous dirai-je de mon ordination ? Comment vous parler
« de ce qui s'est passé en moi, ces jours-ci ? Pendant la retraite,
« je m'asseyais quelquefois dominé par cette pensée : Tu vas
« donc te donner à Jésus pour toujours, oui, pour toujours ! A
« mesure que le grand jour approchait, cette pensée me dominait
« de plus en plus. Je ne saurais vous exprimer tout ce que je sentis
« le soir du vendredi, en me retirant dans ma chambre pour pren-
« dre mon repos. Encore quelques heures, me disais-je, encore
« quelques heures et je serai consacré à mon Dieu, et il scellera
« ma pauvre âme de son sceau divin. Enfin nous voici à samedi.
« On fait la prière, la méditation, on se prépare un peu, on
« descend pour s'habiller, on s'habille... vous savez avec quels
« battements de cœur ! Vient ensuite le parcours, vient l'appel,
« vient l'ordination des tonsurés, celle des minorés et puis...

« O mon Dieu, quel moment ! Vous seul savez tout ce qui se

« passait dans le cœur de vos pauvres enfants ; oui vous seul le
« savez, ô mon Dieu!... Nous sommes donc tous autour du Pontife :
« Enfants bien-aimés, nous dit-il, prenez bien garde au fardeau
« dont vous allez vous charger. Vous êtes encore libres, libres de
« faire comme le monde, libres de vous lier comme se lie le
« monde. Mais si vous recevez cet Ordre pour lequel vous êtes
« appelés, oh ! alors il ne vous sera plus permis de vous donner à
« la créature ; alors vous serez à Dieu, vous lui appartiendrez,
« votre cœur sera son domaine, vous serez enfin ses serviteurs, et
« quelle gloire pour vous de le servir, car le servir, c'est régner !
« Eh ! bien, donc, enfants, réfléchissez, tandis qu'il en est temps
« encore ; réfléchissez, prenez votre parti, et si vous êtes fermes
« dans le dessein de vous donner à Dieu, enfants, avancez-
« vous !!!

« Mon Dieu, c'en est fait. Je suis à vous, *tuus sum ego*, je suis
« votre serviteur, *servus tuus sum ego*. Je vous appartiens pour
« toujours ! Mon âme, ma pauvre âme est devenue votre épouse,
« vous avez daigné vous unir à elle, malgré ses indignités ! Je suis
« à vous, mon Dieu, *tuus sum ego*, je suis à vous, je vous suis
« consacré ; le monde n'aura plus de part en moi ! Vous seul, ô
« Dieu, possédez mon cœur, vous seul avez mes affections, vous
« seul êtes l'objet de mes pensées ! Désormais c'est à vous seul
« que je dois plaire, c'est pour vous seul que je dois parer mon
« âme, c'est pour vous que je dois vivre ; vivre un peu de temps
« ici, vivre éternellement au ciel ! Etre à Dieu, être à Jésus ! Ne
« plus s'appartenir ! s'être voué à l'Epoux céleste ! Etre heureuse-
« ment obligé de parler tous les jours à ce divin Epoux au nom de
« l'Eglise, la plus belle de ses épouses ! Etre à Dieu, enfin ! Etre
« sous-diacre !!!!!

« Cher Bienfaiteur, que vous dirai-je ? Vous devinez tout, ou
« plutôt vous savez tout puisque toutes ces choses vous avez eu le
« bonheur de les éprouver vous-même...

« Vous faites trop pour moi, Cher Bienfaiteur. Votre bonté me
« confond. Quoi ! au milieu de vos nombreuses occupations, au

« milieu de la grande capitale et de son bruit, vous avez pour moi
« un si fréquent souvenir !

« N'est-ce pas assez d'avoir été l'objet de vos sollicitudes au
« Séminaire de Prades ? Pourquoi s'occuper encore ainsi du
« pauvre séminariste qui le mérite si peu ? Ah ! comme Dieu
« m'aime, comme Dieu m'a aimé ! qu'il est bon ce Père ! Comme
« il prend soin de ses créatures ! Comme il leur procure tout ce
« dont elles ont besoin ! J'avais besoin de bienfaiteurs pour faire
« mes classes, pour avancer dans la carrière ecclésiastique... en
« ai-je jamais manqué ? Mon Dieu que vous rendrai-je ?...

« Mais je vais clore ma lettre ? Il est temps. Le bon Jésus me
« demande ce sacrifice ; il veut que j'étudie le chapitre de l'*abro-
« gation de la loi*. Eh ! bien, obéissons à ce bon Maître. Il fait
« tant pour nous, faisons quelque chose pour lui, faisons-lui le
« sacrifice de quelques instants de douce conversation.

« Je finis, Cher Bienfaiteur, en envoyant pour vous un petit
« souvenir au Sacré-Cœur de Jésus dans le T. S. Sacrement de
« l'autel, et en le priant de se faire lui-même auprès de vous l'in-
« terprète de ma reconnaissance et de mon attachement.

« Votre humble protégé.

« J. Anglade, sous-diacre. »

Ces ivresses, ces mâles voluptés du sous-diaconat, quelle âme sacerdotale ne les a pas connues et goûtées ? Jaillies du sacrifice, il n'en est pas sur la terre dont la source soit plus profonde et plus pure, il n'en est pas dont l'impression soit plus vive et plus durable. L'abbé Anglade les connut d'autant plus qu'il avait mieux préparé son âme. Mais s'il se laissa aller si pleinement à les savourer, il s'appliqua plus encore à comprendre les nouveaux devoirs que lui créait ce nouveau lien, et désormais infrangible, qui l'attachait à Dieu.

Depuis longtemps du reste, par la lecture réfléchie des meilleurs auteurs de spiritualité, il s'était rendu familières les obligations inhérentes à sa dignité. Il en connaissait à fond la lettre, il en avait pénétré l'esprit, il en avait fait l'objet de ses plus sérieuses méditations. Le cérémonial du sous-diacre n'avait pas de secrets pour lui, et quand sonna l'heure d'exercer officiellement ses fonctions il y apporta du premier coup toute la sûreté et toute la dignité que requiert leur excellence. Il en fut de même du Bréviaire. On ne peut dire l'attention, le recueillement, l'esprit de foi qu'il apportait à ce devoir de la prière publique. Il se relevait à ses propres yeux, par les considérations les plus sublimes, afin de faire naître en lui des sentiments en rapport avec l'acte qu'il accomplissait. Dès la veille, il préparait, à genoux, les Psaumes et les Légendes de la fête, pour ne rien perdre, à la récitation, non seulement du sens littéral, mais encore des divers sens accommodatices que la piété y découvre, des pensées et des sentiments qu'ils suggèrent. « Quand était venue l'heure de l'office, raconte un témoin oculaire, il baisait d'abord le Bréviaire avec respect ; puis, afin de s'éviter tout sujet de distraction, il cherchait soigneusement les diverses parties de l'office du jour. C'est alors, qu'après un moment de profonde méditation, il commençait. Bientôt, à la lecture des Psaumes, sa physionomie s'animait, ses joues devenaient vermeilles ; et il y avait tant de recueillement dans son regard, dans sa voix, sur toute sa personne, que l'on sentait vraiment qu'il parlait à Dieu. Que de chagrins, je l'avoue, nous lui avions occasionnés, au sujet de tous ses retards... et de sa lenteur... jusqu'à lui faire verser des larmes ! »

Une seule étape le séparait du sacerdoce. Il eut le bonheur de la franchir le 18 décembre 1875 : « Que c'est beau, que
« c'est grand d'être diacre, disait-il ! Etre comme saint Etienne,
« comme saint Laurent !... — Vraiment cela vous confond ! »
« — Et dans ses notes : « C'est moi, mon Dieu, que vous
« avez choisi pour annoncer au peuple votre sainte parole ? C'est
« moi que vous destinez à servir à l'autel votre prêtre, à toucher
« les vases sacrés qui contiennent votre précieux corps ! C'est

« moi que vous admettez là, sur l'autel, tout près de vous ! C'est
« moi que vous choisissez pour vous exposer dans l'ostensoir à
« l'adoration des fidèles !.... » Quelques jours après, il annonçait
« à Mme Servan de Sugny, et à Mme Bouillier, l'honneur qui
venait de lui être fait. Après avoir énuméré les divers privilèges
que lui confère le diaconat : « Oh ! chères bienfaitrices, s'écrie-t-
« il, que mon bonheur est grand ! Que le Seigneur est bon d'ac-
« corder tant de grâces à l'une de ses créatures qui en est si
« indigne ! Daignez m'aider à remercier ce tendre Père, daignez
« lui demander de bien orner mon âme de vertus et de me bien
« préparer à recevoir la grande dignité du sacerdoce. Il me
« semble que vos prières auront pour moi un effet tout particulier.
« Que je serais heureux surtout si Mlle Amable daignait de temps
« en temps me recommander à l'Immaculée Vierge Marie ! La
« prière des cœurs innocents est si agréable au ciel !... Mais
« n'est-ce pas prendre là trop de liberté envers vous ? Pardon,
« chères bienfaitrices. C'est l'assurance que j'ai de votre bonté
« qui me fait vous demander ce souvenir dans vos prières... »

Ces dignités auxquelles progressivement Dieu l'élevait, le jetaient dans l'étonnement, dans la stupéfaction. Il ne pouvait se faire à l'idée que lui, justement lui, Dieu l'eût fait si grand. Et c'est par des transports que le temps était impuissant à affaiblir qu'il lui en exprimait sa reconnaissance et son amour.

Cette étape du Diaconat devait être la dernière. Il ne devait pas être donné à l'abbé Anglade d'entrer dans cette Terre Promise du sacerdoce, qu'il avait d'abord entrevue de loin, et comme à travers un nuage, puis se rapprochant insensiblement, et dans un horizon plus clair, et qu'il voyait enfin là, tout près de lui, radieuse et splendide... Dieu le destinait à grossir, dans le Ciel, la sainte phalange des diacres, des Etienne, des Laurent, des Vincent. Du reste il en prenait gaiement son parti : « Quand même nous mour-
« rions maintenant, disait-il, certes, nous sommes assez grands
« comme cela : Diacres ! Mourir diacres ! Que c'est beau ! N'est-
« ce pas que c'est beau ? »

CHAPITRE VI

**Le Grand-Séminaire. — La nostalgie du Ciel.
Les trois cieux de l'amour.
Premiers symptômes. — La maladie.
Scènes diaboliques. — La mort.**

Cependant l'abbé Anglade dépérissait à vue d'œil. Etait-ce excès de travail ? Etait-ce excès d'amour ? La flamme qui le dévorait intérieurement consumait-elle ses forces physiques ? Ou bien l'offrande si souvent faite à Dieu de sa vie, Dieu l'avait-il enfin agréée ? Toutes ces hypothèses sont vraisemblables. Et il y avait assurément de tout cela dans cette consomption insensible et lente qui le minait sourdement, et dont les ravages, dès qu'ils se manifestèrent, furent sans remède. Mais par dessus tout, et particulièrement depuis son sous-diaconat, il était possédé de la sainte nostalgie du Ciel. L'exil lui pesait : il se trouvait à l'étroit dans sa prison ; il rêvait d'espace et de liberté ; et, comme un jeune aiglon, il essayait ses ailes avant de prendre son vol vers le soleil : « O mon Dieu, pourquoi ces jours durent-ils si peu ! « écrivait-il au lendemain de son diaconat. Pourquoi finissent-ils « si tôt ! On est si bien dans le recueillement ! On est si heureux ! « O beau Ciel, quand pourrai-je entrer en toi, et me recueillir « éternellement au sein de mon Dieu ? » Et quelques jours après,

sous l'impression violente du même désir, il écrivait ces lignes où il est difficile de ne pas voir comme un pressentiment de sa fin prochaine : « Mon Dieu, quand viendra ce doux moment où j'irai
« vous aimer au Ciel ? Ici, tout m'éloigne de vous, tout veut me
« séduire, me tromper, ravir mon cœur. Ah ! quand donc
« m'appellerez-vous, ô Bien-aimé ? Je languis ici, je languis, je
« crains de vous perdre, je ne vous aime pas assez, je deviens
« insensible à vos bienfaits, je me traine dans le chemin qui
« conduit à vous. Appelez-moi donc bientôt, ô Epoux cher à mon
« âme. Venez, *veni cito*, venez, ô Jésus, venez, ô Rédempteur, ô
« Sauveur, ô Ami, venez briser les liens qui me retiennent loin de
« vous. Venez, ô céleste médecin, venez bientôt. Mais avant
« votre visite, faites-moi bien simple, bien humble, bien pur, bien
« aimant, faites-moi tout petit enfant, tel que vous voulez que je
« sois, ô Jésus, ô Ami, seul ami, seul ami de mon âme, ô mon
« Sauveur, mon Libérateur !... Quel malheur pour moi si je ne
« pouvais pas éternellement vous aimer et chanter vos miséri-
« cordes ! Mon Jésus, je vous le dis, pourvu que je vous aime, je
« serai content partout. Mettez-moi là où vous voudrez, dans un
« lieu de souffrances, dans un lieu de larmes, là où il vous plaira
« pourvu que je puisse vous aimer. Je vous le demande, ô mon
« Amour, si jamais j'étais assez lâche pour vous offenser mortel-
« lement, avant l'offense, retirez-moi de ce monde, brisez mon
« corps, arrachez-en mon âme, attirez-moi à vous !... Amour
« donc, rien qu'amour, encore, encore amour à Jésus ! »

Il ne parlait plus, il ne savait même plus parler que de Dieu, de Jésus-Christ, dans les termes du plus ardent mysticisme. Les choses de la terre lui étaient devenues complètement indifférentes. On sentait qu'il ne vivait plus ici-bas, qu'il y était comme étranger. Il traînait encore, parmi les hommes, le peu qui lui restait de l'homme, mais honteux presque et malgré lui, comme un forçat traîne sa chaîne : sa pensée et son cœur étaient ailleurs, et plus haut. Il avait même désappris de rire ; c'est à peine s'il souriait quelquefois, et encore par grâce, par charité. Son visage s'était amaigri, allongé; ses yeux languissants, et qui ne regardaient plus rien, qui ne trouvaient rien d'assez beau pour le regarder avec concupiscence, semblaient ne se fermer du côté des choses, que pour mieux s'ouvrir de l'autre côté. En le voyant, en l'entendant, on éprouvait un sentiment indéfinissable, comme en présence du mystère. Et de fait l'on sentait qu'un mystère, en lui, s'accomplissait. Quelque chose cessait d'être, une autre commençait. Il n'était presque déjà plus un homme, il n'était pas encore un saint, mais le saint allait éclore. Le bouton devenait fleur, la chrysalide devenait papillon. Chaque jour, de sa guenille un lambeau tombait. On voit parfois l'horizon inondé de lumière, tandis que le soleil est encore dissimulé derrière un nuage : bientôt le nuage s'illumine de pourpre et d'or : l'astre va paraître. Ainsi notre diacre. Sa sainteté, voilée encore, transparaissait visiblement néanmoins et avec un éclat sans cesse grandissant. Le nuage allait s'évanouir. On le sentait, on se le disait. On se murmurait tout bas, en le voyant, ces passages bien connus de la Sagesse, et qui semblaient écrits pour lui :

Comme le juste a plu à Dieu, il en a été aimé, et Dieu l'a rappelé du milieu des pécheurs. Il l'a enlevé de peur que son esprit ne fût corrompu par la malice, et que les apparences trompeuses ne séduisissent son âme... Quoiqu'il ait peu vécu, il a parcouru une longue carrière ; son âme était agréable à Dieu, et voilà pourquoi il s'est hâté de le tirer du milieu de l'iniquité[1]. »

L'abbé Anglade, en effet, avait gravi les trois cieux de l'amour, dont parle un Maître de la vie spirituelle[2] : l'amour pur et simple qui aime Dieu par dessus toutes choses et le prochain pour Dieu ; l'amour qui souffre et qui aime à souffrir ; l'amour qui n'aime, qui ne veut aimer absolument rien que le plaisir du bien-aimé, pour souffrir ou pour jouir, pour vivre ou pour mourir, pour être quelque chose et pour n'être rien. Qu'avait-il à faire encore ici-bas ?...

---

[1] Sap. IV. 10, 11, 13, 14.
[2] Mgr Gay. De la vie et des vertus chrét. II. p. 352.

Les premiers symptômes de la maladie qui devait l'emporter se manifestèrent dans le courant du mois de janvier. L'abbé Anglade toussait fréquemment; mais son mépris du corps, son grand esprit de mortification lui firent négliger tous les soins. Ses condisciples remarquaient sa fatigue, son épuisement; lui seul ne se plaignait pas et trouvait que tout était bien. L'infirmier général, son condisciple et son ami, M. l'abbé S... ne l'oubliait pas. « Maintes fois,
« et toujours à son insu, nous écrit-il, je suis entré, durant le
« mois qui précéda sa maladie, chez le saint abbé pour l'obliger
« à prendre un peu de tisane, avant de se coucher. Je le trouvais
« toujours à genoux, lisant l'Écriture Sainte, ou l'Imitation de J.-C.,
« ou préparant son Oraison. — Jean, lui disais-je, il faut te
« soigner. Tu dois avaler un peu de tisane, et te coucher aussitôt.
« — Je n'en ai pas besoin, et je ne te l'ai pas demandée. — C'est
« vrai, mais tu es malade, et comme infirmier, entends-tu, je
« t'ordonne de prendre cette tisane. Au nom de l'obéissance... —
« Il se levait alors, souriant, prenait la tisane, et me congédiait. »

Ce fut là, pendant plus d'un mois, le seul soulagement qu'il consentit à s'accorder, et encore fallait-il toutes les instances de l'infirmier qui ne se rebutait pas de ses refus, et qui sentait bien que si le cher malade acceptait sa potion c'était bien plus par condescendance et pour se défaire de son affectueuse importunité, que dans le désir de réparer et de refaire sa santé ébranlée. Il traîna ainsi, jusqu'à ce que, complètement trahi par ses forces, il tomba pour ne plus se relever.

C'était le jour du mardi gras. Déjà pendant la promenade, qui a lieu ce jour-là, suivant l'usage, l'abbé Anglade ne put pas réciter son bréviaire, au grand étonnement de ses condisciples qui connaissaient son amour de la prière commune. Le soir même, en rentrant, il fut pris d'un premier vomissement de sang très abondant. L'émotion fut grande dans la communauté. On comprit aussitôt que l'heure de sa délivrance ne tarderait pas à sonner, et que tant de mérites allaient enfin trouver leur récompense. Force fut à l'abbé de se mettre au lit. Il ne devait plus le quitter. Sa maladie fut son carême. Il ne se passait pas de jour où, plusieurs fois, le pauvre malade ne vomit le sang à pleines gorgées. Et tandis qu'autour de lui chacun s'effrayait à ce spectacle, lui gardait son calme impassible, et en se recouchant, épuisé, il avait encore un sourire à donner à ceux qui lui prodiguaient leurs soins. Dès la première heure les parents avaient été prévenus. Le père et la mère se hâtèrent d'accourir auprès de leur fils bien-aimé, et s'installèrent à ce chevet d'agonie, pour ne plus le quitter.

La marche du mal accusait une phtisie galopante. On ne tarda pas à lui porter le Saint-Viatique. C'était le lundi, 7 mars. Le lendemain, M. l'abbé Roca annonçait en ces termes cette nouvelle à M. le curé de Fillols, en le priant de la transmettre au frère et aux deux sœurs du malade, restés à la maison : « Notre excellent
« abbé est toujours dans un état bien grave ; les vomissements de
« sang se répètent et épuisent ses forces ; la fièvre ne le quitte
« plus. Hier soir nous lui avons administré le Saint-Viatique et
« l'Extrême-Onction, non à cause de l'imminence du danger,
« mais pour sa consolation et parce que son état inspire beaucoup
« de craintes. Vous savez comment ce jeune homme est pieux, et
« vous pensez bien qu'il est parfaitement résigné, paisible et
« abandonné à la volonté de Dieu... »

Ce fut un beau spectacle et bien attendrissant, que cette cérémonie du Viatique et de l'Extrême-Onction. Toute la communauté, portant des cierges, accompagnait le Très-Saint Sacrement, et les privilégiés qui purent trouver place dans la cellule du moribond éprouvèrent, eux surtout, des émotions bien profondes. Quoique épuisé, le malade répondait lui-même aux prières liturgiques; et quelle sérénité sur son visage! Quelle résignation! Quel mépris de la souffrance! Quelle douceur dans le regard ! Quelle angélique pureté! Quand M. le Supérieur, qui administrait le Sacrement, lui présenta l'*Agneau de Dieu*, ce Jésus qu'il aimait tant, il se souleva sur sa couche, comme mû par un ressort intérieur, et prolongea sur la sainte Hostie un regard ardent comme s'il voulait en percer les voiles, et voir par delà..... Les larmes coulaient silencieuses de tous les yeux ; l'on n'osait pas respirer de crainte de troubler cette scène si simple et si sublime.....

Elle se renouvela souvent depuis. MM. les directeurs lui apportaient trois ou quatre fois par semaine la sainte communion. C'étaient toujours les mêmes transports d'amour.

Cependant l'alarme était grande au Séminaire. L'angoisse étreignait tous les cœurs. On ne parlait que du terrible malheur qui menaçait la communauté et le diocèse. Nous ne perdions pas seulement un camarade, un ami, un frère ; c'est un saint, un vrai saint qui s'en allait. Oui, cette chose rare et merveilleuse qui s'appelle la sainteté avait fait son apparition parmi nous, dans notre Séminaire de Perpignan ; nous l'avions vue de nos yeux, nous l'avions touchée de nos mains... et elle disparaissait ! Oh ! quelles prières ferventes, quelles ardentes supplications montaient à Dieu de toutes les âmes ! Des lettres partaient qui portaient aux quatre coins du diocèse, à tous ceux qui avaient connu le « Saint », la fatale nouvelle ; des lettres arrivaient toutes pleines de témoignages d'admiration et de regrets. Ils nous demandaient, ces chers condisciples, de murmurer leurs noms à l'oreille du cher malade, une dernière fois avant son départ, de le charger de leurs commissions pour le ciel... Quelques-unes de ces lettres nous sont revenues ; nous en citerons seulement une de M. l'abbé R..., alors simple clerc minoré et professeur à l'Institution Saint-Louis-de-Gonzague, qui nous était adressée à nous-même.

« Saint-Louis-de-Gonzague, le 11 mars 1876.

« Mon cher Ami,

. . . .

« Les détails que tu me donnes sur l'état de notre Saint, me
« touchent profondément. Il avait daigné, tu ne l'ignores pas,
« m'admettre près de lui en ces jours inoubliables du Sémi-

« naire. Toute ma vie, je me souviendrai des épanchements
« sublimes, où, malgré elle, se révélait cette belle âme. Les
« saintes choses de la Théologie prenaient sur ses lèvres un
« charme et une lumière que nous ne leur trouvions pas dans les
« livres. Je puis te dire, pour ma part, que cette honorable
« intimité me fut utile en plus d'une circonstance, soit intellec-
« tuellement, soit spirituellement, et il ne m'en coûte pas de
« placer l'abbé Anglade au rang de mes principaux bienfaiteurs,
« durant les années trop courtes de mon Séminaire.

« Aussi, il me faudrait être bien peu ouvert à la reconnaissance
« pour ne pas partager en ce moment tes alarmes. Je mesure d'ici
« toute l'étendue de ta tristesse, car je n'oublie pas qu'à toi surtout
« il avait été donné d'être le confident de cette âme d'élite.....

« Mais, quelque légitimes que soient nos inquiétudes, je crois
« que nous ne devons pas nous contrister, comme ceux qui n'ont
« point la foi. La foi a une parole bien consolante, mon cher ami,
« en face de ces morts lumineuses : *Beatus quem elegisti et*
« *assumpsisti.* Sachons donc tout remettre en la sainte volonté de
« Notre-Seigneur, qui agit toujours et en tout pour le plus grand bien
« de ses Elus. La consommation des justes vaut mille fois mieux
« que la banale prolongation de cette vie terrestre. Comme tu me
« le dis, si le Ciel nous envie notre saint condisciple, c'est que
« celui-ci est déjà trouvé digne de voir dans la lumière ce qu'avec
« nous il a cru et scruté à travers les ombres du mystère. Ces
« âmes célestes ne restent pas longtemps en exil : on les dirait
« d'une autre création ! Plus d'une fois, tu as sans doute tressailli
« comme moi-même à ces remarquables paroles du Livre de la
« Sagesse que l'Eglise applique à Saint-Louis de Gonzague, et
« qui paraissent écrites tout aussi bien pour l'abbé Anglade :
« *Justus, si morte præoccupatus fuerit, erit in refrigerio. Senec-*
« *tus enim venerabilis est, non diuturna, neque annorum numero*
« *computata,* etc., etc. N'y a-t-il pas là, trait pour trait, le por-
« trait et l'éloge de celui qui aura été le saint Louis de Gonzague
« du Séminaire de Perpignan ?... »

Une consigne sévère interdisait l'accès de sa chambre. Seuls les infirmiers avaient le droit d'y pénétrer. Parfois cependant une curiosité bien légitime ou plutôt un irrésistible besoin du cœur, était plus forte que la règle. « Je réussis un jour à passer par
« dessus la consigne, nous écrit M. l'abbé B., alors professeur à
« Saint-Louis de Gonzague, et je pénétrai jusqu'à lui. C'était
« quelques jours avant sa mort. Je le vois encore étendu sur son
« lit dans cette cellule du premier étage si modestement meublée.
« Sa respiration était haletante, et sa voix à demi-éteinte. Mais
« on lisait sur ses traits le calme et l'abandon. Je me penchai
« vers lui, en lui disant : « Allons, bon courage ; nous prions
« pour toi ; je fais aussi prier à ton intention les élèves de ma
« classe. » Il me répondit : « Je te remercie ! » et il ajouta avec
« effort ces paroles, les dernières que j'ai entendues de sa bouche :
« Demande pour moi au bon Dieu beaucoup de patience et beau-
« coup d'amour. » Ainsi voilà un jeune diacre étendu sur sa
« couche de douleur ; deux mois seulement le séparent de son
« sacerdoce ; on pourrait croire qu'il désire son rétablissement et
« qu'il rêve de monter à l'autel, pour y goûter les douceurs d'un
« premier sacrifice. Il n'en est rien. Il lui suffit que la volonté de son
« Bien-Aimé s'accomplisse : il demande la patience et l'amour !... »

En effet, vivre sans choix ; — ne tenir à rien ; — souffrir, épouser la croix ; — ne dire que *oui* et *non*, toujours oui à la grâce, toujours non à la nature, c'est à cette difficile et très éminente perfection que s'était élevé l'abbé Anglade. Le caractère de sa vertu, pendant sa maladie, fut un abandon si simple, si amoureux, si absolu à la volonté de Dieu, qu'il en était tout absorbé, et comme perdu dans cette volonté adorable. On lisait du reste ce sentiment de son âme sur son visage ravagé par le mal, mais toujours placide, serein, presque souriant ; l'immobilité même dans laquelle le danger toujours imminent de nouveaux vomissements l'obligeait à se tenir, contribuait à marquer sa physionomie d'une empreinte plus sensible de doux abandon. Il ne perdait pas de jour et de nuit la présence de Dieu.

Les séminaristes veillaient à tour de rôle pendant la nuit, et cette corvée était enviée comme un honneur. Nul n'aurait consenti à céder sa place. Un soir, l'un d'eux venait à peine d'entrer et de saluer, par un mot pieux, le cher malade, lorsque celui-ci fut soudainement pris d'un très abondant vomissement de sang. Le parquet était inondé. Le pauvre infirmier, étourdi, épouvanté, perdit la tête ; il n'eut pas le courage de porter secours. Il chancela sur ses jambes ; ses yeux se troublèrent, il fut obligé de sortir et d'aller chercher un auxiliaire plus courageux. Puis, quand il eut repris ses sens, il se hasarda à revenir, honteux d'avoir dû quitter la place. Le Saint l'aperçut, et l'attirant à lui par son regard et par son sourire, il lui serra doucement la main, comme pour lui dire : « Eh ! quoi, cela vous effraye ? Vous voyez bien que ce n'est rien ! » Les soins qu'il recevait lui étaient à peu près indifférents. Une attention seule le touchait, c'était si on lui parlait de Dieu. Aussitôt sa figure s'illuminait, ses yeux se portaient ardemment vers le ciel, sa main étreignait le crucifix, que, ni de jour ni de nuit, il ne lâcha jamais depuis le premier instant de sa maladie jusqu'à son dernier soupir ; il recueillait avidement, il savourait amoureusement, comme un rayon de miel, le mot, la pensée qu'on lui suggérait ; il murmurait un : merci ! si doux et si senti qu'il vous pénétrait l'âme tout entière. Mais son confesseur surtout avait le don d'exciter sa ferveur. Nul, mieux que lui, ne connaissait les fibres de cette âme harmonieuse, nul ne pouvait les faire vibrer mieux que lui. Il allait le visiter régulièrement, et au moins, deux fois par jour, le matin et le soir, après la prière de la Communauté. Dès que le pieux malade le voyait entrer, sa figure s'irradiait d'une joie naïve ; et comme M. l'abbé Roca, frappé de cette circonstance, tous les jours renouvelée, lui en demandait la raison : « C'est que, mieux que tous, répondit-il, vous savez me parler de Jésus ; et, hors Jésus, tout m'est insipide. » Il prenait un goût particulier à entendre citer à M. Roca des enfilades de textes, soit des Saints Livres, soit des saints Pères, sur le ciel, sur la gloire et la vision béatifique.

Ces textes venaient naturellement à la bouche du confesseur, en ce temps-là. Il enseignait justement le Traité de la Grâce, dans Bouvier, et il en était arrivé de ses leçons au chapitre de *la Gloire ou Grâce consommée*. Privé de la classe, le saint abbé trouvait une compensation pour son âme dans ces citations si opportunes, transportées exprès pour lui de la salle de théologie au chevet de son lit d'agonie.

Mgr Ramadié voulut venir le visiter. Le pauvre malade sentit tout le prix de cette faveur, et reçut avec un respect attendri les exhortations et la bénédiction de l'Évêque. Mais quelque joie que ce témoignage de haute sympathie lui eût fait éprouver, elle ne troubla en rien la paix et la sérénité de son âme.

Ses condisciples, sa mère cherchaient parfois à le rattacher à la vie, essayaient de tourner ses idées aux espérances d'un avenir terrestre. Jamais on ne put l'y résoudre. « Nous prions pour vous, lui disait-on, Dieu vous rendra la santé. » Il branlait la tête avec un sourire d'incrédulité. Dès le premier jour de sa maladie, M. le Supérieur avait commencé une neuvaine à laquelle s'unissait toute la communauté, et que l'on faisait après l'oraison du matin. On le lui dit ; on lui demanda d'unir sa prière à celles de ses amis ; jamais il ne consentit à demander sa guérison. On lui citait l'exemple de saint Martin : « C'était bon pour lui ; mais moi je ne suis pas nécessaire ; il vaut mieux que je m'en aille. » Un jour, un condisciple lui disait : « Je fais une neuvaine pour vous à saint Joseph... » il l'interrompit : « Demandez-lui la grâce d'une bonne mort. » Sa pauvre mère faisait pitié à voir. Sa douleur était immense. Mais brisée, anéantie, elle conservait une force d'âme admirable. C'était la vraie femme forte. Elle était toujours là, debout, près du lit de son enfant, l'enveloppant d'un long et profond regard, muette et immobile, comme une statue. Elle se baissait parfois pour lui sourire et surprendre son sourire, mais ne s'oubliant jamais à ces effusions de tendresse, bien légitimes certes, et très naturelles, mais trop naturelles et trop sensibles. Parfois son fils lui disait : « Mère, mettez-vous à genoux, là. » Elle s'agenouillait, docile. Il lui prenait la main : « Faites à Dieu le sacrifice de ma vie ! » Elle résistait, elle protestait, elle l'encourageait à vivre. Lui, tenait bon, insistait, jusqu'à ce que, vaincue, domptée par l'héroïsme de son enfant, et héroïque à son tour, elle offrait à Dieu son fils en holocauste... Les paroles manquent pour retracer de pareilles scènes. Seul, le poète inspiré du *Stabat* pourrait dignement les raconter et les peindre.

Tant de paix cependant devait irriter le démon. Il voulut la troubler et Dieu lui en donna la permission. Il saisit habilement cette paix elle-même, avec les sentiments de ferveur qui l'accompagnaient, pour s'en faire un instrument contre le malade. Celui-ci, on le conçoit, avait sa pauvre tête physiquement affaiblie par le mal ; le démon en profita pour agir sur son imagination, et il réussit sans grand effort à lui persuader, un jour, qu'il était guéri, guéri par la Sainte Vierge. Ses infirmiers le virent tout à coup tressaillir de joie, au sein de sa tranquillité habituelle, s'agiter et crier : « Je suis guéri ! La Sainte Vierge m'a guéri ! » — Et comme on s'appliquait à le calmer: « Vous ne voulez pas le croire ? dit-il ; eh bien ! voyez ! » et il se mit à entonner le *Magnificat* d'une voix forte. M. l'abbé Roca, appelé, réussit à le faire rentrer dans le silence et dans le calme ; mais des scènes semblables se reproduisirent encore. C'était vers la fin du Carême. Le malade éclatait tout à coup en transports d'amour ou d'allégresse, et il fallait une certaine insistance pour les faire cesser. Le Directeur les attribuait en partie au délire, en partie à une ferveur inconsidérée. Mais derrière ces transports qui, tout inconsidérés qu'ils étaient, n'en restaient pas moins dans l'ordre d'une charité affectueuse, la ruse du démon se cachait ; il ne tarda pas à se démasquer.

Dans la nuit du mardi au mercredi saint, vers minuit, on court appeler M. l'abbé Roca, en disant que le malade est à l'agonie. Le confesseur descend aussitôt à la chambre du mourant, et il se trouve, en effet, en présence de tous les symptômes ordinaires d'une mort prochaine. Les yeux du malade étaient fermés, ses traits déjà cadavéreux, sa respiration à peine sensible; il ne donnait aucun signe de connaissance. Le confesseur lui administre une dernière absolution, et récite, avec l'assistance, les prières de la recommandation de l'âme. On s'attendait d'un moment à l'autre à le voir expirer, quand tout à coup sa respiration devient plus sensible et comme un peu retentissante. On croit au râle suprême; mais on est bientôt désabusé. Chaque mouvement de respiration se traduit par un son rauque, comme celui d'un homme endormi qu'oppresse un cauchemar. Ce son étrange va croissant en fréquence et en intensité; il prend enfin les proportions d'un hurlement. Le confesseur et les séminaristes qui l'assistent, en éprouvent un saisissement involontaire; mais M. Roca juge de plus que le pauvre malade est sous le coup d'une obsession diabolique. Il en est tout à fait convaincu lorsqu'il voit les yeux du mourant s'ouvrir, se dilater, se fixer avec une expression de terreur étrange, le mourant lui-même se lever sur son séant, les poils de sa barbe se hérisser comme des aiguilles, ses mains s'agiter, lorsqu'il l'entend crier avec angoisse : « Jésus ! Marie ! délivrez-moi ! » On jette sur lui de l'eau bénite, on tâche de le rassurer, on prie, et peu à peu le calme reparaît, et le malade se recouche sur son oreiller dans la même posture anéantie qu'on lui avait vue avant cette terrible scène.

Le confesseur passa encore quelque temps auprès de lui ; voyant ensuite que rien de nouveau ne se produisait, il crut pouvoir aller se coucher. Est-ce imagination ? Est-ce dépit réel du démon ? M. Roca n'affirme rien ; il raconte seulement que vers les trois heures du matin, il fut tout à coup tiré de son sommeil par le bruit retentissant des pas d'un homme marchant dans le corridor, en frappant du talon, avec une allure dégagée et impertinente. A ce bruit en succède instantanément un autre, le bruit d'un coup violent frappé sur la porte de sa chambre, et cette parole proférée sur un ton distinct, irrité et dédaigneux à la fois : « Monsieur est mort ! » M. Roca ne s'émut pas de tout ce fracas. Il comprit sur le champ qu'il était l'œuvre du malin, et se rendormit. Dans la matinée, à sa première visite, il interrogea les infirmiers sur la manière dont s'était passé le reste de la nuit : le malade avait conservé le calme. On était pourtant désireux d'avoir l'explication de la scène diabolique de la nuit. Le malade lui-même la fournit à son directeur, sans qu'on l'interrogeât là-dessus. « Eh ! cette nuit, lui dit-il en l'apercevant, cette nuit ! C'était terrible ! Je comparaissais au jugement de Dieu. Le tribunal était dressé ; on aurait dit une église. Le bon Dieu était au fond. Le démon parut qui voulait m'entraîner en enfer ; il me tenait déjà, et moi je criais à la Sainte Vierge et à Jésus ! Jésus ! Marie ! délivrez-moi ! la Sainte Vierge est accourue et m'a délivré... »

Des scènes semblables, quoique avec moins de violence, s'étaient déjà produites. Le démon lui suggérait constamment des pensées de désespoir. Souvent on l'entendait crier : « Comment Jésus ! j'irais en enfer !... Je ne vous aimerais pas ! Arrière ! Je suis à Jésus ! » Une sueur froide inondait son visage, des gestes saccadés et brusques, avec sa main toujours armée du Crucifix, indiquaient la lutte terrible qu'il livrait à son invisible ennemi. Il disait un jour à sa mère : « Voyez ce que le mauvais esprit est venu me dire cette nuit : Vous avez trop d'orgueil... Dieu vous punira... Et d'abord, pour toi il n'y aura pas de ciel. » Sa mère cherchait à le rassurer : « Tu sais que dans cette sainte maison le démon n'entre pas ! » — Ah ! mère, reprenait-il avec épouvante, le démon entre partout ! »

La nuit du Jeudi-Saint au Vendredi-Saint, le malade paraissait assez calme. Sa mère, accablée de fatigue, épuisée de veilles, s'était endormie sur sa chaise. Tout-à-coup elle entend un grand cri : « Marie ! Marie ! Marie ! » Elle reconnut la voix de son père, mort, depuis longues années, d'une attaque, sans avoir eu le temps de recevoir les sacrements : « Que voulez-vous, mon père ? » dit la pauvre femme au milieu de son rêve. » — « Je veux te demander quelque chose ! » — « Eh bien ! prenez-le ! » — Au même instant, son mari, qui était au chevet de l'agonisant, l'appelle à son tour : « Femme, réveille-toi ! Notre fils se meurt ! » En effet, l'abbé Anglade venait de rendre le dernier soupir. Sa mère a toujours cru que son fils avait, par sa mort, ouvert le ciel au vieillard, et que le pauvre grand-père avait voulu préalablement lui demander son consentement.....

Il était quatre heures du matin.

La nouvelle se répandit dans la maison comme une traînée de poudre. Ce dénouement était prévu, sans doute, et toutefois il produisit une émotion indescriptible. Les abbés, en quittant leurs cellules pour se rendre à l'oraison, allaient saluer la dépouille mortelle du Saint. Chacun tenait à le voir. On s'agenouillait au pied de son lit, beaucoup plus pour le prier que pour prier pour lui. On avait la confiance absolue qu'il était dans la gloire.

. . . .
. . . .

Il fut enterré le Samedi-Saint, sans messe, la liturgie de ce jour ne le permettant pas. C'est au cimetière Saint-Martin qu'il repose, attendant la résurrection générale. Une modeste croix protège sa tombe, et les pieux pèlerins peuvent lire cette épitaphe qu'une main amie y fit graver, en style épigraphique, et qui résume admirablement sa vie tout entière :

Joannes· Anglade· Diaconus·
Humilis· Mansuetus· Et· Pius·
Vixit· Annos· XXVI· Menses· X· Dies· IV·
Obiit· In· Osculo· Domini·
In· Seminario· Perpinianensi·
Die· XIV· Aprilis· Anni· M· D· CCC· LXXVI·
Feria· VI· Majoris· Hebdomadæ·
Vivas· In· Christo·
Memor. Nostri·

TABLE DES MATIÈRES

PREMIÈRE PARTIE

	Pages.
Chapitre Ier. — Premières années de Jean............................	1
Chapitre II. — Le Petit Séminaire. — M. l'abbé T... — M. le Sous-Préfet. — La famille Bouillier..	9
Chapitre III. — Le Petit-Séminaire. — Amour de Jean pour l'étude. — Ses succès. — Alphonse Codina....................................	16
Chapitre IV. — Le Petit Séminaire (Suite). — Piété de Jean. — Sa dévotion au Saint-Sacrement. — La « Bonne Mère ». — Petites vertus....	32
Chapitre V. — Le Petit Séminaire. — Retraites annuelles. — Le R. P. Apollinaire. — Le R. P. Exupère. — M. le Chanoine Boucabeille. — Le R. P. Sibillat. — Le R. P. Rouzeau............................	49
Chapitre VI. — Le Petit Séminaire. — Epreuves de Jean. — Sa pauvreté. — Eloignement de ses bienfaiteurs. — Le passage du Styx. — La Providence..	70

DEUXIÈME PARTIE

Chapitre Ier. — Le Grand Séminaire. — Licenciement des Séminaristes. — Monseigneur Ramadié et M. Jousserandot. — Institution Saint-Louis-de-Gonzague. — La feuille de route. — La caserne. — Retour au foyer..	85
Chapitre II. — Institution Saint-Louis-de-Gonzague. — La classe de philosophie. — Retraite de 1872. — Une lettre anonyme. — Le Baccalauréat. — L'abbé Anglade, professeur (1872-1873). — Retraite de l'Avent. — Le Grand Séminaire......................................	98

Pages.

Chapitre III. — Le Grand Séminaire. — L'Abbé Anglade séminariste. — Ce qui manquait à sa piété. — Son directeur. — Coup d'œil sur le Grand Séminaire. — Il est appelé à la tonsure. — Retraite d'ordination.. 123

Chapitre IV. — Le Grand Séminaire. — Les crimes des saints. — Le premier des sacrifices. — La voix de la cloche est la voix de Dieu. — Silence. — Conversations pieuses. — Zèle du prochain et sanctification personnelle. — Amour de Jésus-Christ. — Dévotions particulières.. 143

Chapitre V. — Le Grand Séminaire. — « La science qui ne se tourne pas à aimer, est stérile ». — L'abbé Anglade répétiteur de Théologie. — Deux ailes pour s'élever à Dieu. — Les vacances. — Memento des vacances. — Apostolat de l'abbé Anglade. — Les catéchismes à Fillols. — Rencontre d'un ouvrier mineur protestant. — Ordres mineurs. — Sous-diaconat. — Diaconat............................ 172

Chapitre VI. — Le Grand Séminaire. — La nostalgie du Ciel. — Les trois cieux de l'amour. — Premiers symptômes. — La maladie. — Scènes diaboliques. — La mort.................................... 192

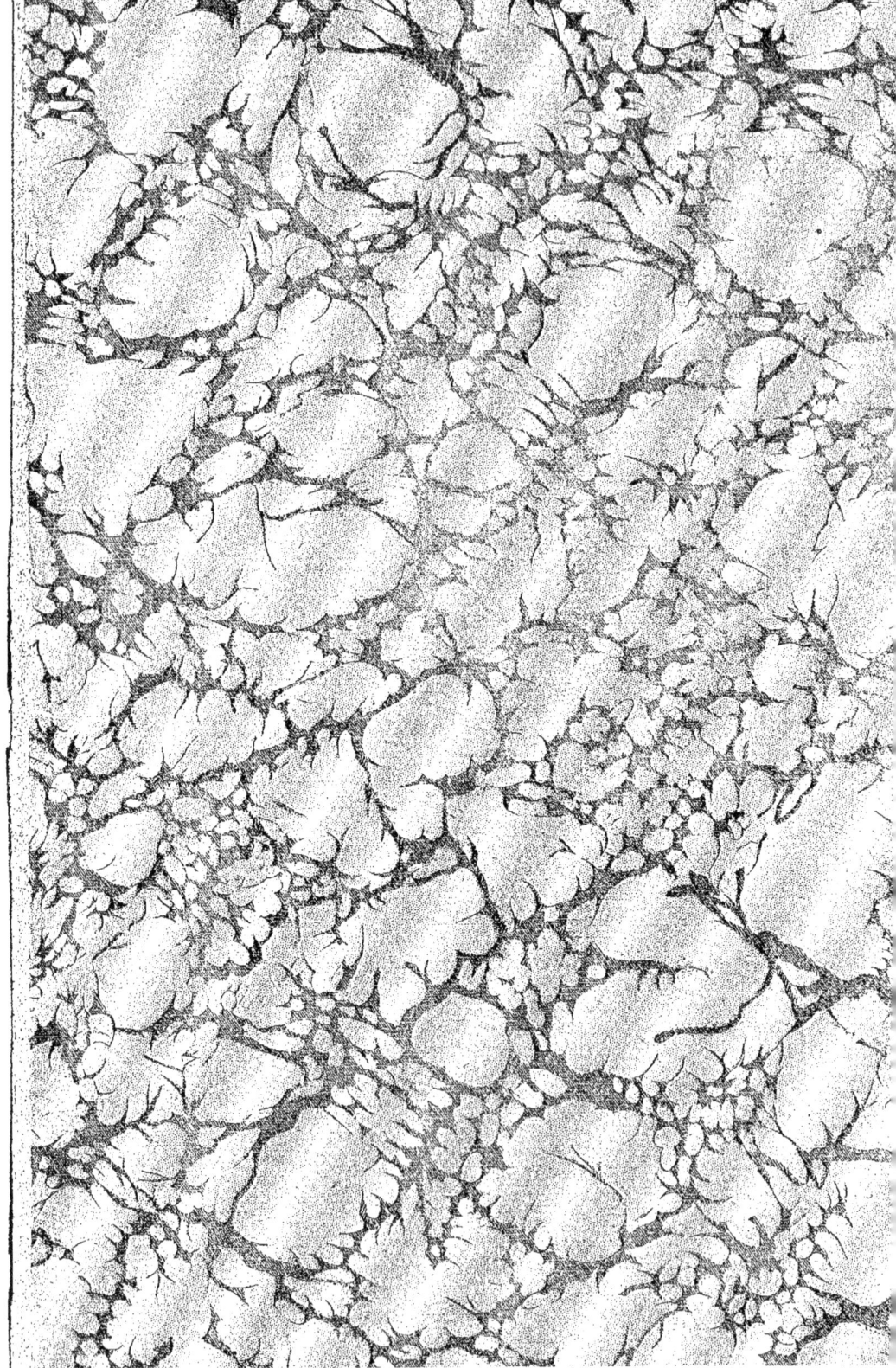

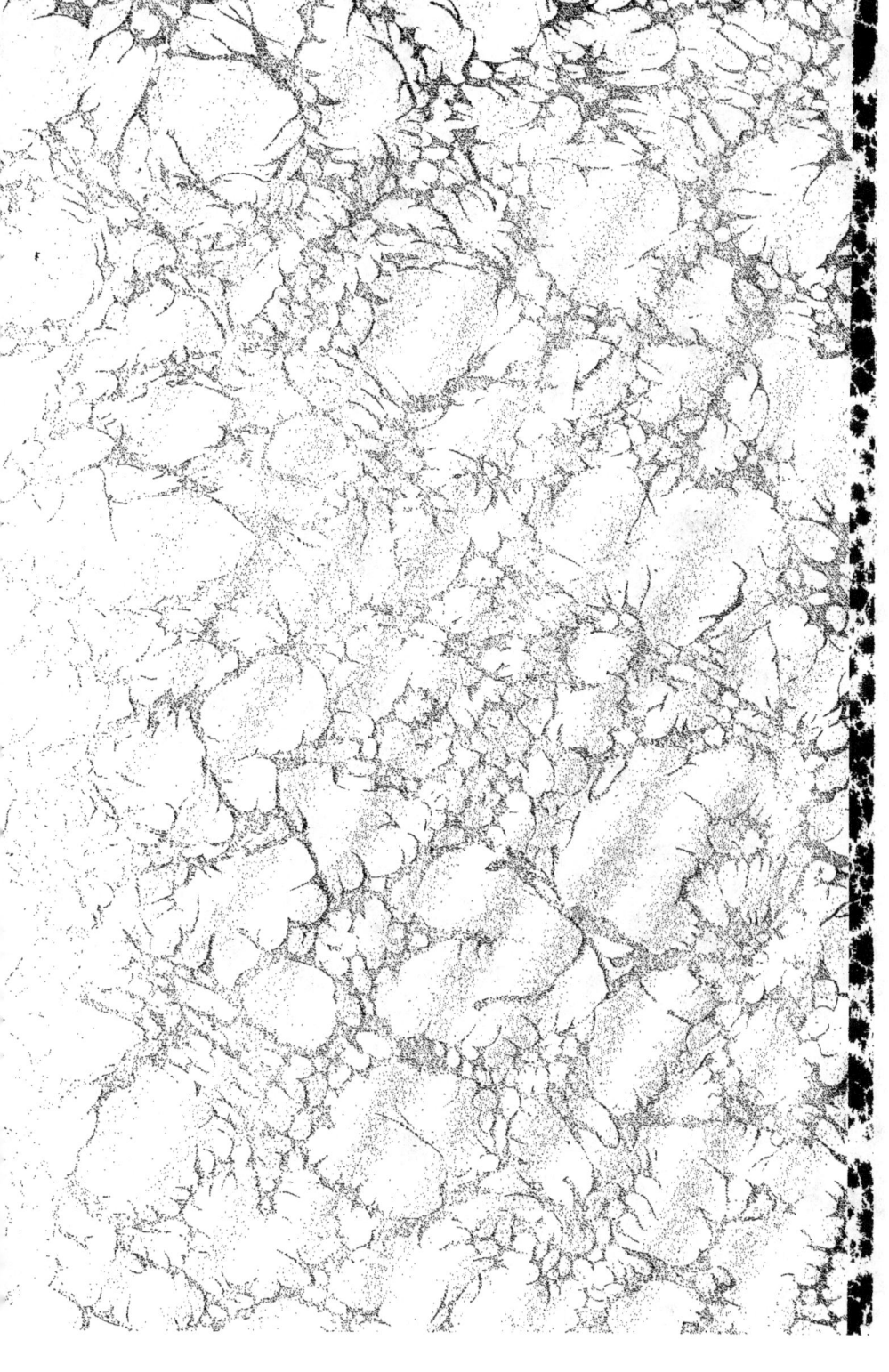

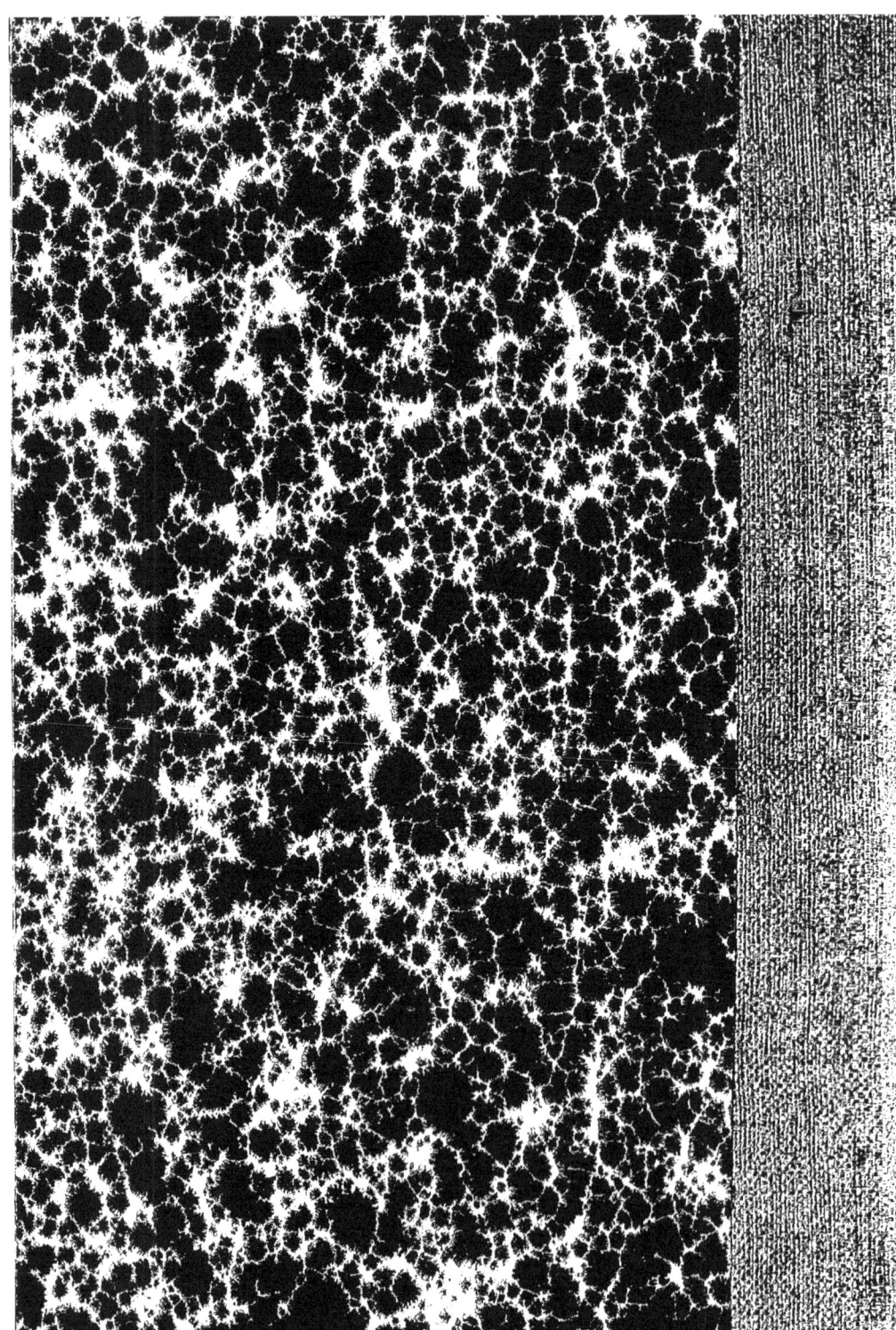

www.ingramcontent.com/pod-product-compliance
Lightning Source LLC
Chambersburg PA
CBHW071941160426
43198CB00011B/1486